Richard Sennett

Autorität

Aus dem Amerikanischen
von Reinhard Kaiser

S. Fischer

Die amerikanische Ausgabe mit dem Titel
›Authority‹ erschien 1980 bei Alfred A. Knopf, Inc., New York
Copyright © 1980 by Richard Sennett
Für die deutsche Ausgabe:
© 1985 S. Fischer Verlag GmbH, Frankfurt am Main
Alle Rechte vorbehalten
Umschlaggestaltung: Manfred Walch, Frankfurt am Main
unter Verwendung eines Gemäldes von Giorgio de Chirico
»Die Melancholie des Politikers«,
© SIAE, Rom / Bild-Kunst, Bonn 1985.
Satz: Wagner GmbH, Nördlingen
Druck und Bindung: Franz Spiegel Buch GmbH, Ulm
Printed in Germany 1985
ISBN 3-10-072503-4

Für Dorothy Sennett

»Nicht bin ich dir ein Gott! was vergleichst du mich den Unsterblichen?
sondern dein Vater bin ich, um dessentwillen du mit Seufzen viele Schmerzen
leidest . . .

Telemachos! nicht ziemt es sich für dich, wo doch dein eigener Vater in dem
Haus ist, dich über die Maßen zu wundern und zu zweifeln. Denn kein anderer
Odysseus wird dir noch hierher kommen . . .«

Odyssee, 16. Gesang
(Deutsch von Wolfgang Schadewaldt)

Inhalt

Danksagung

Dieses Buch geht auf eine Sigmund Freud Memorial Lecture zurück, die ich im Jahre 1977 an der University of London halten durfte. Dem für diese Vorlesungsreihe verantwortlichen Kuratorium und vor allem Professor Richard Wollheim möchte ich für die Einladung danken. Weitere Forschungen und die Niederschrift dieses Buches wurden durch ein Stipendium der National Science Foundation ermöglicht.

Viele Freunde standen mir mit Rat und Kritik zur Seite. Mein besonderer Dank gilt Susan Sontag, Loren Baritz, Thomas Kuhn, Daniel Bell, David Rieff, Rosalind Krauss, Anthony Giddens und David Kalstone.

R. S.

Vorwort zur deutschen Ausgabe

Deutsche Leser könnten den Eindruck gewinnen, daß dieser Versuch über die Autorität alles das beiseite läßt, worauf es eigentlich ankommt. Es finden sich in diesem Buch keine Untersuchungen zum Nazismus, zum Faschismus oder zum Stalinismus, und ich erwäge auch nicht die allgemeine Frage, warum der Traumwunsch nach wirklicher Autorität in einen dieser Alpträume umschlagen konnte. Ich habe das Thema Autoritarismus mit Absicht ausgeschlossen.

Die Erinnerungen an den autoritären Schrecken sind heute zu einem zentralen Bezugspunkt für die Erörterung des Themas Autorität selbst geworden. Dadurch wird der Anschein erweckt, als sei Autorität etwas aus sich heraus Gefährliches, als müsse man jede Unterordnung unter eine Autorität fürchten und dem eigenen Bedürfnis nach Autoritätsgestalten entsagen. Wir assoziieren diese Unterordnung und dieses Bedürfnis mit tausend zum Gruß ausgestreckten Armen – und der deutsche Leser dieses Buches, dessen Verfasser gegen Ende des Krieges in Amerika geboren wurde, kann sich gewiß noch tausend andere Bilder dieser Art ins Gedächtnis rufen.

Aber wenn man den Autoritarismus zum entscheidenden Bezugspunkt macht und glaubt, alle Formen von Autorität an ihm messen zu müssen, dann kommt es zu Verzerrungen. Denn allzu viele mit der Autorität zusammenhängende Probleme der modernen Welt – das Verhältnis von Autorität und Macht in der Arbeitssphäre, der Übergang von der Autorität innerhalb der Familie zur Autorität in der öffentlichen Sphäre – lassen sich aus dem Blickwinkel der katastrophischen Formen von Autorität nicht begreifen. Ja, die Frage nach dem, was Henri Lefebvre die *autorité quotidienne* genannt hat, läßt sich nicht einmal formulieren, solange die Vorstellungen, die wir mit diesem Thema verbinden, von dem Repertoire der Horrorbilder beherrscht werden. Als aus sich heraus gefährlich hat die

Autorität im modernen Bewußtsein den Status eines Tabus erlangt; als Ziel von Wünschen ist sie undenkbar geworden. Die moderne Vorstellung von Autorität gleicht dem Sexualtabu des 19. Jahrhunderts; das Verlangen nach Autorität scheint die Möglichkeit eines Sturzes in die freiwillige Sklaverei zu eröffnen – so wie die Viktorianer einst glaubten, die Menschen würden auf den Weg des sittlichen Verfalls geraten, wenn sie sich ihr Bedürfnis nach sinnlicher Lust eingeständen.

Jedes Tabu verlockt zu Manipulationen. Weil die Viktorianer sich ihr Begehren nicht einzugestehen vermochten, wurde ihr Phantasieleben in neuen Umgangsformen manipuliert, wurden ihre Schulen neuen Formen von Disziplin unterworfen, wurde das, was sie in ihrer Freizeit taten, in einer Weise überwacht, die ihren Vorfahren im 18. Jahrhundert irrational und diktatorisch erschienen wäre. Das Tabu, mit dem heute im Erwachsenenalltag das Eingeständnis eines Bedürfnisses nach Autorität belegt ist, ebnet den Weg für Autoritätserfahrungen, die ähnlich verzerrt sind. Heute werden die Menschen in freiheitlichen Gesellschaften zusehends anfälliger gegenüber der Manipulation durch Autoritätsgestalten, die weder charismatisch noch tyrannisch sind, die vielmehr den allgemeinen Abscheu vor dem »Autoritarismus« zu teilen scheinen. Diese Gestalten vermeiden ein schroffes, paternalistisches, diktatorisches Auftreten; sie beachten das Tabu. Die Macht, die sie ausüben, und der Einfluß, den sie als Autoritätsgestalten haben, werden aber hierdurch nicht beeinträchtigt; ihre Macht hat subtilere Formen angenommen. Befehle scheinen legitim, weil sie von einem befähigten, selbstsicheren und selbständigen Menschen kommen, der anderen ein Beispiel gibt; Gehorsam wird zu dem Versuch, die Vorgesetzten nachzuahmen. Diese neuen Autoritätsformen werden in der »aufgeklärten Unternehmensführung« praktiziert und an den besten Managerschulen und Wirtschaftsfakultäten gelehrt. Was dort aber nicht gelehrt wird, weil ein solches Eingeständnis fatal wäre, ist die manipulative Konsequenz aufgeklärter Autorität: Innerhalb der modernen Hierarchien ist derjenige eine Autorität, der dank seiner Selbständigkeit und seiner Kompetenz bei anderen ein Gefühl der

Beschämung hervorrufen kann. Diejenigen, die dem Beispiel des Befähigten folgen, die versuchen, ihre Fähigkeiten selbständig zu entfalten, dabei aber scheitern, werden schließlich aus einem Gefühl des eigenen Ungenügens manipulierbar – Menschen, die sich unterwerfen, weil sie glauben, sie verfügten nicht über genügend Sachverstand, Kompetenz oder Selbstwert, um sich widersetzen zu können. Es sind diese neuen Formen von Autorität in der technologischen Gesellschaft, die mir als kritischem Beobachter Sorge bereiten; um sie zu verstehen, habe ich mich vor allem auf das Verhalten in Schulen und am Arbeitsplatz und nicht so sehr auf juristische oder politische Autoritätstheorien konzentriert.

Hannah Arendt hat gezeigt, wie manche Juden in leitenden Funktionen zu Komplizen der mörderischen Ordnung in den Konzentrationslagern wurden, und sie führt dies unter anderem darauf zurück, daß die Lagerinsassen ein »Bedürfnis nach Autorität« hatten, gleichgültig, wie nichtswürdig diese Autorität war. Die Diskussion über ihre These stellte nicht die von ihr genannten Tatsachen in Frage, wohl aber ihre Erklärung: Kann man angesichts so extremer Bedingungen überhaupt sinnvollerweise von Komplizenschaft sprechen? In diesem Buch möchte ich die (durch »ungehorsame Abhängigkeit« zustande kommende) Komplizenschaft zwischen den Autoritäten und ihren Untergebenen in unserer Gesellschaft erläutern. Man sollte darin jedoch keinen Beitrag zu der Debatte um die Arbeit von Hannah Arendt oder zu verwandten Diskussionen über den Autoritarismus sehen, denn die Formen der technologischen Autorität sind *ihrem Wesen nach* vom tyrannischen Autoritarismus unterschieden.

Mein Buch handelt von einem Paradoxon: Solange man das Bedürfnis nach wirklichen Autoritätsgestalten nicht als eine positive, dem Erwachsenen gemäße Haltung akzeptiert, bleiben die verschleierten Autoritätsgestalten unangefochten. Das Tabu muß gebrochen werden, damit die Manipulation aufhört. Eine »wirkliche Autorität« ist in meinen Augen kein repressiver oder tyrannischer Herrscher; diese Erwartung selbst ist noch ein Indiz dafür, wie schwer es uns fällt, über das Phäno-

men der Autorität nachzudenken. In den meisten Familien
wandelt sich die elterliche Autorität, wenn die Kinder heranwachsen, von einem durch Bestrafung forcierten Regelsetzen
zu rationaleren Formen von Diskurs und Beratung. Im Laufe
dieser Wandlung muß die Autorität der Eltern durchaus nicht
zerfallen; im Bewußtsein der jungen Menschen, die sich immer
weniger der Bestrafung durch die Eltern ausgesetzt sehen, kann
sie sogar wachsen. Zu dieser Privatgeschichte der Autorität
gibt es in der öffentlichen Sphäre keine Analogie; es gibt in der
öffentlichen Sphäre keine Vorstellung von Autorität, die sich
im Verlaufe von periodischen Krisen und Konfrontationen
fortentwickelt, so wie es im Lebenszyklus einer Familie geschieht. Mit meinem Versuch möchte ich dafür plädieren, die
Tugenden der Autorität, wie wir sie in der Privatsphäre ken-
nenlernen können, auch in der öffentlichen Sphäre wirksam
werden zu lassen.

Erster Teil: Negation

1. Die Angst vor der Autorität

> »Vaterlos jetzt, mußt du mit der Erinnerung an
> einen Vater fertig werden. Oft ist diese Erinne-
> rung zwingender als die lebendige Gegenwart
> eines Vaters, kommandiert eine innere Stimme
> Jas und Neins – ein Binärcode, ja nein ja nein ja
> nein ja nein, und beherrscht einen jeden, ja den
> geringsten deiner Schritte, psychisch gleichwie
> physisch. An welchem Punkt wirst du du selbst?
> Niemals, niemals ganz, du bist immer zum Teil
> er. Diese Vorrangstellung in deinem inneren
> Ohr ist sein letzter ›Japser‹, und kein Vater hat
> sich den je entgehen lassen.«
>
> Donald Barthelme, *Der tote Vater*

Das Bedürfnis nach Autorität ist elementar. Kinder brauchen
Autoritäten, die sie anleiten und die ihnen Sicherheit geben.
Erwachsene erfüllen einen wesentlichen Teil ihrer Erwachse-
nenrolle, indem sie Autoritäten sind; es ist dies eine Form,
Anteilnahme an anderen zum Ausdruck zu bringen. Immer
wieder begegnet uns die Angst, daß wir dieser Erfahrung
beraubt werden könnten. Die *Odyssee, König Lear* und *Budden-
brooks* – alle diese Werke handeln von der Schwächung oder
vom Zusammenbruch der Autorität. Heute allerdings verbindet sich mit der Autorität auch eine andere Angst – die Angst
vor der Autorität. Wir sind dahin gelangt, den Einfluß der
Autorität als Bedrohung unserer Freiheiten zu fürchten – inner-
halb der Familie ebenso wie in der Gesellschaft. Und das
Bedürfnis nach Autorität verdoppelt diese moderne Angst:
Werden wir unsere Freiheiten aufgeben und uns in tiefste
Abhängigkeit begeben, weil wir so sehr darauf aus sind, daß
sich jemand um uns kümmert?
Diese moderne Angst hat viele Elemente. Zum Teil ist es die
Angst vor den Autoritäten als Verführern. Zum Teil ist es die
Angst vor dem Akt der Verführung, davor, die Freiheit um der
Geborgenheit willen aufzugeben. Zum Teil ist es auch die

Angst vor den Verführten, vor den womöglich willensschwachen Massen. Überdies wecken die meisten Autoritätsgestalten keine Bewunderung, und zwar deshalb nicht, weil sie sie nicht verdienen. Ein intelligenter Mensch bewahrt sich seinen klaren Verstand, indem er die kindischen, aus Stärke und Mitgefühl zusammengestückelten Collagen zurückweist, die uns die Autoritäten als Bilder ihrer selbst aufdrängen. Aber mit dieser unserer Ablehnung verbindet sich keinerlei Vorstellung von einer besseren Autorität. Und unser Bedürfnis nach Autorität bleibt bestehen. Der Wunsch nach Orientierung, Geborgenheit und Stabilität zergeht nicht, wenn er unerfüllt bleibt.

In diesem Buch möchte ich untersuchen, was es mit dieser modernen Angst vor der Autorität auf sich hat, welche Autoritäten sie einflößen und welche Bilder einer besseren Autorität vorstellbar sind.

Was ist Autorität?

Jeder hat eine intuitive Vorstellung davon, was »eine Autorität« ist, so schwierig es sein mag, diese Idee genauer zu umreißen. Die Vorstellung, die sich mir selbst tief eingeprägt hat, geht auf die Zeit zurück, als ich dem Dirigenten Pierre Monteux einige Wochen lang bei einer Orchesterprobe zuschauen konnte. Wer Monteux einmal im Konzert erlebt hat, weiß, daß er kein charismatischer Mann der großen Gesten war. Sein Taktstock bewegte sich innerhalb eines vierzig Zentimeter hohen und dreißig Zentimeter breiten imaginären Kästchens vor ihm. Von der Stabarbeit, die in diesem Kästchen vor sich ging, sah das Publikum wenig, das Orchester jedoch verfolgte sie mit gespannter Aufmerksamkeit. Eine Bewegung von zwei Zentimetern nach oben war das Zeichen für ein Crescendo; eine Bewegung von fünfundzwanzig Zentimetern zeigte einen gewaltigen Klangausbruch an. Die Einsätze für die einzelnen Instrumente signalisierte Monteux meist mit Blikken. Die Waldhörner, eine Gruppe, deren Einsätze immer schwer zu geben sind, erhielten ihre Signale von einer hochge-

zogenen Augenbraue; bei den Streichern genügte ein kurzer
Blick des Dirigenten.

Monteux verfügte über eine entspannte, vollkommene Selbstbeherrschung, und diese Sicherheit war die Grundlage seiner
Autorität. Ich will damit nicht sagen, er sei dogmatisch gewesen; häufig überdachte er eine Passage in aller Ruhe, während
das Orchester wartete, und manchmal änderte er seine Meinung. Aber die Ausgeglichenheit, mit der er das Kommando
führte, veranlaßte andere, sich ihm wie selbstverständlich zu
fügen. Und diese Sicherheit erlaubte es ihm auch, die Musiker
auf seine Disziplin zu verpflichten. Zum Teil rührte diese
Disziplin aus der Stabarbeit selbst; man mußte sich sehr genau
auf Monteux konzentrieren, um seine Signale mitzubekom-
men. Ich erinnere mich an eine sehr schwierige Stelle in Stra-
winskis *Le sacre du printemps*, wo die Celli weitgehend von
Monteux' kleinem Finger geleitet wurden. Aber auch Monteux' Gegenwart trug zu dieser Disziplin bei.

Einige Dirigenten erzeugen Disziplin, indem sie Schrecken
verbreiten; Toscanini zum Beispiel schrie, stampfte mit dem
Fuß und warf gelegentlich sogar mit dem Taktstock nach
einem Musiker. Von der eigenen Wahrheit gründlich überzeugt, duldete er bei anderen keine Fehler. Um seinem Zorn zu
entgehen, tat man, was er sagte. Ganz anders Monteux. »Wollen die Celli tatsächlich so laut sein?« Oder zur Oboe gewandt:
»Eine wunderschöne Passage, wenn man sie sanft spielt.« Da
war kein Zwang und keine Drohung; da war nur ein Mensch,
der einem helfen wollte, besser zu werden. Besser – das hieß, so
zu spielen, wie er es wollte, denn er wußte Bescheid. Er hatte
die Aura dessen, der zu einer Einsicht gelangt war, die es ihm
erlaubte, sich mit größter Gelassenheit ein Urteil zu bilden.
Auch dies ein wesentliches Element der Autorität: daß jemand
über eine bestimmte Stärke verfügt und sie einsetzt, um andere
anzuleiten, indem er ihr Handeln im Hinblick auf einen höheren Maßstab verändert.

Ich weiß, daß Monteux im Konzert stets freundlich und gut-
mütig wirkte. Ähnlich war er im Umgang mit seinen Musi-
kern. Aber da gab es noch etwas anderes. Seine Autorität flößte

auch Furcht ein – nicht jene, die Toscanini verbreitete, sondern eine andere Furcht. Ein Moment im langsamen Satz des Zweiten Klavierkonzerts von Brahms: Das Solocello hat sich völlig verheddert. Monteux klopft ab und sieht den Cellisten schweigend an. Das Schreckliche daran ist, daß man genau weiß, so würde er es mit dem letzten Cellisten der Gruppe niemals machen; der erste Cellist ist dem, was man billigerweise von ihm erwarten konnte, nicht gerecht geworden, und nun zieht Monteux ihn zur Rechenschaft. Auch dies ein Element, das Monteux zu einer Autorität machte: Er hatte die Kraft, seine Musiker zu durchschauen, abzulehnen, was die Kollegen noch akzeptiert hätten. Daher die bange Strebsamkeit, die fieberhafte Anspannung.

Selbstsicherheit, überlegenes Urteilsvermögen, die Fähigkeit, andere zu Disziplin anzuhalten – das sind Eigenschaften einer Autorität. Der Buchdrucker Caxton brachte das 1484 sehr klar in der Art und Weise zum Ausdruck, wie er König Richard in seiner *chivalry* anredete: »Mein allergefürchtetster Herr und Gebieter, König Richard.« Das Wort »gefürchtet« hat hier eine doppelte Bedeutung – Furcht und Ehrfurcht. Eine Autorität wird in diesem Sinne »gefürchtet«.

Daß es so schwierig ist, die intuitive Vorstellung von Autorität zu bezeichnen, hängt mit der Idee der Stärke zusammen, auf der sie beruht. Niemals ist mir ein schlechter oder unfähiger Musiker begegnet, dem es gelungen wäre, für längere Zeit seine Autorität über ein Orchester zu behaupten. Es gibt sehr fähige, sogar geniale Musiker, die nicht imstande sind, ihre musikalischen Fähigkeiten in Autorität über ein Orchester umzusetzen; das erstaunlichste Beispiel hierfür ist Schumann in seinen späten Jahren. Aber sobald wir uns in die Sphäre der Politik, der Arbeit oder der Familie begeben, werden die Definitionen von Stärke ebenso wie das Verhältnis zwischen Stärke und Autorität sehr viel prekärer.

Nehmen wir beispielsweise das politische Synonym für Stärke: Macht. Oft werden die Wörter »Autorität« und »Macht« so verwendet, als seien sie austauschbar, etwa wenn im angelsächsischen Sprachraum Staatsbeamte oder Behörden als *authorities* bezeichnet werden. Aber oft macht man auch einen Unterschied zwischen Macht und Autorität – so wenn es heißt, einem Staatsbeamten habe die Autorität gefehlt, um sich auf ein bestimmtes Vorhaben einzulassen. Die Wurzel von »Autorität« ist das lateinische Wort *auctoritas*, das seinerseits von *auctor* (Schöpfer, Stifter, Urheber, Verfasser) abgeleitet ist. In dem Wort »Autorität« schwingt also die Bedeutung von »erzeugen, hervorbringen« mit. Mit dem Wort »autoritär« dagegen beschreibt man einen repressiven Menschen oder ein repressives System.

Oder betrachten wir die Vorstellung von Stärke, die wir vor Augen haben, wenn wir den Verfall von Autorität befürchten. Es ist die Stärke der Wertvorstellungen und Überzeugungen unserer eigenen Generation; wir wünschen uns, daß sie Bestand haben mögen; aber sie haben keinen Bestand, ebensowenig wie unser Körper. In der Gesellschaft wie im Privatleben wünschen wir uns Stabilität und Verständigung und glauben, ein System, das über Autorität verfügt, werde uns diese Wohltaten am ehesten verschaffen. Dieser Wunsch tritt im öffentlichen Leben in Gestalt von Monumenten der Autorität in Erscheinung: gewaltige Kirchen, Mausoleen, Regierungsgebäude – sie alle sind Symbole dafür, daß die herrschende Machtordnung die Generation der jetzt Herrschenden und die Generation der jetzt Gehorchenden überdauern wird. Und tatsächlich beruht eine der Bedeutungen des lateinischen Wortes *auctor* auf der Vorstellung, daß derjenige, der über Autorität verfügt, anderen den bleibenden Wert dessen, was er tut, verbürgen kann. Aber die gesellschaftliche Bürgschaft ist der Zeit ebensowenig enthoben wie die persönliche. Sie ist historisch und dem Wandel unterworfen. Die Stärke, die diese Monumente der Autorität symbolisieren, versucht der Geschichte und der Zeit zu trotzen.

Was die Idee der Stärke im täglichen Leben so fragwürdig macht, ist vor allem jenes Element, das man als Integrität bezeichnen könnte. Bei Toscanini, Monteux und den meisten anderen Orchesterdirigenten, die für ihre Musiker lebendige Autoritäten sind, steht die Integrität ihres musikalischen Könnens außer Frage. Aber die Integrität von Eltern, die ihren Kindern Angst und Ehrfurcht einflößen, von Politikern, die in den Bürgern Furcht und Scheu wecken, ist im wahrsten Sinne des Wortes fragwürdig. Denn es kann geschehen, daß sie die Stärke, die ihnen Autorität verleiht, nicht zum Nutzen der ihnen Untergebenen einsetzen, sondern bloß dazu, sie zu beherrschen. Die moderne Angst vor der Autorität bezieht sich gerade auf solche Gestalten, die ihre Macht über Menschen in den Dienst eines ganz und gar destruktiven Handelns stellen. Was ist das für eine Stärke, die man an einem Demagogen, an einem destruktiven Vater oder einer destruktiven Mutter wahrnimmt? Auch diese Stärke beruht möglicherweise darauf, daß diese Gestalten den Eindruck von Selbstsicherheit und überlegenem Urteilsvermögen hervorrufen, auf ihrer Fähigkeit, andere einer Disziplin zu unterwerfen und ihnen Furcht einzuflößen. Doch wie kommt es, daß auch aus verderblichen Quellen solche Eindrücke erwachsen können?

Ganz allgemein könnte man sagen, daß Autorität einen Versuch darstellt, Machtverhältnisse zu interpretieren; Verhältnissen, die von Herrschaft und Einfluß geprägt sind, dadurch einen Sinn zu verleihen, daß man ihnen eine Vorstellung von Stärke unterlegt. Gesucht wird eine feste, verbürgte, stetige Stärke. Am Ende von *Auf der Suche nach der verlorenen Zeit* findet Proust diese autoritative Stärke in der Betrachtung von Vermeers *Ansicht von Delft*. Das Gemälde ist zeitlos, und seine Integrität steht, ähnlich wie die Monteux' am Dirigentenpult, außer Zweifel. In der Politik und im täglichen Leben jedoch kann sich die Interpretation der Macht den Verheerungen der Zeit oder der Frage nach ihrer Integrität nicht entziehen. Im Alltag ist Autorität kein Ding. Sie ist ein Interpretationsvorgang, der die Festigkeit eines Dinges anstrebt. So verwandelten sich Glaube, Sünde und Verzweiflung in steinerne Kirchen. Aber wenn wir von einer Suche nach Autorität sprechen, dann sollte die Betonung auf dem Wort »Suche« liegen; nur zu gut kennen wir jene Illusionen, die den Anschein erwecken wollen, diese Suche sei ein für allemal beendet: das Tausendjährige Reich oder das kommunistische Paradies, die das Ende der

Geschichte ausgerufen haben. Allgemein kann man sagen, daß
wir in der Autorität einen Trost suchen, den die Zeit niemals
wirklich gewährt. Immer wieder mündet die Suche in Enttäuschung; und deshalb läßt sich das, was Autorität ausmacht, so
schwer fassen und definieren. Doch solange wir enttäuscht
werden, bewahren wir uns jedenfalls unsere Freiheit gegenüber
jenen Meistern der Verblendung, die uns versprechen, die
Geschichte habe sich vollendet, das Experiment sei zu Ende.

Wenn man Autorität als einen Prozeß der Deutung von Macht
bezeichnet, dann stellt sich die Frage, welchen Anteil der
Betrachter selbst an der Wahrnehmung der Autorität hat. In
der modernen Soziologie gibt es zwei Schulen, die in diesem
Punkt sehr unterschiedliche Auffassungen vertreten. Die eine
behauptet, was das Subjekt sehe und empfinde, hänge weitgehend von der Beschaffenheit der Machtverhältnisse ab. Der
bedeutendste Verfechter dieser Auffassung ist Max Weber, der
dabei allerdings keinem kruden Determinismus huldigt. Zu
Beginn dieses Jahrhunderts waren viele Marxisten der Ansicht,
die Macht der herrschenden Klasse setze sich automatisch in
Bilder von Autorität um, in Vorstellungen darüber, wer Stärke
besitzt und wer andere beurteilen kann, in Prinzipien von
Disziplin und Furcht. Diesen Marxisten, namentlich Jules
Guesde in Frankreich, galt es als ausgemacht, daß die Ideen der
herrschenden Klasse auch die herrschenden Ideen einer Zeit
sind: Die Menschen machen sich keine eigenen Gedanken über
die Macht, sie denken, was die Mächtigen ihnen eingeben. Für
Weber und viele andere aus seiner Generation war diese Auf-
fassung unbefriedigend. Wie ließ sich, wenn sie zutraf, das
Entstehen einer kritischen Intelligenz erklären, und wie die
Tatsache, daß im Vorfeld von Revolutionen die herrschende
Klasse häufig den Glauben an sich selbst verliert? Diese mechanische Vorstellung war jedenfalls, wie der italienische Kom-
munist Antonio Gramsci bald zeigen sollte, schlechter Marxis-
mus, denn die Machtverhältnisse in einer kapitalistischen
Gesellschaft sind in sich widersprüchlich, und es sind diese
Widersprüche, diese Dissonanzen, die die Menschen zum
Nachdenken veranlassen. Weber vertrat die Ansicht, daß die

Menschen Macht auf sehr unterschiedliche Weise auffassen können, daß aber nur besondere Auffassungsweisen die Menschen veranlassen, die Mächtigen als Autoritäten, als »legitim«, wahrzunehmen, und diese Auffassungsweisen werden dadurch bestimmt, wie die Mächtigen ihre Herrschaft ausüben. Nach Weber gibt es drei »Typen legitimer Herrschaft«, in denen Macht zugleich als Autorität wahrgenommen wird. Zunächst die traditionale Herrschaft bzw. Autorität; sie beruht »auf dem Alltagsglauben an die Heiligkeit von jeher geltender Traditionen«. Diese Auffassung ist charakteristisch für Gesellschaften mit erblichen Privilegien, für Gesellschaften, in denen die Formen der Vererbung in einer Vergangenheit festgelegt wurden, die so weit zurückliegt, daß sie nur noch unter Berufung auf Mythen und Sagen, nicht aber mit dem Hinweis auf die praktischen Erfordernisse der Gegenwart verständlich gemacht werden können. Nicht nur Erbaristokratien gehören in diese Sphäre der traditionalen Autorität, sondern auch Gebräuche wie die jüdischen und islamischen Speiseverbote. Deren Bedeutung gründet nicht in der tatsächlichen Unreinheit von Schweinen oder von Alkohol, sondern darin, daß es in ferner Vergangenheit einmal Menschen gab, die Schweinefleisch und Alkohol ablehnten. Der Eindruck von Autorität, von Stabilität erwächst daraus, daß diese Erinnerung so lange Zeit überdauert hat; das meinen wir, wenn wir sagen, ein Brauch sei von der Tradition geheiligt.

Der zweite Typus von Autorität ist die legal-rationale Autorität, die »auf dem Glauben an die Legalität gesatzter Ordnungen und des Anweisungsrechts der durch sie zur Ausübung von Herrschaft Berufenen« beruht. Der Eindruck von Autorität ergibt sich hier aus dem, was der Führer oder der Chef tatsächlich tut; und diese Autorität kann jedem zugeschrieben und auf jeden übertragen werden, der eine solche Machtposition innehat. In einem traditionalen Rahmen sind nur die Söhne von Herzögen qualifiziert, in Zukunft Herzöge zu werden, so degeneriert und verschroben sie sein mögen; in einem legal-rationalen System dagegen ist jeder, der die Aufgaben eines Amtes zu erfüllen vermag, für dieses Amt auch geeignet.

Die letzte Art der Autorität ist die charismatische; sie beruht »auf der außeralltäglichen Hingabe an die Heiligkeit oder die Heldenkraft oder die Vorbildlichkeit einer Person und der durch sie offenbarten oder geschaffenen Ordnung«. Webers Vorbilder für diesen Autoritätstypus sind Jesus und Mohammed. Traditionale Denk- und Lebensweisen werden von diesen Propheten umgestürzt; die Logik der herrschenden Ordnung wird von ihnen als falsch verworfen. Damit verbindet sich die Verheißung einer neuen Wahrheit, die absolut, unerschütterlich und festgefügt ist, vorher aber unbekannt war. Von allen Autoritätsformen könnte man sagen, was Weber über die charismatische Autorität sagt: »[. . .] darauf allein, wie sie tatsächlich von den charismatisch Beherrschten, den ›Anhängern‹, bewertet wird, kommt es an.«

Weber nähert sich dem Problem der Autorität als Kantianer: Um kohärent denken und wahrnehmen zu können, benötigen die Menschen Kategorien. Dieser Ansatz erweist sich als sinnvoll im Hinblick auf den, der der Autorität unterworfen ist, denn was die Menschen den komplexen, widersprüchlichen Machtverhältnissen abzuringen suchen, sind vor allem Kohärenz und Ordnung. Doch unter eben diesem Gesichtspunkt ist Webers Ansatz auch angegriffen worden: Warum gerade diese drei Kategorien? Schließen sie sich nicht gegenseitig aus? Von einem katholischen Priester nimmt man an, er habe, wenn er die Messe liest, Charisma im Sinne einer »Gnadengabe«. Das Priesteramt ist traditional, wenngleich nicht erblich; sein Charisma ist durch alten Brauch geheiligt. (Weber bezeichnete eine solche Mischung als »Veralltäglichung« des Charismas, aber da das Charisma des Priesters bei jedem Gottesdienst absolut ist, erscheint diese Einschränkung nicht befriedigend.)

Der wichtigste Grundzug von Webers Ansatz besteht darin, daß er Autorität mit Legitimität gleichsetzt. Seiner Ansicht nach werden die Menschen denen, die sie für illegitim halten, nicht gehorchen. Daraus folgt für Weber, daß sich stets angeben läßt, wann in einer Gesellschaft ein Autoritätsbewußtsein vorhanden ist – dann nämlich, wenn die Menschen den Herrschenden *freiwillig* gehorchen. Wenn sie dagegen mit Zwang

regiert werden müssen, dann deshalb, weil sie die Herrschenden nicht für legitim erachten. Autorität als Glaube an die
Legitimität, gemessen an der Bereitschaft zu freiwilligem Gehorsam – diese Auffassung von Autorität hat im modernen
soziologischen Denken einen außergewöhnlichen Einfluß gewonnen. Ihr vielleicht eloquentester Verfechter ist der italienische Soziologe Gaetano Mosca, der 1939 in seinem Buch *Die
herrschende Klasse* schrieb:

> »[. . .] politische Formeln sind nicht einfach betrügerische
> Wundermittel, erfunden, um die Massen gefügig zu machen.
> Eine solche Auffassung wäre ein großer Irrtum. Sie erfüllen
> ein echtes Bedürfnis der sozialen Natur des Menschen. Das
> allgemeine Bedürfnis, nicht durch einfache materielle und
> intellektuelle Überlegenheit, sondern auf Grundlage eines
> moralischen Prinzips zu regieren und regiert zu werden, hat
> zweifellos eine reale praktische Bedeutung.«

Eine andere Auffassung vertreten jene Autoren, die danach
fragen, wie Menschen bei anderen Stärke wahrnehmen, die
also den Wahrnehmungsvorgang in den Vordergrund stellen,
unabhängig davon, was jeweils wahrgenommen wird. Die
bedeutendste Stimme ist hier unzweifelhaft die Freuds, und sie
ist eine tragische Stimme. In seinen Spätwerken *Der Mann
Moses und die monotheistische Religion* und *Das Unbehagen in der
Kultur* beschreibt er, wie Autoritätsvorstellungen, die in der
Kindheit entstehen, auch im Erwachsenenalter weiterwirken.
Den Auseinandersetzungen der Erwachsenen mit Macht,
Recht und Legitimität liegen solche archaischen Vorstellungen
davon, wie Stärke und Macht beschaffen sein sollen, zugrunde,
so daß wir als Erwachsene nicht das interpretieren, was sich in
unserem Leben abspielt, sondern in Wirklichkeit das, was sich
einmal abgespielt hat, so als würden wir einen verborgenen
Text mit einer machtvolleren Botschaft lesen. In der Kindheit,
so meint Freud, trug alles, was die Eltern taten, zu dem Bild
bei, das wir uns von ihrer Stärke machten. Das Kleinkind
besitzt keine Urteilsmaßstäbe, hat keinerlei Möglichkeit, sich
von den Eltern abzulösen; alles, was der Vater oder die Mutter

tut, zeugt von überlegener Stärke, und in seinem egozentri-
schen Universum kann sich das kleine Kind nicht vorstellen,
daß die Eltern irgend etwas tun könnten, das sich nicht auf es
auswirkt. Ist Mami niedergeschlagen? Daran muß ich schuld
sein. Ist Papa zornig? Dann muß ich etwas angestellt haben.
Wenn sie mich bestrafen, verstehe ich zwar nicht, warum, aber
ich muß böse gewesen sein. Lieben sie mich? Dann müssen sie
mich absolut lieben.

Die Geschichte der Reifung, die Freud erzählt, handelt von der
Auflehnung gegen diesen Konversionsprozeß, der freilich im
Leben eines Menschen durch das Erwachsenwerden nie völlig
gelöscht wird, so wie man einen Fehler auf einem Tonband
löschen kann. Zunächst, so dachte Freud, konkurriert das Kind
mit dem gleichgeschlechtlichen Elternteil, eine Konkurrenz,
deren Ausgang notwendigerweise ambivalent bleibt. Der
kleine Junge will nach Freuds Vorstellung zwar den Platz seines
Vaters einnehmen, aber er will die Liebe seines Vaters nicht
verlieren. Auf späteren Entwicklungsstufen lösen sich die Heranwachsenden aus dem Gehorsam gegenüber den Eltern und
wollen dennoch, daß sich diese, wenn ihre Hilfe benötigt wird,
um sie kümmern. Der Erwachsene, so hoffte Freud, gelangt
dahin, die Stärke seiner Eltern ebenso wie ihre Grenzen richtig
einzuschätzen und in dieser Stärke das zu sehen, was sie ist: eine
Kraft, die die Eltern besaßen, eine Kraft, die ihn, den nunmehr
Erwachsenen, gemacht hat, die jetzt aber nicht Teil seiner
selbst ist.

Freud glaubte nicht, daß viele Menschen zu dieser reifen Deutung von Stärke gelangen könnten. Die Massen sind seiner
Meinung nach stets in Gefahr, auf frühere Stufen zu regredieren, wo sie nach den Wohltaten eines Stärkeren lechzen und
zugleich eine Wut gegen eben jene Stärke entwickeln, nach der
sie so sehr verlangen. Dies ist für Freud die wichtigste emotionale Komponente des politischen Diskurses: der Wunsch, zu
regredieren, zu kapitulieren, den sich autoritäre Gestalten leicht
zunutze machen können. Und es war diese »Re-Infantilisierung
der Massen«, die Freud während der dreißiger Jahre, als er seine
letzten Werke schrieb, in Europa zu beobachten meinte. Aus

seiner Sicht ist der moralische Gehalt von Herrschaftsbeziehungen zwischen Erwachsenen letzten Endes nur ein Vorwand,
eine strategische Waffe in einer psychologischen Schachpartie,
die für jedermann im Augenblick seiner Geburt begann.

Freuds Befürchtung, infantile Bilder von Stärke könnten die
allgemeine Vorstellung von Autorität ganz und gar überlagern,
beeinflußte auch die stärker soziologisch orientierten Autoren
der Frankfurter Schule. Vor allem Theodor W. Adorno und
Max Horkheimer, aber auch Herbert Marcuse, Erich Fromm,
Walter Benjamin und, eher am Rande stehend, Hannah Arendt,
waren bestrebt, die Psychoanalyse mit einer differenzierten
marxistischen Gesellschaftskritik zu verbinden. Eine von ihnen
gemeinsam betriebene Studie erschien 1936 im Pariser Exil
unter dem Titel *Autorität und Familie*. Sie wurde leider nie ins
Englische übersetzt. Einen Eindruck von ihren Fragestellungen
kann der englischsprachige Leser jedoch aus der unter Leitung
von Theodor W. Adorno entstandenen Nachfolgeuntersu-
chung *The Authoritarian Personality* gewinnen, die nach dem
Zweiten Weltkrieg in den USA veröffentlicht wurde. Sie hat
zwei Schwerpunkte. Zum einen wollte sie im einzelnen darstellen, aufgrund welcher psychischen Mechanismen kindliche
Bilder von Stärke im Erwachsenenalter fortbestehen: wie das
Erinnerungsvermögen funktioniert, wie kindliche Elternbilder
von Erwachsenen auf andere Erwachsene projiziert werden
und dergleichen mehr. Zum anderen wollte sie die gesellschaftlichen Bedingungen analysieren, die das Fortbestehen solcher
infantilen Wahrnehmungsmuster begünstigen oder hemmen.
Wie der ursprüngliche Band bemühte sich auch *The Authoritarian Personality* darum, historisch sehr viel präziser als Freud zu
ergründen, welche Rolle die Kultur bei diesen Vorgängen
spielt. In *Autorität und Familie* hatte Horkheimer zum Beispiel
dargelegt, wie die Macht des bürgerlichen *pater familias* im
Laufe des 19. Jahrhunderts verkümmerte und wie man nun
vom Staat erwartete, einzuspringen und eine Ersatzrolle zu
übernehmen – ein Thema, das kürzlich Christopher Lasch in
seinem Buch *Heaven in a Heartless World* aufgegriffen hat. In
The Authoritarian Personality versucht Adorno zu zeigen, wie in

antisemitischen Anschauungen Bedürfnisse von Menschen zum Ausdruck kommen, die das Fehlen von Autoritätsgestalten in ihrer Kindheit schmerzlich empfunden haben, die sich selbst als schwach erfahren und nun alle Schuld daran auf Fremde zu schieben trachten. Der Begriff der »autoritären Persönlichkeit« verweist auf einen Schnittpunkt von zwei Arten von Kräften: psychologischen Kräften, die im Menschen das verzweifelte Verlangen nach Stärke wecken, und historischen und gesellschaftlichen Kräften, die die Form prägen, in der er dieses Verlangen zum Ausdruck bringt.

Man hat so viel berechtigte Kritik am Forschungsansatz von *The Authoritarian Personality* geübt, daß der Wert dieser Untersuchung als Pionierarbeit darüber oft in Vergessenheit geriet. Hier ein Beispiel für die Art von Problemen, denen man in dieser Studie begegnet. Sie entwickelt einen Maßstab für autoritäre Einstellungen, die sogenannte F-Skala. Die eigentliche Messung dieser Einstellungen geschieht in Gestalt von Fragen wie: »Sind Sie der Meinung [nicht der Meinung], daß Juden in Geldangelegenheiten unehrlich sind?« Die Befragungsergebnisse zeigten, daß die autoritären Einstellungen von Angehörigen der Arbeiterschicht auf der F-Skala sehr viel ausgeprägter waren als die von Angehörigen der Mittelschicht. Problematisch sind diese Ergebnisse wegen der Form der Fragen. Die meisten Angehörigen der Arbeiterschicht neigen dazu, sich gegenüber Experten aus der Mittelschicht so kooperativ wie möglich zu verhalten; sie fürchten die Autorität der Forscher, die die Befragungen durchführen, und wollen keine Schwierigkeiten machen. Deshalb tendieren sie dazu, sich zustimmend zu äußern, wenn sie in der oben dargestellten Weise befragt werden. Es scheint, als würde die Sache dann reibungsloser vonstatten gehen. Wenn aber die Fragen, wie es später geschehen ist, in anderer Form gestellt werden, verschwinden diese vermeintlich autoritären Einstellungen bei der Arbeiterschicht.

Die Untersuchung krankt an einer ganzen Reihe ähnlicher Probleme. Ihr Wert besteht jedoch vor allem in den Fragen, die sie aufgeworfen hat. Sie zog die Grundannahme Webers und anderer in Zweifel. Die Bereitschaft der Menschen, etwas zu glauben, hängt nicht lediglich von der Glaubwürdigkeit oder Legitimität der Ideen, Grundsätze und Personen ab, die man ihnen vor Augen führt. Sie beruht auch darauf, daß die Menschen selbst ein Bedürfnis haben, etwas zu glauben. Was sie von einer Autorität erwarten, ist ebenso wichtig wie das, was diese Autorität ihnen zu bieten hat. Und dieses Bedürfnis nach Autorität – darauf hat vor allem Max Horkheimer hingewiesen – wird durch Geschichte und Kultur ebenso geprägt wie durch die psychische Prädisposition.

Diese beiden modernen Ansätze zum Verständnis von Autorität neigen allerdings dazu, eine bestimmte Dimension zu übersehen: die Wechselbeziehung zwischen Starken und Schwachen. Sie stellen die Elemente, die für eine Interpretation dieser Beziehung erforderlich sind, in den Vordergrund. Sie zeigen uns, welche persönlichen Motive und sozialen Bedingungen im Spiele sind; doch sie zeigen uns nicht, wie diese Elemente verwendet werden, wie eine Interpretation im sozialen Austausch tatsächlich konstruiert wird. Weber entwirft das Bild eines starken Menschen, der in der Lage ist, den Eindruck von Charisma zu wecken; der Vorgang selber, die Frage, wie dieser Eindruck geweckt wird, interessiert ihn nicht. Und die F-Skala zeigt uns zwar, welche Folgen es hat, wenn sich die Menschen verletzlich und schwach fühlen und wenn sie die Schuld daran einer fremden Macht innerhalb der Gesellschaft zuschreiben können; aber die Schritte, die zu diesem Ergebnis führen, erklärt die Skala nicht.

Es ist nicht nur intellektuelle Neugier, die uns veranlaßt, diese fehlende Dimension, die Architektur der Interpretation, genauer zu untersuchen. Heutzutage besteht das Dilemma der Autorität, die eigentümliche Furcht, die sie einflößt, nämlich darin, *daß wir uns zu starken Gestalten hingezogen fühlen, die wir nicht für legitim halten.* Diese Anziehungskraft ist kein spezifisches Merkmal unserer Zeit. Die mittleren Kreise von Dantes Inferno sind von jenen bevölkert, die Gott liebten und doch dem Satan folgten; aber sie waren Sünder, die zu ihren Lebzeiten gegen die Regeln der Gesellschaft verstießen. Eigentümlich für unsere Zeit ist, daß die formell legitimen Mächte in den dominierenden Institutionen bei denen, die ihnen unterworfen sind, einen nachhaltigen Eindruck von Illegitimität hervorrufen. Und dennoch verwandeln sich diese Mächte in Bilder menschlicher Stärke: in Bilder von Autoritäten, die über Selbstsicherheit und ein überlegenes Urteilsvermögen verfügen, die andere einer moralischen Disziplin unterwerfen und ihnen Furcht einflößen. Diese Autoritäten ziehen andere in ihren Bann, so wie die Flamme den widerstrebenden Nachtfalter. Eine Autorität ohne Legitimität, eine Gesellschaft, die gerade durch das Mißtrauen und die Unzufriedenheit zwischen den Menschen zusammengehalten wird – diese merkwürdige Situation können wir nur begreifen, wenn wir verstehen, wie wir verstehen.

Für Weber wäre eine solche Situation ein Widerspruch in sich: Warum sollten wir uns um die Anerkennung von Leuten bemühen und uns ihnen damit unterordnen, wenn wir diese Leute gar nicht für legitim halten? Für Freud wäre das verständlich; er erkennte darin eine adoleszente Autoritätsauffassung. Aber seine Definition von »Legitimität« wäre zu eng. Was geschieht, wenn die maßgeblichen Bilder von Stärke in Wirklichkeit gar nicht legitim sind, wenn sie bösartig sind und ihnen jede Integrität fehlt? Unter diesen Voraussetzungen ist es nicht irrational, sich gegen sie aufzulehnen. Und man kann, wie ich meine, die Anziehungskraft, die sie dennoch ausüben, nicht allein mit dem infantilen, regressiven Wunsch, beherrscht zu werden, erklären. Die Art, wie diese Illegitimität wahrgenommen und wie sie artikuliert wird, kann selbst dazu beitragen, Bindungen zu diesen merkwürdigen Herren zu schaffen.

In der ersten Hälfte dieses Buches möchte ich diese Bindungen an die illegitime Autorität prüfen; in der zweiten Hälfte werde ich untersuchen, wie legitime Bindungen zustande kommen könnten. Im ersten Teil möchte ich zunächst darstellen, wie der Akt der Ablehnung einer Autorität so strukturiert sein kann, daß man sich gerade durch die Ablehnung an die abgelehnte Person bindet. Das zweite und dritte Kapitel beschreiben zwei Autoritätsbilder, die auf diese Weise abgelehnt werden: das

Bild einer Autorität, die eine falsche Liebe verspricht, und das einer Autorität, die keinerlei Liebe für andere, ja nicht einmal Interesse an ihnen bekundet. Beide Autoritätsbilder sind bösartig, beide beruhen auf illegitimen Formen von sozialer Kontrolle, und beide locken diejenigen, die diese Bilder negieren, in eine Falle.

Der zweite Teil erörtert im vierten Kapitel zunächst, wie Menschen in ihrem Privatleben bösartige Formen von Autorität, die Leiden verursacht haben, verändern. Das fünfte Kapitel geht der Frage nach, welche Lehren man aus diesen privaten Erfahrungen für die Autorität in der öffentlichen Sphäre ziehen kann. Das Schlußkapitel kehrt dorthin zurück, von wo wir ausgegangen waren. Die Kirchen sind steinerne Zeugen einer Ordnung, einer Sicherheit und Zeitlosigkeit, die es nie geben wird, weder in der Politik noch im Privatleben. Ist es bloß eine Illusion, die uns treibt, weiter zu bauen?

Ablehnung bindet

Fast jeder kennt Ehen, in denen sich ein Partner ständig über den anderen beklagt und gleichwohl nicht imstande ist, sich von ihm zu lösen. Oft hören wir dabei nichts von Haß oder Abneigung oder davon, daß der klagende Partner zu schwach sei, seinen Gefühlen entsprechend zu handeln. Im Gegenteil, es besteht ein Bedürfnis nach dem anderen; doch es wäre gefährlich, dieses Bedürfnis einzugestehen, und deshalb muß es durch Deklarationen der Ablehnung maskiert und »entschärft« werden. Die Ablehnung des anderen und die Bindung an ihn sind nicht voneinander zu trennen.

In Form solcher Ablehnungsbindungen bekennen wir auch das Bedürfnis nach Autoritäten ein, die offen zu akzeptieren gefährlich wäre. Aber anders als in einer Ehe zwischen zwei Erwachsenen, von denen man annehmen kann, daß sie einander ebenbürtig sind, geht es hier um Ablehnungsbindungen zwischen Menschen, die nicht über gleich viel Macht verfügen. Die Angst in einer Autoritätsbeziehung richtet sich gerade darauf, was der Überlegene mit seiner größeren Macht tun wird. Das jedenfalls scheint der einleuchtende Grund für die Angst vor der Autorität zu sein. Freilich trifft auch zu, daß Menschen die Stärke anderer brauchen – und manchmal haben sie das Gefühl, die tatsächlichen Autoritätsgestalten in ihrem Leben seien nicht so stark, wie sie sein sollten. Die Sprache, mit der wir diese tatsächlichen Gestalten ablehnen, kann uns helfen, jenen, die wir uns wünschen, eine Kontur zu geben, so wie man in der Photographie ein Negativ benötigt, um ein Positivbild herstellen zu können. Zu Menschen, die wir ablehnen, bauen wir eine Bindung auf. Indem wir sie verstehen lernen, erkennen wir, was wir selbst wollen.

In der modernen Gesellschaft haben wir große Geschicklichkeit entwickelt, zu Autoritäten Ablehnungsbindungen aufzubauen. Diese Bindungen erlauben es uns, uns von denen, die wir fürchten, abhängig zu machen oder das Wirkliche zu benutzen, um eine Vorstellung vom Ideal auszubilden. Das Problem besteht allerdings darin, daß diese Bindungen auch den Autoritäten die Möglichkeit geben, uns auszunutzen; sie können eine sehr weitgehende Kontrolle über diejenigen gewinnen, die sich scheinbar gegen sie auflehnen.

Ich möchte hier drei Arten von Ablehnungsbindungen darstellen. Die erste erwächst aus der Angst vor der Stärke der Autorität; diese Bindung werde ich »ungehorsame Abhängigkeit« nennen. Die zweite besteht darin, daß man von dem vorhandenen Negativ ein ideales Positivbild herstellt. Der dritten liegt eine Phantasie über das Verschwinden von Autorität zugrunde. Diese Bindungen möchte ich anhand von Fallgeschichten beschreiben. Dabei ergibt sich jedoch eine Schwierigkeit. Wenn man eine Fallgeschichte ausbreitet, dann gerät man immer ins Detail. Ich habe nun nicht vor, hier vollständig darzustellen, was die Menschen in diesen Fallgeschichten antreibt; ich möchte vielmehr die Sprache der Ablehnungsbindungen in einer konkreten Form wiedergeben, ich möchte sie in der Biographie wirklicher Personen vernehmbar machen. Diese Sprache ist uns heute sehr geläufig, aber oft merken wir gar nicht, wenn wir sie sprechen.

Die Sprache der ungehorsamen Abhängigkeit möchte ich am
Fall von Helen Bowen[1] darlegen, die zur Zeit meiner Gespräche mit ihr fünfundzwanzig Jahre alt war. Eines Frühjahrs
suchte sie eine kommunale psychotherapeutische Beratungsstelle in Boston auf – sie litt unter nervöser Anspannung und
wollte Beruhigungsmittel verschrieben haben. Auf die Frage,
ob irgendein Ereignis der jüngsten Vergangenheit die Anspannung ausgelöst habe, antwortete sie, sie habe soeben mit ihrem
Freund Schluß gemacht. Sie bekam das Rezept. Eine Woche
später erschien sie wieder in der Beratungsstelle und klagte, das
Mittel sei nicht stark genug gewesen. Der Arzt erkundigte sich,
wie sie die Pillen eingenommen hatte, und es stellte sich heraus,
daß sie weniger als verordnet und nur in unregelmäßigen
Abständen genommen hatte. Daraufhin schlug ihr der Arzt
eine Therapie vor. Sie war einverstanden, verlangte aber einen
anderen Therapeuten, weil sie der Meinung war, der erste Arzt
habe ihrem Begehren nach Pillen zu rasch nachgegeben, eine
Ansicht, zu der auch die übrigen Mitarbeiter der Beratungsstelle gelangten, als der Arzt ihren Fall schilderte.

Wie Helen Bowen gleich zu Beginn ihrer Therapie erklärte,
war ihr Freund ein Schwarzer. Sie selbst stammte aus einer
irischen Familie. Als der Therapeut den Zusammenhang zwischen dem Zerbrechen der Freundschaft und dem Verlangen
nach Medikamenten herauszufinden versuchte, ergab sich, daß
die Trennung in Wirklichkeit schon drei Monate zurücklag;
das auslösende Ereignis, das Miss Bowen in die Beratungsstelle
getrieben hatte, war, wie es schien, eine heftige Auseinandersetzung mit den Eltern über ihre Beziehung zu Männern und
zu den Eltern selbst – eine von vielen Auseinandersetzungen
dieser Art.

Die Liebesbeziehung hatte vor zwei Jahren begonnen. Miss
Bowen war damals dreiundzwanzig und der junge Mann, ein
Krankenpfleger, sechsundzwanzig. Nachdem sie sich drei oder
vier Monate lang regelmäßig getroffen hatten, faßten sie den
Entschluß, eine gemeinsame Wohnung zu nehmen. Wegen der

---

1 Der Name und bestimmte biographische Details wurden verändert.

Vorurteile gegen gemischtrassige Paare in Boston war es jedoch, wie sie sagte, unmöglich, eine Wohnung zu finden, die sie hätten bezahlen können; nur wohlhabende Paare konnten sich eine Wohnung in toleranten Randbezirken wie Cambridge oder Newton leisten. Sie behielt deshalb ihre eigene Wohnung in einem weißen Bezirk, und der Mann mietete eine Wohnung am Rande der Roxbury-Slums, die von einer weißen Frau einigermaßen gefahrlos besucht werden konnte. An zwei oder drei Abenden der Woche kam sie zu ihm.

Zu Streitigkeiten mit ihren Eltern wegen des jungen Mannes kam es, weil diese Beziehung in ihrer Dauer und ihrer ganzen Anlage einer anderen glich, die sie als Achtzehnjährige in ihrem zweiten Jahr am College mit einem schwarzen Studenten unterhalten hatte. Die Eltern machten ihr, wie sie sagte, zweierlei zum Vorwurf. Erstens und vor allem, daß sie sich mit schwarzen Männern abgab; zweitens, daß »es ihr nicht ernst sei«, womit sie meinten, daß sie nicht fest mit diesen Männern zusammenlebte, daß sie nicht den Wunsch hatte, sie oder sonst jemanden zu heiraten, und daß sie sich deshalb »passendere Gelegenheitspartner« hätte aussuchen können.

Die Frage, ob sie mit diesen Männern viel über Rassenfragen gesprochen habe, verneinte sie. Sie sei keine »Aktivistin«; es sei einfach so gekommen, daß sie sich gerade in diese beiden Menschen verliebt habe. Außerdem habe sie in der Zeit zwischen den Beziehungen mit diesen beiden Männern ein Verhältnis mit einem gesunden, heiratsfähigen weißen Mann gehabt. Auf die Frage, was ihre Eltern von dieser Beziehung gehalten hätten, antwortete sie, sie seien höchst erfreut gewesen, doch weder der Mann noch sie selbst hätten sich viel bei den Eltern aufhalten wollen, so daß sie ihn kaum kannten.

Helen Bowen war in einem mittelständischen Viertel außerhalb des irischen Gettos von Boston aufgewachsen. Ihr Vater hatte eine Stelle bei der Stadtverwaltung, und ihre Mutter arbeitete in einigen Schulen der Umgebung als Aushilfslehrerin. In ihrem Viertel lebten auch einige schwarze Kinder, deren Eltern Posten bei der Verwaltung bekleideten und zur schwarzen Oberschicht von Boston gehörten; ihr eigener Vater unterhielt eine Fahrgemeinschaft mit einem schwarzen Mann, der ebenfalls im Rathaus arbeitete.

Miss Bowen war eine recht gute Schülerin gewesen. Sie besuchte dann ein College in Boston, wo sie Werbung im Hauptfach studierte. Der erste schwarze Mann, mit dem sie ein Verhältnis hatte, war, als sie ihn kennenlernte, unentschlossen, ob er Arzt werden oder ebenfalls in die Werbung gehen sollte. Ihre Beziehung dauerte ein Jahr, und am Ende hatte er noch immer keinen Entschluß gefaßt. Auf die Frage, ob sie versucht habe, ihm bei seiner Entscheidung zu helfen, sagte sie, sie habe Angst gehabt, sich einzumischen, die »Verantwortung« sei zu groß gewesen. Tatsächlich brach sie die Beziehung ab, weil sie das Gefühl hatte, der junge Mann werde »zu abhängig« von ihr.

Zwischen diesem ersten und ihrem zweiten Verhältnis zu einem Schwarzen gab es einige Parallelen. Als Krankenpfleger suchte ihr zweiter schwarzer Freund mit sechsundzwanzig Jahren nach Möglichkeiten, *paramedic* zu werden, eine Art Arzthelfer, der bestimmte ärztliche Aufgaben übernimmt, ohne selbst approbierter Arzt zu sein. Auch er war, wie sie glaubte, ein unselbständiger Charakter, und daß sie getrennt wohnten, war ihr gar nicht unlieb. Auf die Frage, ob sie in dem Apartment des Mannes hätte wohnen können, meinte sie, vermutlich wäre das möglich gewesen, aber sie habe nicht ständig mit einem einzigen Menschen zusammensein wollen.

Dagegen verbrachte sie, verglichen mit anderen Leuten aus ihrem Bekanntenkreis, sehr viel Zeit bei ihren Eltern, blieb häufig am Wochenende bei ihnen, »weil es so erholsam ist und ich mich um nichts zu kümmern brauche«. Der Therapeut fragte nun, wie es denn in der Zeit ihres Verhältnisses mit dem weißen Mann gewesen sei, als sie sich nicht gern daheim aufhielt. »Oh, sie fanden das ganz gut so, es hätte ja bedeuten können, daß es mir so ernst war, daß ich heiraten würde.« Die Frage wurde wiederholt: warum *sie* sich in dieser Zeit nicht gern zu Hause aufhielt. Keine Antwort.

Über diese Wochenenden zu Hause kam bald noch etwas

anderes zutage. Obwohl sie sie als erholsam bezeichnete, drehten sich die Gespräche, die sie mit ihren Eltern führte, ständig um ihre Freunde. Miss Bowen selbst brachte offenbar die Sprache auf dieses Thema, wenn die Eltern es nicht taten. In diesem Punkt bildeten die Eltern eine geschlossene Front – es gebe Dinge, die gesellschaftlich inakzeptabel seien und zuviel persönliches Leid verursachten, vor allem, wenn das Mädchen gar nicht heiraten wolle. In anderen Belangen gingen die Eltern ihre eigenen Wege. Miss Bowen erklärte, ihre Mutter habe ganz andere Ansichten als ihr Vater und zögere nicht, sie zum Ausdruck zu bringen.

Die Beziehungen zwischen Miss Bowen und ihrem Bruder waren seit ihrer Kindheit eng, aber ausgeglichen; der Altersunterschied zwischen ihnen betrug zwei Jahre. Sie hatten dieselben Spielkameraden gehabt, bis Miss Bowen mit vierzehn oder fünfzehn Jahren anfing, sich mit älteren Jungen zu treffen, und Verbindung zu älteren Mädchen suchte. Bei einer der Sitzungen wurde deutlich, daß sie sich über die Haltung ihres Bruders zu ihren schwarzen Freunden nie Gedanken gemacht hatte; später äußerte sie, ihr Bruder habe sich mit ihnen anfreunden wollen und habe sich sehr um deren Freundschaft bemüht; bei einer noch späteren Sitzung offenbarte sie, daß sich ihr Bruder bei der letzten Trennung sogar auf die Seite ihres Freundes gestellt hatte und daß sich die beiden Männer weiterhin trafen.

Miss Bowen verhält sich ausweichend: Sie ist liebenswürdig, zugleich jedoch äußerst zurückhaltend. In ihrem Beruf – sie schreibt Werbetexte für eine mittelgroße Agentur – wird sie von anderen wegen ihrer Fähigkeiten respektiert, aber man kann nicht sagen, daß sie Freundschaften mit Arbeitskollegen und -kolleginnen geknüpft hätte. Richtig munter scheint sie zu werden, sobald sie darüber spricht, wie sie auf die Abhängigkeit reagiert, die sie an anderen Menschen wahrnimmt; sie gestikuliert dann zum Beispiel mit den Händen, was sie normalerweise nicht tut.

Ursache für den heftigen Streit, der sie in die psychologische Beratungsstelle trieb, war ein Vorschlag, den ihr die Eltern an

einem der Wochenenden gemacht hatten: Sie sei jetzt durch
ihre Beziehung nicht mehr gebunden, ob sie nicht einmal in
eine andere Stadt ziehen wolle? Die Eltern behaupteten, wie
Helen Bowen erzählte, der Vorschlag sei ganz »harmlos«: neue
Erfahrungen, neue Freunde, eine neue Umgebung. Miss Bowen war wütend über diese Idee, hielt sich jedoch zurück, bis
ihr Vater erklärte, eine junge Frau solle sich ruhig ein bißchen
in der Welt umsehen, bevor sie heirate, und Helen kenne nur
Boston. Da explodierte sie und beschuldigte die Eltern, sie
wollten sie loswerden, sie würden sie nur lieben, wenn sie ein
»Problem« für sie sei. Nun wurde auch ihr Vater – zum ersten
Mal, soweit sie sich erinnern kann – so zornig, daß er aus dem
Haus stürzte, mit dem Wagen davonfuhr und erst nach mehreren Stunden zurückkam. Die Mutter ging auf ihr Zimmer. Als
der Vater heimkehrte, verließ Miss Bowen das Haus, fuhr
zurück in ihre Wohnung und erlitt den ersten Anfall von
Spannungskopfschmerzen, dem weitere folgten, was sie
schließlich veranlaßte, sich nach Hilfe umzusehen.

Der gesunde Menschenverstand würde Miss Bowens Verhalten wahrscheinlich so interpretieren, daß sie diese jungen
Schwarzen bei ihrer Rebellion gegen die Eltern als Waffe
einsetzte; es wäre naheliegend zu behaupten, daß sie sich, ganz
allgemein gesprochen, gegen die Autorität auflehnt. Hinter
dieser Deutung steht eine soziologische Annahme. Ihr zufolge
läßt sich Autorität am Gehorsam messen. In den Schriften Max
Webers etwa heißt es, Autorität erzeuge freiwilligen Gehorsam. Gehorsam als solcher läßt nach Webers Meinung nicht auf
die Präsenz von Autorität schließen. Wenn die Eltern Miss
Bowen juristisch oder durch die Kontrolle ihres Taschengeldes
zwingen könnten, sich von ihren schwarzen Freunden zu trennen, dann wüßten wir lediglich, daß sie die Macht haben, sie
gehorsam zu machen. Erst dort, wo jemand aus eigenem
Willen gehorcht, wird die Vorstellung wirksam, Macht »be-
sitze« Autorität.

Die Fallgeschichte Miss Bowens stellt allerdings die These,
Autorität sei nur dort vorhanden, wo es freiwilligen Gehorsam
gebe, in Frage. Miss Bowen steht im Bann ihrer Eltern: Die

Entscheidungen, die sie in ihrem erotischen Leben trifft, hängen zuerst und vor allem davon ab, daß sie weiß, wen ihre Eltern billigen und wen sie mißbilligen würden. Das, was die Eltern wollen, wird von ihr negiert; sie hat zwei Männer gewählt, von denen sie weiß, daß die Eltern sie mißbilligen. Dennoch ist das, was die Eltern wollen, der entscheidende Faktor. In ihrem Ungehorsam ist sie stärker an ihre Eltern gefesselt als ein junger Mensch, der erotische Entscheidungen treffen kann, ohne sich zwanghaft mit dem Gedanken herumzuschlagen, was die Eltern dazu sagen werden. Der Akt des Ungehorsams, mit all den Konfrontationen, Ängsten und Konflikten, die er auslöst, fesselt die Menschen aneinander: in Miss Bowens Fall sowohl äußerlich wie auch psychisch. Gerade in den Phasen, in denen sie mit schwarzen Männern befreundet war, wollte sie die Wochenenden zu Hause verbringen, während sie diesen Wunsch nicht hatte, als sie mit dem von ihren Eltern gebilligten weißen Mann befreundet war. Gerade während der Phasen von Ungehorsam läßt sie sich an den Wochenenden von ihnen verwöhnen; der Trotz errichtet eine Barriere, die ihr die nötige Sicherheit gibt, um die Freuden der Abhängigkeit zu kosten. Es wäre falsch, zu behaupten, daß sie *gegen* die Autorität rebelliere; sie rebelliert »innerhalb« der Autorität – geleitet von der festen Überzeugung, daß in ihrer Lebensführung nichts so wichtig ist wie die Wünsche und der Wille ihrer Eltern. Sie ist ungehorsam, aber die Eltern bestimmen, zu welchen Bedingungen.

Das ist ungehorsame Abhängigkeit. Zwanghaft konzentriert sich alles auf die Frage: Was würden *sie* wollen? Sobald man *ihren* Willen kennt, kann man darangehen zu handeln – gegen ihren Willen. In jedem Falle bleiben sie die Schlüsselfiguren; zwanghafter Ungehorsam hat wenig mit Unabhängigkeit oder Autonomie zu tun. Aus dem, was Abhängigkeit in dieser Autoritätsbeziehung bedeutet, ergibt sich auch eine eigenartige Bestimmung von »Nähe« zu anderen. Die Geschichte Miss Bowens liefert einige Anhaltspunkte dafür, was »Abhängigkeit« und »Nähe« in einer Beziehung bedeuten, in der einer den Willen des anderen negiert:

1. Sie sucht sich schwarze Männer aus, die unschlüssig sind, was sie mit ihrem Leben anfangen sollen.
2. Wenn die Männer sie bitten, ihnen bei ihrer Entscheidung zu helfen, läuft sie davon.
3. Sie zeigt, etwa durch ihr Gestikulieren, ungewöhnliche Lebhaftigkeit, wenn sie darüber spricht, wie sie auf unselbständige Männer reagiert, oder wenn sie ihre Angst schildert, Verantwortung für andere zu übernehmen oder von ihnen bedrängt zu werden.

Diese Punkte deuten darauf hin, daß Miss Bowen, um sich in der Nähe eines anderen sicher zu fühlen, eine unüberwindliche Barriere zwischen sich und dem anderen errichten muß. In der Beziehung zu den Eltern geben ihr die schwarzen Männer die Möglichkeit, noch einmal die Tochter ihrer Eltern zu werden, bei ihnen zu wohnen und sich mit ihnen am Wochenende zu erholen; das spannungsvolle, angstbesetzte Thema der schwarzen Männer erlaubt ihr zugleich, ihre Eltern in Schach zu halten. Die Beziehung zu den Eltern wird im Gleichgewicht gehalten durch ihre Beziehungen zu ihren Liebhabern, die ihr als Barriere dienen – sie dürfen auf gar keinen Fall von ihr abhängig werden. Wenn es ihre Eltern über sich gebracht hätten, Schwarze zu tolerieren, so erklärte sie einmal dem Therapeuten, »dann hätte ich wahrscheinlich etwas anderes gefunden«.

In Miss Bowens Angst vor offener Abhängigkeit spielt der Rassenunterschied eine spezifische Rolle: Er ist ein Symbol der Übertretung. Die Übertretung ist vielleicht das wirkungsvollste Element in der Praxis der ungehorsamen Abhängigkeit. Sie geht über das bloße Nein-Sagen hinaus. Sie bringt eine Alternative ins Spiel, die der andere nicht akzeptieren kann. Ein Kind, das sagt: »Ich will nicht«, ist in einer weitaus schwächeren Position als ein Kind, das erklärt: »Ich will etwas anderes«. Der Unterlegene verfügt nun über ein Fundament für seine Barriere.

Die Welt, in die man, getrieben von dem Wunsch nach Übertretung, im Laufe solcher aus ungehorsamer Abhängigkeit

erwachsenden Auseinandersetzungen hineingerät, ist jedoch
selten eine reale, eigenständige Welt, sie ist kaum je eine
wirkliche Alternative, die die Vergangenheit auslöscht. In Miss
Bowens Leben sind die jungen Schwarzen kein Ersatz für den
Vater; nützlich sind sie ihr als Mittel gegen den Vater, und dies
ist vielleicht der Grund, warum ihr zweiter schwarzer Liebhaber einmal zu ihr sagte: »Ich kenne niemanden, der so rassi-
stisch ist wie du.« Die Negation der Autorität läßt erkennen,
daß das Kraftzentrum in der Person liegt, gegen die man sich
zur Wehr setzen muß, und nicht in dem Verbündeten, den man
finden kann, indem man eine moralische Barriere überwindet.
Aber diese Stärke wirkt unter der Oberfläche, sie ist etwas
Unsichtbares.

Miss Bowens Kontakte zu der psychologischen Beratungsstelle
liefern einige Anhaltspunkte dafür, wie diese Stärke aussähe,
wenn sie sichtbar wäre. Folgende Tatsachen sind hier bedeutsam:

1. Miss Bowen bittet darum, daß ihr Medikamente verschrieben werden. Das geschieht.
2. Sie beklagt sich, daß die Medikamente nicht stark genug
   sind, nimmt aber weniger ein, als verordnet waren.
3. Als sie erneut in die Beratungsstelle kommt, verlangt sie
   einen anderen Arzt und beschwert sich darüber, daß der erste
   ihren Forderungen zu rasch nachgegeben habe.

Indem sie so handelt, stellt sie eine Frage: Wer ist stark genug,
um für mich zu sorgen? Gleichzeitig stellt sie Bedingungen für
eine zufriedenstellende Antwort auf: Es muß jemand sein, der
stark genug ist, sich mir zu widersetzen. Eine Episode aus ihrer
Therapie veranschaulicht die Frage ebenso wie die Bedingungen, die sie für deren Beantwortung setzt. Man erinnere sich an
den Moment, als der Therapeut Miss Bowen fragte, warum sie
die Eltern nicht mit ihrem weißen Freund besucht hatte. Als sie
einer Antwort auswich, wiederholte der Therapeut die Frage,
woraufhin sie in Schweigen fiel. Nach einiger Zeit fragte der
Therapeut, woran sie denke, und sie erwiderte, sie fühle sich
»ertappt«, »bezwungen«, »als säße ich in einer Falle«. Seit

dieser Sitzung war sie dem Therapeuten gegenüber sehr viel offener. Er hatte sich ihr widersetzt, hatte auf seiner Frage beharrt und ihr die Ausflucht versperrt.

Ähnlich war es mit Miss Bowens Haltung zu ihrem Vater: Sie hegte die Überzeugung, wenn er sich ihr wegen der Schwarzen widersetze, dann müsse er wirklich stark sein – freilich stark auf eine Weise, wie sie es sich nicht vorstellen konnte. Und diese Kraftreserven, über die er in ihrer Vorstellung verfügte, konzentrierten ihre Aufmerksamkeit weit mehr auf den Vater als auf die Mutter, die ihr weniger Widerstand entgegensetzte. Als sich der Vater schließlich weigerte, dieses Oppositionsspiel weiter mitzuspielen, empfand sie das nicht als Entlastung, sondern hatte das Gefühl, ihr Leben sei in Stücke zerfallen. An diesem Punkt begab sie sich auf die Suche nach einer Therapie. Die Kette war zerbrochen.

Was zu einer ausführlichen Erklärung von Miss Bowens Sprache der ungehorsamen Abhängigkeit fehlt, sind jene Elemente aus der Biographie ihrer Eltern, die sie fürchtet. Wir müßten dazu näher auf die Persönlichkeit ihres Vaters und ihrer Mutter und die Persönlichkeit von deren Eltern eingehen. Soziologisch bedeutsam an diesem Fall ist, daß hier auf der Grundlage von Ängsten eine soziale Bindung hergestellt wurde: ein Bündnis, in dem Abhängigkeit und Übertretung untrennbar miteinander verwoben sind.

Die Ablehnung der Autorität kann auch auf eine andere Weise organisiert werden, nämlich so, daß die Autoritätsgestalt direkt negiert wird und nicht auf dem Umweg über eine dritte, symbolische Partei, wie Miss Bowens Schwarze sie darstellten. Diese direkte Ablehnung tritt in der Sprache der idealisierten Ersetzung zutage, die den Knoten zwischen den wirklichen Autoritätsgestalten und ihren unglücklichen Untergebenen ebenfalls fester schnürt. Ich möchte dies anhand von Beobachtungen veranschaulichen, die ich während einer viermonatigen Feldstudie in der Buchhaltungsabteilung eines großen Industriekonzerns machen konnte. In diesem Unternehmensbereich gab es sechzehn Buchhalter und Buchhalterinnen, drei stellvertretende Abteilungsleiterinnen und eine Abteilungsleiterin. Die

Atmosphäre war nicht repressiv; die Angestellten taten ihre Arbeit, ohne daß die Leiterin oder ihre Stellvertreterinnen Druck ausüben mußten. Es gab viel zu tun, und die Angestellten waren bereit dazu; oft blieben sie noch nach Büroschluß. Gleichzeitig waren die Beziehungen zwischen Vorgesetzten und Untergebenen spannungsgeladen und gestört.

Obwohl die Angehörigen der Abteilung von dem Wert der Arbeit, die sie taten, überzeugt waren, brachten sie der Abteilungsleiterin und zwei ihrer Stellvertreterinnen nur Geringschätzung entgegen. »Ihre ganze Zeit bringt sie mit Intrigen und Grabenkämpfen zu«, erklärte ein Buchhalter. »Einmal fragte ich sie, wie ich einen bestimmten Posten verbuchen sollte, und sie sagte ›Machen Sie es, wie Sie es für richtig halten‹, das heißt doch: entweder ist es ihr egal, oder sie weiß es nicht.« Eine Buchhalterin berichtete: »Wir hatten eine Sitzung mit den stellvertretenden Leiterinnen, um ein besseres System für die Journalbuchungen eines Kunden auszuknobeln, und sie dachten ständig nur daran, was sie [die Abteilungsleiterin] davon halten würde.« Eine stellvertretende Abteilungsleiterin, die beliebt ist, flößt den Angehörigen der Abteilung Respekt ein, »weil sie weiß, wie man die Arbeit aufteilt, und weil sie offenbar zeigen will, daß sie etwas kann«. Aber es wird auch Kritik an ihr laut: Sie sei »keine richtige Chefin«. Auf die Frage, was man denn unter einer »richtigen Chefin« verstehe, kamen Antworten wie diese: »Jemand, der einen wirklich fordert, der aus einem mehr herausholt, als man glaubt, in sich zu haben.« – »Jemand, der bereit ist, auch mal den Besen zu spielen, damit eine Sache erstklassig wird.« – »Jemand, der sagt: ›Seht mal, Mädchen, wenn ich mich hier krummlege, könnt ihr euch auch mal krummlegen.‹« Mit anderen Worten, eine richtige Chefin oder ein richtiger Chef verschafft sich Achtung, indem er Druck und Zwang ausübt – nicht gerade das, was Weber im Sinne hatte.

Man könnte sagen, daß es in diesem Büro eine Spaltung zwischen funktionaler und persönlicher Autorität gibt; die Angestellten tun bereitwillig ihre Arbeit, aber nicht deshalb, weil ihnen die Chefinnen vorbildlich zu sein scheinen. Die

Schwierigkeit besteht gerade darin, daß der gesamte Arbeitsablauf darunter leidet, wie die Chefinnen wahrgenommen werden. Wenn die Abteilungsleiterin jemanden bittet, kurz nach Mittag eine bestimmte Aufgabe zu übernehmen, dann macht der oder die Betreffende erst einmal eine besonders lange Mittagspause – gerade heute müssen ein paar wichtige Besorgungen erledigt werden. Die Arbeit wird später begonnen und oft erst nach Büroschluß beendet, wenn die Chefinnen schon gegangen sind. Es gab eine verheerende Weihnachtsfeier, bei der sich ein Buchhalter nach dem Genuß von zuviel Rum-Wodka-Punsch vor einer der stellvertretenden Abteilungsleiterinnen aufbaute und anfing, eine lange Litanei ihrer Fehler herunterzubeten, bis er von den anderen weggezogen wurde. Die Angestellten arbeiten zwar hart, wenn sie auf ihren Posten sind, aber weil sie häufig fehlen, ist die allgemeine Produktivität niedrig. Unberechenbar, spannungsgeladen, voller Geringschätzung für ihre Vorgesetzten, sind sie stolz darauf, ihre Arbeit ordentlich zu tun, kümmern sich jedoch kaum um den tatsächlichen Arbeitsertrag. »Das ist das Problem der Chefin« – der Chefin allerdings sprechen sie jede Legitimität ab, weil sie sich in bürokratischen »Grabenkämpfen« erschöpfte.

Eines Morgens interviewte ich die Abteilungsleiterin, unmittelbar nachdem sie die Versetzung eines Angestellten beschlossen hatte, der nicht über die nötigen Fähigkeiten verfügte, um in ihrer Abteilung zu bleiben. Formell werden solche Personalentscheidungen in Großunternehmen meist von einem Ausschuß gefällt. »Das schützt mich davor, daß die Angestellten es als meine persönliche und als willkürliche Entscheidung auffassen«, erläuterte die Abteilungsleiterin. Damit hatte sie sich freilich völlig verschätzt. »Diese Frau hat Angst, aufzustehen und zu sagen, was sie denkt«, meinte eine Buchhalterin zu mir, nachdem die Entscheidung bekanntgeworden war. »Immer versteckt sie sich hinter dem Personalausschuß.«

In gewissem Sinne verhalten sich diese Buchhalter und Buchhalterinnen zu ihrer Chefin genauso wie Miss Bowen zu ihrem Vater. Durch ihre unberechenbare Arbeitsweise und ihre Unpünktlichkeit richten sie eine Barriere auf, die der Chefin trotzt.

Aber ihre Haltung gegenüber der Chefin kommt direkter zum Ausdruck als die Haltung von Miss Bowen gegenüber ihrem Vater. Sie benutzen die Chefin als negatives Modell; gleichgültig, wie sie sich verhält und was sie will – die Untergebenen wollen jedesmal das Gegenteil. Diesen Vorgang bezeichne ich als idealisierte Ersetzung: Eine wirkliche Autorität, die Achtung verdient, ist das Gegenteil von allem, was du bist.

Auf diese Weise geraten die Untergebenen jedoch in eine Abhängigkeit von der leitenden Person. Sie dient ihnen als Bezugspunkt. Die Angestellten dieser Abteilung waren fast zur Hälfte aus einer anderen Abteilung übergewechselt, wo die Arbeit ihrer Meinung nach zu sehr reglementiert wurde. Als ich diejenigen, die übergewechselt waren, hierzu befragte, gingen sie in die Defensive. »Warum soll man denn nicht in einer Abteilung arbeiten, wo es leichter ist?« entgegneten viele. Und als ich sie daran erinnerte, daß sie sich über eine Chefin beklagten, die sie nicht reglementierte und ihnen die Arbeit dadurch erleichterte, bekam ich zur Antwort: »Das ist nicht das gleiche« oder »Bei ihr ist das noch etwas anderes«. Auf die Frage, ob sie mit dem Gedanken spielten, wieder in die alte Abteilung zurückzukehren, antworteten jedenfalls alle mit Nein. Eine der stellvertretenden Abteilungsleiterinnen hatte ziemlich klar erkannt, was hier vor sich ging: »Sie brauchen sie; sie können sie nicht leiden, und sie sind auch nicht faul, aber sie brauchen sie, um der Arbeit einen Sinn zu geben.«

Die Angst, die in der idealisierten Ersetzung wirksam wird, ist die Angst davor, abgeschnitten zu werden, keine Anlegestelle, keinen Bezugspunkt zu finden, der einem zu erklären hilft, warum man arbeitet, Dienst tut, abhängig ist. Ist der Herr schlecht oder schwach, so erscheint ein Bild dessen, was gut ist. Um diesen Positivabzug zu entwickeln, ist es oft nötig, die Mängel des wirklichen Vorgesetzten zu übertreiben, ihn mit einer Art von »negativer Potenz« auszustatten. Bei dieser Übersteigerung haken nun wiederum die Vorgesetzten ein. In der Buchhaltungsabteilung nahm es die Chefin ihren Angestellten übel, daß sie »respektlos« waren. Aber weil sie sie für »Übertreiber« hielt, für »unverantwortlich«, fühlte sie sich

ihnen auch überlegen. Die Angestellten sahen in ihr eine
schwächliche Kriecherin; sie ihrerseits hielt die Angestellten für
kindisch und unrealistisch, und durch diese beiden Negative
waren alle miteinander verkettet. Ist die Abteilungsleiterin für
ihre Angestellten nun eine Autoritätsgestalt? Je nachdem, was
dieser Ausdruck bedeutet. Ein Rollenmodell ist sie für sie nicht.
Aber wäre sie nicht da, dann könnten die Angestellten auch
kein solches Modell entwickeln. Und die Art, wie sie ihre
Chefin begreifen, hilft dieser wiederum zu begründen, warum
sie ihre Angestellten für schwach hält.

Es gibt eine dritte Art, wie unter dem äußeren Anschein der
Ablehnung eine Bindung zwischen Vorgesetzten und Untergebenen zustande kommen kann. Sie beruht auf der Phantasie des
Verschwindens: Alles wäre gut, wenn die Leute, »die das Sagen
haben«, verschwänden. Hier ein primitives Beispiel für diese
Phantasie; es stammt aus einer Rede, die vor einigen Jahren bei
einer Versammlung von *Youth Against War and Fascism*, einer
radikalen Gruppe in New York, gehalten wurde:

> »Wißt ihr, was Kapitalismus ist? Kapitalismusm ist Krebs.
> Wißt ihr, was man mit Krebs macht? Man schneidet ihn
> weg. Man spielt nicht mit ihm, man ist nicht nett zu ihm und
> hofft nicht, daß es besser wird. Man schneidet ihn weg. Der
> Kapitalismus macht die Menschen unglücklich. Das ist alles,
> was man wissen muß. Schneidet ihn weg, seid glücklich,
> worauf wartet ihr noch?«

Diese Denkweise ist so stupide, daß sie keinerlei Beachtung
verdient – ausgenommen der letzte Satz: »Schneidet ihn weg,
seid glücklich, worauf wartet ihr noch?« Wer diese Rede ernst
nähme, müßte sich auf ewig in Geduld fassen. Alles, was heute
existiert, hängt von dieser bösen Kraft ab. Wenn sie ver-
schwände, was würde dann übrigbleiben?

Ein komplexeres Bild von den Phantasien des Verschwindens
und ihren lähmenden Konsequenzen entwirft Alexander Mit-
scherlich in dem Buch *Auf dem Weg zur vaterlosen Gesellschaft,*
etwa in der folgenden Fallgeschichte:

»[. . .] Ein 35jähriger Student ist schon zweimal bei seinen Studienversuchen gescheitert. Er ist aufs schwerste gehemmt und hat vollkommen die Möglichkeit verloren, sich auf seine Arbeit oder auf irgendein sonstiges Ziel in der Welt zu konzentrieren. Sein Vater war ein Beamter, der lebenslang darunter litt, daß er kein Abitur gemacht hatte, aber täglich mit Kollegen und Vorgesetzten zusammenarbeiten mußte, die diese Auszeichnung genossen hatten. Der Patient hatte noch einen Bruder. Beide Söhne wurden vom Vater trotz ihrer sehr schlechten Schulleistungen mit unnachgiebiger Strenge zum Abitur gepeitscht. Die vital blasse, zwangsneurotisch eingeengte und unter dem von Ressentiments geladenen Regime des Vaters depressiv gewordene Mutter klagte am Abend dem Vater alle Sünden der Söhne, worauf dann die väterliche Strafexpedition ins Kinderland erfolgte. So folgte ein Tag dem anderen, sie lebten in ständiger Angst vor den Denunziationen der Mutter und der immer strafbereiten Strenge des Vaters. [. . .] Je schärfer die väterliche Forderung, desto unüberwindlicher die Lernhemmung. [. . .] Entgegen seinen Begabungsmöglichkeiten erfährt er [der Patient] einen aus seinen unbewußten Introjekten und ihrer Abwehr gemischten elementaren Widerstand gegen alles Geordnete und sich aus innerer Konsequenz selbst ordnende Wissen. Seine Arbeitsunfähigkeit war der ihm verbliebene Weg der Rache am Vater und zugleich die Selbstbestrafung für diese [. . .] Rache.«

Ein strategisches Ziel solcher Widerstände besteht, wie Freud als erster gezeigt hat, in der Überzeugung des Subjekts, wenn es nur hartnäckig genug am Versagen festhalte, werde der Druck schließlich verschwinden. Aber wenn der Druck dann tatsächlich verschwindet, fühlt sich das Subjekt hilflos und verwaist. An diesem Punkt bildet sich die Phantasie, alles wäre in Ordnung, wenn die Autoritätsgestalt ihre Anwesenheit nicht spürbar machte, und gleichzeitig die Angst, ohne sie wäre gar nichts da. Das Subjekt fürchtet die Autoritätsgestalt, aber noch mehr fürchtet es, daß sie weggehen könnte. So entsteht

jene Sprache der Inkonsequenz, die alle Übel der Gegenwart
einer Autorität ankreidet und gleichzeitig ganz und gar auf die
Anwesenheit dieser Autorität angewiesen ist.

Aus soziologischer Sicht erstaunlich ist an diesen Ablehnungsbindungen, wie leicht sie sich aufbauen lassen; mit welcher
Selbstverständlichkeit wir heute die Sprache der ungehorsamen
Abhängigkeit, der idealisierten Ersetzung oder des phantasier-
ten Verschwindens sprechen. Die Gründe hierfür reichen ziemlich weit in die Vergangenheit zurück. Meinungs- und Einstel-
lungsforscher, die bei ihren Befragungen auf eine erstaunlich
starke Aversion gegen jegliche Autorität stoßen, erklären ihre
Ergebnisse meist mit dem Hinweis auf Entwicklungen und
Ereignisse aus neuerer Zeit: die Watergate-Affäre in Amerika,
das Ende des Wirtschaftswunders der Nachkriegszeit in West-
europa, den zunehmenden Reichtum und das Entstehen einer
neuen »privilegierten Klasse« in der Sowjetunion und in Teilen
Osteuropas. Diese akuten Faktoren tragen gewiß zu dem bei,
was wir heute beobachten. Doch die Sprache der Ablehnung
von Autorität läßt sich bis in die Zeit des ausgehenden 18. Jahrhunderts zurückverfolgen, als sie einem edlen Zweck dienen
sollte: den Volksmassen das Verlangen nach Freiheit einzuflan-
zen. Und die Ablehnungsbindungen, die damit paradoxerweise
geschaffen werden, nahmen erstmals Gestalt an, als diese Sprache von der politischen Theorie des 18. Jahrhunderts auf die
ökonomischen Verhältnisse des 19. Jahrhunderts übertragen
wurde.

Das Glaubensbekenntnis des negativen Geistes

Zu den tiefsten Spuren, die die Französische Revolution im
modernen Denken hinterlassen hat, gehört die Überzeugung,
daß wir, um die Macht der Herrschenden zu brechen, ihre
Legitimität zerstören müssen. Wenn wir den Glauben an sie
zunichte machen, können wir auch ihre Herrschaft zunichte
machen. Und wenn es ein einzelnes Ereignis gibt, das diese

Überzeugung sinnfällig macht, dann wohl die Hinrichtung
Ludwigs XVI. im Jahre 1793. Er wurde nicht getötet, weil er
als Person eine Bedrohung für die heraufdämmernde neue
Ordnung war – dieser unfähige, kraftlose Regent galt seinem
Schwager Joseph II. von Österreich und vielen anderen als
dumm, schwach und bar jeden Dünkels, der seine übrigen
Mängel vielleicht noch hätte ausgleichen können. Doch die
Majestät seines Amtes war eine Bedrohung; solange es einen
König gab, hinderte die Aura seiner Autorität die Revolutionäre daran, die Grundstrukturen der Gesellschaft anzutasten.
Die Volksmassen in den Städten fühlten sich gehemmt, ja
sogar ihre Anführer fühlten sich gehemmt. Und so wurde das
persönliche Nichts, das da König war, enthauptet. Edmund
Burke zog einen interessanten Vergleich zwischen diesem Ereignis und der Enthauptung des englischen Königs Karl I.
durch die Puritaner 144 Jahre früher. In beiden Fällen wurde
der König formell im Namen eines höheren Prinzips hinge-
richtet: im Namen des puritanischen Gottes und im Namen des
revolutionären Volkes. In Wirklichkeit freilich war die Bedeutung dieser beiden Hinrichtungen sehr unterschiedlich. In der
Französischen Revolution war die Tötung des Königs als solche das eigentlich Entscheidende; der Akt, mit dem seine
Legitimitätsaura zerstört wurde, sollte die Menschen frei machen.

Indem wir die Legitimität des Herrschers negieren, fangen wir
an, uns zu befreien – dieser Glaubensgrundsatz ist das Ver-
mächtnis der Französischen Revolution. Die ersten Erben nahmen es in der reinsten Form entgegen. Hier als Beispiel eine
Passage aus einer Abhandlung über die Französische Revolution, die der junge Fichte 1793 veröffentlichte:

> »Sowie wir geboren wurden, forderte sie [die Vernunft] uns
> zu einem langen fürchterlichen Zweikampf um Freiheit oder
> Sklaverei auf. Überwindest du mich, so sagte sie uns, so will
> ich dein Sklave sein. Ich werde dir ein sehr brauchbarer
> Diener sein können; aber ich bleibe immer ein unwilliger
> Diener, und sobald du mein Joch erleichterst, empöre ich

mich gegen meinen Herrn und Überwinder. Überwinde ich dich aber, so werde ich dich beschimpfen und entehren und unter die Füße treten. Da du mir zu nichts nütze sein kannst, so werde ich nach dem Rechte eines Eroberers dich ganz zu vertilgen suchen.«

In den letzten Jahren des 18. Jahrhunderts war diese Überzeugung nicht mehr direkt mit dem Glauben an die Revolution verbunden. Während der Schreckensherrschaft hatten die Menschen sich selbst vernichtet, sie hatten die Chancen ihrer Freiheit zerstört, indem sie an die Stelle der alten eine neue Autorität setzten – sich selbst, verkörpert in dem abstrakten Begriff »das Volk«. 1797 schrieb der junge Hegel, der Unterschied zwischen dem Knecht und dem Herrn bestehe nicht darin, daß jener unfrei und dieser frei ist, sondern darin, »daß jener den Herrn außer sich, dieser aber den Herrn in sich trägt, zugleich aber sein eigener Knecht ist«.

Mit anderen Worten: Herrschaft ist überall. Die revolutionären Führer sind ebensowohl Herren wie die, die Kirche und König verteidigen. Freiheit stellt sich ein, wenn man den »Herrn in sich« vertreibt, gleichgültig, welche Ansprüche er stellt. Man vertreibt ihn, indem man seine Legitimität in Zweifel zieht; zumindest das eigene Denken ist dann frei. Und mit dem Auftreten Napoleons wurde das, was Hegel philosophisch formuliert hatte, in Deutschland, Österreich und Italien auch in gemeinverständlicher Form zum Ausdruck gebracht. Glaubt nicht an ihn und »seine Bestimmung«, ermahnten die Zeitungen in Mitteleuropa ihre Leser. Sobald ihr an seine charismatische Bestimmung glaubt, werdet ihr euren Kampfwillen verlieren; solange ihr euch standhaft weigert, ihm Glauben zu schenken, auch dann, wenn er unsere Territorien erobert, wird er jedenfalls nicht uns selbst erobern. Napoleon verstand diese Mahnungen. Deshalb erklärte er subversive Zweifel an der »Legitimität des Kaisers« zum Hochverrat.

Mit dem Ende des Ancien Régime also begannen die Menschen zu glauben, die Macht der Autorität werde zerstört, wenn man ihre Legitimität zerstört. Das Denken Max Webers geht auf dieses Erbe zurück, das allerdings mehr umfaßt, als Weber tatsächlich aufgegriffen hat. Freiheit ist ein wesentliches Element dieses Erbes, in Webers Schriften jedoch taucht sie nur selten auf. Keinen Glauben schenken heißt frei sein – frei im Geiste, wenn schon nicht in der Wirklichkeit.

Im Laufe des 19. Jahrhunderts breitete sich dieser Geist der Negation von der Politik auf die Ökonomie aus. Er wurde zu einer Waffe, mit der sich die Menschen gegen die Kräfte des Marktes und des industriellen Wachstums zu verteidigen suchten, die die europäische und die nordamerikanische Gesellschaft verwandelten. Die Finanziers und Fabrikanten erhoben Ansprüche, die Konservativen wie Sozialisten gleichermaßen verderblich erschienen. Den Zwölfstunden-Tag für ein Kind, das in einer Kohlengrube arbeitete, priesen sie als Wohltat für die Gesellschaft und letztlich auch für das Kind (falls es am Leben blieb); der Markt werde den neuen Reichtum allen zugute kommen lassen. Die Zerstörung der ländlichen Ökonomie war ebenfalls eine Wohltat für die Gesellschaft; die vom Land vertriebenen Arbeiter waren jetzt »frei«, sie konnten ihre Arbeitskraft auf dem offenen Markt zum höchsten Preis verkaufen. Genau wie Marx erblickte auch Disraeli eine schreckliche Gefahr darin, daß die Menschen, die unter dem neuen Industriesystem litten, womöglich anfingen, dergleichen zu glauben; nicht nur der Körper, auch der Geist wäre dann versklavt.

Woher die moralische Durchsetzungskraft der neuen industriellen Ordnung rührte und wie es dazu kam, daß sich die Autoritätsbindungen nach und nach von der Vorstellung legitimer Autorität ablösten, wäre nicht zu begreifen, wenn man annähme, die neuen Herren hätten sich einzig mit den Prinzipien der Marktideologie gerechtfertigt. Die Idee des Marktes, so verkündete Adam Smith stolz, verbannt alle personale Autorität; der Markt ist ein Tauschsystem, das nur als System legitim ist. Eine anschauliche Vorstellung von Kontrolle, Sicherung oder Leitung ergibt sich noch am ehesten aus dem Bild der »unsichtbaren Hand«, die innerhalb des Marktes die Fairneß gewährleisten soll. Aber auch diese »unsichtbare Hand« ist

eine Abstraktion; sie ist nicht mit der Existenz eines leibhafti-
gen Menschen verbunden.

Die Marktideologie und das tatsächliche Marktgeschehen führten innerhalb der Gesellschaft zu einer tiefen Spaltung. Der
Markt störte sowohl das Verlangen nach Gemeinschaft als auch
den Wunsch nach individueller Freiheit. Das Verlangen nach
Gemeinschaft kam am deutlichsten in den nationalen Bewe-
gungen zum Ausdruck, die im letzten Jahrhundert an Kraft
gewannen. Die Nationen wollten ihr Schicksal selbst bestimmen, ökonomisch wie politisch. Die Marktökonomie jedoch
war ein internationales System; Preise stiegen und fielen, Kon-
junkturen und Depressionen folgten aufeinander, ohne daß
eine einzelne Nation innerhalb dieses Systems ihrer wirklich
hätte Herr werden können. Zudem wurde in England und
Amerika die politische Kontrolle über die Wirtschaftsunternehmen, die es im 18. Jahrhundert gegeben hatte, im Namen
des freien Marktes abgeschafft. Die Marktideologie verhieß die
Vollendung der individuellen Handlungsfreiheit. In der Praxis
aber war der Markt anti-individualistisch. Er vertrieb die Bauern in Massen von ihrem Land, auch wenn sie gern geblieben
wären. In Zeiten, da in den Großstädten das Angebot an
Arbeitskräften die Nachfrage überstieg, gab es praktisch keinen
Arbeitsmarkt. Wenn dem Arbeiter der Lohn nicht paßte, den
ihm der Arbeitgeber zahlte, mochte er sehen, wo er blieb; es
gab genug andere, die bereit waren, seinen Platz einzunehmen.
Das Marktsystem des 19. Jahrhunderts machte also die Begriffe
»Gemeinschaft« und »Individuum« auf eine eigentümliche
Weise ambivalent. Kein Einzelner, kein menschlicher Urheber
konnte mehr für Störungen des Wirtschafts- und Marktgesche-
hens zur Rechenschaft gezogen werden.

Deshalb stand die Autorität im 19. Jahrhundert vor der Aufgabe, Verantwortliche zu finden, Bilder menschlicher Stärke
und Verfügungsgewalt hervorzubringen, die konkreter waren
als die »unsichtbare Hand«. Im ökonomischen Bereich selbst
versuchte man, ein Gemeinschaftsgefühl über die Gestalt des
Chefs zu erzeugen, der für seine Arbeiter die Rolle eines Vaters
übernahm, dies vor allem in werkseigenen Städten und Sied-

lungen, aber auch – als *patron*, als Herr und Beschützer – in großen, komplexer strukturierten Industriestädten wie Lyon, Pittsburgh oder Sheffield. Diese Autorität wurde von einer paternalistischen Figur verkörpert. Daneben gab es Versuche, dem Individualismus selbst eine neue Würde zu verleihen, dergestalt, daß der Fachmann – der mit modernem fachlichen Können ausgestattete Ingenieur, Arzt oder Naturwissenschaftler –, der, nur den Geboten seiner Sachkenntnis folgend, ganz auf sich gestellt arbeitete, gleichwohl aber eine Kontrolle über andere Menschen ausübte, ebenfalls zu einer Autoritätsgestalt wurde. Tocqueville bezeichnet die »Unabhängigen« als die einzigen Menschen seiner Zeit, die tatsächlich in der Lage seien, anderen Respekt und Furcht einzuflößen.

Diese beiden Autoritätsgestalten, denen die folgenden zwei Kapitel gewidmet sind, waren nicht einfach Ausformungen der Marktideologie. Kraft ihrer Stärke sollten sie vielmehr Störungen des Marktes beheben und seine Unwägbarkeiten kompensieren. Der *patron* sorgte für seine Arbeiter aber nur dann, wenn sie folgsam waren und ihn nicht unter Druck setzten. Der autonome Fachmann betätigte sich als Arzt, Ingenieur oder Stadtplaner für andere – doch der Zugang zu diesen freien Berufen wurde immer mehr eingeengt, so daß der Bedarf an diesen Dienstleistungen das Angebot stets überstieg. Der Markt prägte also auch das Erscheinungsbild dieser starken Persönlichkeiten, so sehr sie den Eindruck erwecken mochten, über ihm zu stehen.

Ihre Untergebenen waren dem Markt ganz und gar ausgeliefert. Sie wurden geheuert und gefeuert, wie es den Bedürfnissen des Arbeitgebers entsprach; sie kauften die Dienstleistungen zu den höchsten Marktpreisen. Zwar versprachen die »Autoritäten«, die Behörden, Schutz und Hilfe, aber oft lösten sie ihre Versprechen nicht ein. Daraus entwickelte sich das wesentliche Merkmal moderner Autorität: Sie wurde verkörpert von Gestalten, die Stärke besaßen und Abhängigkeitsgefühle, Furcht und Ehrfurcht einflößten – doch stets verband sich damit der Eindruck, daß hier etwas nicht stimmte, daß es diesen Gestalten an Legitimität mangele. Die persönliche

Stärke der Autoritäten wurde akzeptiert, der Nutzen ihrer
Stärke für andere jedoch angezweifelt. An diesem Punkt begann die Spaltung zwischen Autorität und Legitimität.

Eine Anekdote über den amerikanischen Industriellen Andrew
Carnegie mag dies veranschaulichen. Ein Zeitungsreporter besuchte eine Stadt, der Carnegie eine seiner Arbeiterbibliothe-
ken gestiftet hatte. Der Reporter kam mit einem Arbeiter ins
Gespräch, der die Bibliothek gerade verlassen hatte. Auf die
Frage, was er von dem Wohltäter halte, entgegnete der Arbeiter: »Mister Carnegie ist ein großer Mann, ein Freund der
einfachen Leute.« Dann kamen sie auf die Arbeiterunruhen in
der Stadt, auf einen fehlgeschlagenen Streik und die sinkenden
Löhne zu sprechen. Und schließlich erklärte der Arbeiter:
»Mister Carnegie ist ein großer Mann, aber das da« – und dabei
deutete er auf die Bibliothek – »ist ein Schwindel.« In dieser
Bemerkung ist das Urteil über Carnegie ebenso aufrichtig wie
das über seine Wohltaten.

Wenn wir Macht kühl und distanziert wahrnähmen, dann
sollte man erwarten, daß sich aus einem solchen Zwiespalt eine
ganz bestimmte Konsequenz ergibt. Marx hat sie erwartet: Die
Wahrnehmung der Illegitimität wird schließlich die Stärke, die
man einer Autorität abliest, unterhöhlen. Die Knechte werden
sich gegen ihre Herren, an die sie nicht mehr glauben, erheben,
und die Gesellschaft wird frei sein. Dies setzt allerdings voraus,
daß die Stärke, die wir an einem anderen wahrnehmen, nicht
auf uns zurückwirkt. Das tut sie jedoch – gleichgültig, wie
ungerechtfertigt sie uns erscheinen mag.

In der modernen Gesellschaft bestand diese Rückwirkung
darin, daß die Menschen anfingen, sich ihres Schwachseins zu
schämen. Sie verwendeten die Instrumente der Negation dazu,
diese Schamgefühle abzuwehren und sich gegen den Einfluß
der Starken, die, wie es scheint, böswillig sind, zu verteidigen.
Die Unterlegenen wehren sich, indem sie die Illegitimität der
Herren proklamieren. Die Sprache der Ablehnung in den oben
skizzierten Fallgeschichten zeigt das Endstadium dieses Prozesses: Man bringt das Verlangen nach Stärke und Orientierung
ungefährdet zum Ausdruck, indem man die Legitimität derer,

die stark sind, zurückweist. So kann man abhängig sein und ist doch nicht verwundbar.

Die Grundlage dieses komplexen Prozesses ist die Scham darüber, daß man schwächer als ein anderer und von ihm abhängig ist. In aristokratischen und anderen traditionalen Gesellschaften war Schwäche als solche nicht beschämend. Man erbte seine schwache Position innerhalb der Gesellschaft, war nicht selbst Urheber dieser Schwäche. Und der Herr erbte seine starke Position; auch seine Stärke war unpersönlich. So finden wir in Dokumenten aus der Zeit des Ancien Régime häufig, daß Diener ganz »ungeniert« mit ihren Herren sprachen. Der Mensch und seine Position waren unterschieden. Wie Louis Dumont in seinem Buch *Homo hierarchicus,* einer Untersuchung über die hierarchische Struktur der indischen Gesellschaft, feststellt, ist es unter solchen Verhältnissen nicht demütigend, abhängig zu sein.

Anders in der Industriegesellschaft. Der Markt machte Abhängigkeitspositionen instabil. Man konnte aufsteigen, man konnte abstürzen. Ideologisch bestand die nachhaltige Wirkung dieser Instabilität darin, daß die Leute anfingen zu glauben, sie seien für ihren Platz in der Welt selber verantwortlich; Erfolg und Mißerfolg im Existenzkampf wurden für sie zu einer Sache der persönlichen Kraft oder Schwäche. »Armut«, so schrieb der im 19. Jahrhundert vielgelesene englische Moralschriftsteller Samuel Smiles, »ist das Los derer, die nicht stark genug sind, selbst für sich zu sorgen.« Zahlreiche Untersuchungen haben gezeigt, daß im 19. und frühen 20. Jahrhundert und bis hin zur Großen Depression die Menschen, die von ökonomischen Krisen erfaßt wurden, sich abstrakt darüber im klaren waren, in der Gewalt anonymer Mächte zu stehen, die sie nicht kontrollieren konnten; dennoch erblickten sie in ihrem Unglück ein Zeichen dafür, daß sie nicht stark genug gewesen waren, sich durchzusetzen. So hat sich die Vorstellung vom »Überleben des Tüchtigsten«, das Credo des Sozialdarwinismus, mit umgekehrtem Vorzeichen verfestigt: Wer ins Unglück gerät, ist für sein Versagen selber haftbar.

Das Gefühl der Scham angesichts von Abhängigkeit ist ein

Erbe, das die Industriegesellschaft des 19. Jahrhunderts an die
unsere weitergegeben hat. In den Vereinigten Staaten begegnet
man dieser Scham auf Schritt und Tritt. Am Anfang stand der
Abscheu des Landbewohners vor der »nichtswürdigen Knechtschaft der Fabrikarbeit«. Und in der Wohlfahrtsökonomie
begegnet man ihr immer noch, auch nachdem man den
schlimmsten ökonomischen Entwürdigungen einen Riegel
vorgeschoben und eine gewisse materielle Absicherung der
Abhängigen gesetzlich verankert hat. So zeigen Studien über
mittellose Schwarze in den amerikanischen Großstädten, daß
sie die Angewiesenheit auf die Wohlfahrt, die Abhängigkeit
von Leuten, die ihre Schwäche taxieren, um zu entscheiden,
wieviel Almosen sie benötigen, als tiefe Demütigung erleben.
Obwohl diese Schwarzen genau wissen, daß sie immer am
kürzeren Hebel sitzen, haben sie die Abhängigkeit als Schamgefühl internalisiert. Andere Untersuchungen belegen, daß
französische und englische Arbeiter, die von der Arbeitslosen-
hilfe leben, ganz ähnlich empfinden.
Diese Gefühle sind nicht »neurotisch« oder »irrational«. Sie
zeigen vielmehr an, wie sehr das Abhängigsein in unserer
Vorstellung zu einer bedrohlichen Lage geworden ist, in der
wir verwundbar und schutzlos sind. Die sogenannten »negativen Utopien« – Romane wie Samjatins *Wir*, Huxleys *Schöne
neue Welt*, Orwells *1984* – sind Parabeln, die beschreiben, wie
soziale Abhängigkeit alle sozialen Schichten in absolute persönliche Erniedrigung führen kann. Nachdem Winston, die
Hauptfigur von *1984*, schließlich sein ganzes Urteilsvermögen
hat fahrenlassen und zum folgsamen, schwachen Diener des
Staates geworden ist, beschließt Orwell den Roman mit folgenden Worten: »Er hatte den Sieg über sich selbst errungen.
Er liebte den Großen Bruder.« Die Angst vor der Erniedrigung
durch Abhängigkeit geht zurück auf die materiellen Verhältnisse einer instabilen Marktökonomie; als Angst vor dem
erbarmungslosen Wettbewerb zwischen Starken und Schwachen besteht sie auch im Wohlfahrtsstaat fort.
Um diese ambivalenten Gefühle gegenüber der Abhängigkeit,
das Gefühl, Abhängigkeit mache persönlich verletzbar, zu be-

kämpfen, wurden die Mittel der Negation von Autorität mobilisiert. Sie sind zu einem Schirm gegen das Gefühl des Ausgeliefertseins geworden. Um gegen die Angst vor der Abhängigkeit anzugehen, genügt es nicht, mit Worten gegen die Herren zu fechten. Es gelingt nur, wenn man ihre persönliche Integrität in Frage stellt. Auf diese Weise versuchen wir, den »Herrn in uns« zu vertreiben. Ein anderer hat nicht das Recht, Forderungen an uns zu stellen; wenn wir uns diese Überzeugung zu eigen machen können, besitzen wir eine Waffe dagegen, daß er uns das Gefühl der Ohnmacht und der Scham einflößt.

Miss Bowen, die Angehörigen der Buchhaltungsabteilung, Mitscherlichs Patient – sie alle, die diese Sprache der Negation fließend sprechen, führen uns auch das schreckliche Paradoxon dieser Sprache vor Augen. Die Sicherheit, die sie gewährt, schürzt gleichzeitig den Knoten, mit dem diese Menschen an die Herren gefesselt sind, noch fester. Die Herren werden zu unverzichtbaren Objekten der Angst. Sie werden aus dem Innern nicht vertrieben, sondern erst recht darin verankert. Es kommt zur Entfremdung, nicht aber zur Befreiung von ihnen.

Um die umfassenderen sozialen Dimensionen dieser Bindung zu begreifen, müssen wir untersuchen, welche Stärken man an den dominierenden Autoritätsgestalten, am paternalistischen Chef und an der autonomen Gestalt, wahrgenommen hat. Welcher Art war die Demütigung, die ihre Stärke bei denen ausgelöst hat, die von ihnen abhängig sind? Welche Akte der Negation haben den Knoten, der beide Seiten aneinander fesselt, noch fester gezogen?

Die Deformation des negierenden Geistes ist wohl am besten von denen dargestellt worden, die seinen Aufstieg und seinen Fall innerhalb der modernen Literatur nachgezeichnet haben. In *Beyond Culture* hat Lionel Trilling den Geist der Negation folgendermaßen definiert:

»Jeder Literaturhistoriker, der sich mit der Moderne befaßt, wird die konträre Intention, die eigentlich subversive Inten-

tion, die die moderne Literatur kennzeichnet, im Grunde für
selbstverständlich halten – er wird ihr offenkundiges Ziel
erkennen, den Leser von den Denk- und Empfindungsge-
wohnheiten, die ihm die ihn umgebende Kultur aufnötigt,
abzubringen, ihm einen Standort und einen Ausgangspunkt
zu verschaffen, von wo aus er die Kultur, die ihn hervorgebracht hat, beurteilen und verurteilen und vielleicht auch
revidieren kann.«

Eine Kultur, die der Schriftsteller verwerfen muß, eine Kultur,
die es verdient, verworfen zu werden – aber eine Kultur, die er
gleichwohl braucht. Sie ist der Ausgangspunkt, der Anker; jede
Behauptung, jeder Anspruch ist eine Reaktion auf sie. Das
produziert Abhängigkeit. Irving Howe bemerkt: »Die Moderne ist eine Revolte gegen den vorherrschenden Stil, ein
unnachgiebiges Wüten gegen die offizielle Ordnung [. . .] [aber]
stets muß die Moderne kämpfen, nie darf sie ganz triumphieren, und dann, nach einiger Zeit, muß sie darum kämpfen,
nicht zu triumphieren.« Dieses Paradoxon klingt in den Äußerungen nach, die wir hören, wenn wir im Alltagsleben auf die
ungehorsame Abhängigkeit, die idealisierte Ersetzung und die
Phantasien des Verschwindens stoßen. Die Ablehnung des
anderen und das Verlangen nach ihm sind untrennbar. Die
freiheitlichen Ziele, die man bei der Geburt des modernen
Geistes der Negation während der ersten Jahre der Französischen Revolution ins Auge gefaßt hatte, sind auf der Strecke
geblieben. Diesen Sachverhalt hat Octavio Paz sehr genau
charakterisiert:

»Heute [. . .] beginnt die moderne Kunst, ihre Negations-
kraft zu verlieren. Seit einigen Jahren sind ihre Ablehnungen
nur noch rituelle Wiederholungen; Rebellion ist zur Proze-
dur geworden, Kritik zur Rhetorik, Überschreitung zur
Zeremonie. *Die Negation ist nicht mehr schöpferisch.* Ich be-
haupte nicht, daß wir heute das Ende der Kunst erleben: wir
erleben das Ende der modernen Kunst.« [Hervorhebung
R. S.]

Aber was kommt danach? Kapitulation vor den herrschenden Institutionen? Rückzug in die mystischen Abgründe des Selbst? Ein forscher Hedonismus? Das Problem besteht darin, daß weder die von der Gesellschaft verursachten Leiden noch das Bedürfnis nach anderen Menschen verschwinden würden.

2. Paternalismus,
eine Autorität der falschen Liebe

Die Ära des Hochkapitalismus zerstörte, um aufzubauen. Die Städte wuchsen im 19. Jahrhundert mit beispiellosem Tempo, und noch nie zuvor hatte es Städte von solcher Größe gegeben. Voraussetzung für dieses Wachstum war die Entvölkerung der ländlichen Gebiete; Dörfer wurden aufgegeben, Ackerland lag brach. Aber die alte Ordnung geriet mit ihrer Zerstörung nicht in Vergessenheit. Im Gegenteil. Sie wurde idealisiert, verklärt, zu einem Gegenstand sehnsüchtiger Erinnerung gemacht. An die Borniertheit und Härte des bäuerlichen Lebens mochte niemand mehr denken, das Land erschien jetzt als ein Ort pastoralen Friedens, wo einmal tiefe, vertrauensvolle Beziehungen zwischen den Menschen bestanden hatten.

Überall sammelte man im 19. Jahrhundert die Bruchstücke des alten Lebens, das der Kapitalismus zerstörte, und hortete sie – Dinge, die höchst verletzlich und deshalb um so wertvoller waren, zu zart und empfindlich, um den Ansturm des materiellen Fortschritts zu überstehen. So wie man das Dorf als Muster der Lebensgemeinschaft idealisierte, so idealisierte man auch die stabile Familie, in der die Angehörigen der jüngeren Generationen ihre Plätze in der von Sitte und Brauch vorgeschriebenen Reihenfolge einnahmen, und sah in ihr einen Hort der Tugend. Daß diese Familie, sofern es sie gegeben hatte, für ihre jüngeren oder unternehmungslustigeren Mitglieder oft von einer erstickenden Enge gewesen war, wie es Rousseau und Goethe – jeder auf seine Weise – im Jahrhundert davor dargestellt hatten, wollte man nicht mehr wahrhaben.

Die Autoritätslandschaft, die den Städtern vorgeführt wurde, war eine Collage aus lauter Klischees: Bilder einer zerbrochenen Welt, auf eine Leinwand geklebt, eingefärbt und als Modell dessen präsentiert, was Vertrauen, Sicherheit, Schutz und Geborgenheit sein sollten. Eine Gemeinschaft bilden; zueinander gehören – diesem sozialen Bedürfnis begegnete man mit der

Beschwörung der »guten alten Zeiten«. Um sich seinen Wirk-
lichkeitssinn zu bewahren, mußte der Stadtbewohner den
Dunstschleier sehnsüchtigen Kummers durchstoßen, mußte
jene Landschaft abtragen, wie ein Maler, der, unzufrieden mit
einer Collage, Stück für Stück von dem abreißt, was er zuvor
zusammengeklebt hat.

An erster Stelle unter den zusammengestückelten Bildern der
Autorität steht im 19. Jahrhundert das Bild des Vaters, eines
Vaters aus freundlicheren, stabileren Zeiten, das sich nun vor
das Bild des Chefs schob. Dieses Autoritätsbild ist Ausdruck
des Paternalismus, wie ihn der Hochkapitalismus hervorgebracht hat. Während im 17. und 18. Jahrhundert die meisten
Väter tatsächlich die »Chefs« ihrer Kinder waren – auf Bauern-
höfen und in Geschäften, die als Familienbetrieb geführt wurden –, war der Satz »Der Chef ist ein Vater« unter den
brüchigen, unbeständigen Familienverhältnissen des 19. Jahrhunderts nur noch eine Metapher. Innerhalb des neuen Wirt-
schaftssystems fand diese paternalistische Metapher weite Verbreitung. Sie verdeckte die Tatsache, daß der Chef alles andere
als der hilfreiche, beschützende, liebevolle Führer seiner Untergebenen war. Aber abgesehen von der Häufigkeit, mit der er in
Erscheinung trat, ist an diesem Paternalismus vor allem aufschlußreich, wie diejenigen, die ihm ausgesetzt waren, es lernten, dem zweckreich gefügten Bild, das man ihnen vorhielt, ihr
Vertrauen zu entziehen. Es gelang ihnen nämlich nicht nur,
diese eine Metapher zu demontieren; es kam so weit, daß sie
jedem metaphorischen Ausdruck von Macht mißtrauten. Und
dieses Mißtrauen gegenüber dem Wirken der Phantasie innerhalb der Politik ist eines der wichtigsten Vermächtnisse des
19. Jahrhunderts an unsere Zeit.

Die Evolution des Paternalismus

Das Wort »Paternalismus« wird häufig als Synonym für »Patriarchat« oder »Patrimonialismus« verwendet, ein Irrtum, der
auf der Annahme beruht, alle Formen männlicher Herrschaft

seien einander im Grunde gleich. In Wirklichkeit jedoch bezeichnen diese Ausdrücke Gesellschaftsformationen, zwischen
denen wichtige strukturelle und historische Unterschiede bestehen.

Ein Patriarchat ist eine Gesellschaft, in der alle Menschen in
dem *Bewußtsein* leben, durch Blutsbande miteinander verwandt
zu sein. Jeder bestimmt seine Beziehung zu jedem anderen
Angehörigen der Gesellschaft über Abstammungsverhältnisse:
»Er ist der Onkel des Bruders meines Vetters zweiten Grades«
oder »Er gehört zu der Familie, die die Tochter des Vetters
dritten Grades meiner Nichte durch ihre Heirat mit dem Onkel
zweiten Grades meines Vaters gegründet hat«. In einer patriarchalen Gesellschaft sind Männer die Angelpunkte solcher Familienbeziehungen. Sie befinden darüber, wer wen heiratet; das
Vermögen wird in männlicher Linie vererbt usw. Im Matriarchat sind Frauen die Angelpunkte. In der Polyarchie ist keines
der beiden Geschlechter dominant, aber auch hier werden die
sozialen Beziehungen als Familienbindungen aufgefaßt. Das
bekannteste Beispiel für ein Patriarchat liefern die Familien des
Alten Testaments; das bekannteste Beispiel für ein Matriarchat
bietet das Volk der Amazonen aus der griechischen Mytholo-
gie; und die besten Beispiele für die Polyarchie sind die
Stämme im brasilianischen Amazonasgebiet, die Claude Lévi-
Strauss beschrieben hat.

In einer Hinsicht gleicht die patrimoniale Gesellschaft der
patriarchalen, in einer anderen nicht. Auch in der patrimonialen
Gesellschaft wird das Vermögen über die männlichen Verwandten von einer Generation an die nächste vererbt; so ging
das Vermögen nach dem in Frankreich und England gültigen
Erstgeburtsrecht vom ältesten männlichen Angehörigen einer
Generation auf den ältesten männlichen Angehörigen der nächsten Generation über. Die männlichen Haushaltsvorstände haben das Recht, über die Heiraten der Angehörigen ihres Haus-
halts zu bestimmen. Der Patrimonialismus unterscheidet sich
vom Patriarchalismus allerdings insofern, als die Menschen
ihre sozialen Beziehungen nicht ausschließlich als Familienbeziehungen auffassen. So können sie ihrer Vorstellung nach

einem mittelalterlichen Lehnsherrn »angehören«, auch wenn sie mit diesem nicht verwandt sind. Die männliche Abstammungslinie ist zu einem Modell für die Vererbung von Vermögen und sozialer Stellung innerhalb einer Gesellschaft geworden, die bewußt wahrnimmt, daß die Menschen auch durch außerfamiliale Bindungen zusammengehalten werden.

Das mittelalterliche Lehnswesen ist das naheliegende Beispiel für eine patrimoniale Gesellschaft. Interessanter ist jedoch das Beispiel des modernen Japan. Bis vor wenigen Jahren hatten die in der japanischen Familie üblichen Formen von Unterordnung und die Hierarchie der Altersgruppen auch in der Industrie Gültigkeit. Oft erbten die Angehörigen der jüngeren Generation die Positionen, die die Älteren in Geschäften, Fabriken und Großunternehmen innehatten, und dies auf allen Ebenen der Hierarchie. Heute beginnen sich diese Strukturen aufzulösen, doch die männliche Abstammungslinie bildete tatsächlich das Prinzip für die Vererbung des Vermögens ebenso wie der Position; auch wenn zwei Männer aus verschiedenen Generationen gar nicht blutsverwandt waren, verhielten sie sich so, als wären sie es. Wie Ronald Dore in einer vergleichenden Studie über das industrielle Leben in Japan und Großbritannien darlegt, hat dieses patrimoniale Modell das industrielle Wachstum in Japan keineswegs gebremst. Tatsächlich begründete der Patrimonialismus der Gesellschaft einen Zusammenhalt und eine Disziplin, die möglicherweise eine der Hauptursachen dafür waren, daß sich die japanische Industrie so schnell und erfolgreich entwickelt hat.

Der Paternalismus unterscheidet sich vom Patrimonialismus in einer grundlegenden Hinsicht: Das Patrimonium selbst existiert nicht mehr. Das Vermögen geht nicht mehr gesetzmäßig, entsprechend dem Erstgeburtsrecht, vom Vater auf den ältesten Sohn über. Und ebensowenig gibt die Gesellschaft eine rechtsverbindliche Garantie, daß die Position, die jemand innehat, in der nächsten Generation einem Verwandten offensteht. Die Einrichtung des Intendantensystems in Frankreich sollte gewährleisten, daß alle Provinzen durch einen vom König berufenen Beamten statt durch lokale Fürsten verwaltet wur-

den. Zunächst glaubte man, das Intendantenamt werde vom
Vater auf den Sohn übergehen, wie es bei den Ämtern an den
mittelalterlichen Fürstenhöfen der Fall gewesen war. Das wäre
Patrimonialismus gewesen. Nach und nach jedoch wurden
vakante Intendantenstellen zum Kauf angeboten, und schließlich wurden sie – für die damalige Zeit ein schockierender
Vorgang – dem angeboten, der aufgrund seiner Beziehungen
oder seiner bloßen Tüchtigkeit am besten geeignet schien, die
Provinz zu verwalten. Damit war das Ende des Patrimonialismus gekommen. In soziologischen Begriffen: Aus dem ur-
sprünglich erblichen Status war eine Amtsfunktion geworden.
Wo es nichts Festes zu erben gibt – keinen Status, kein festes
Vermögen, keine Mitgiften –, da gerät der Patrimonialismus
ins Wanken.

In der paternalistischen Gesellschaft liegt die Herrschaft weiterhin in den Händen der Männer. Die Herrschaft beruht jetzt auf
ihren Vaterrollen – sie sind die Beschützer, die strengen Richter, die Starken. Aber diese Basis ist eine symbolische, keine
materielle wie in der patrimonialen Ordnung. In einer paternalistischen Gesellschaft kann kein Vater seinen Kindern einen
von vornherein bekannten Platz in der Welt garantieren; er
kann sich nur als Beschützer betätigen.

Man könnte meinen, in einer Gesellschaft, die einem derartig
tiefgreifenden Wandel ausgesetzt war wie die des 19. Jahrhunderts, sei der Paternalismus die einzig mögliche Form von
männlicher Herrschaft gewesen. Die materielle Organisation
des Lebens war so sehr im Fluß, daß es durchaus gefährlich
war, Machtansprüche darauf zu gründen, daß man in dreißig
oder vierzig Jahren imstande sei, ein Vermögen von einer
bestimmten Größe an einen anderen weiterzugeben. Wer seine
Macht legitimieren wollte, mußte sich deshalb auf Symbole
und Überzeugungen berufen, die solchen materiellen Kriterien
nicht zu genügen brauchten. Das Beispiel Japans warnt jedoch
vor der Annahme, der Paternalismus sei die einzige dem ra-
schen Entwicklungstempo des Kapitalismus angemessene
Form männlicher Herrschaft. Es stimmt zwar, daß die Familien
der Reichen und der Armen auch im modernen Kapitalismus

ihre soziale Lage im allgemeinen reproduzieren; der Sohn eines
Vorstandsvorsitzenden hat sehr viel eher die Chance, nach
Eton zu gehen, in die richtigen Clubs einzutreten und selbst
Vorstandsvorsitzender zu werden, als der Sohn eines Klemp-
ners. Aber das gilt nur im allgemeinen; kein Vater kann das
Gesetz in Anspruch nehmen, um dergleichen zu gewährleisten.
Paternalismus ist Männerherrschaft ohne Vertrag.

Daraus ergibt sich eine gewisse Unsicherheit im Umgang mit
Autoritätsgestalten. Die Erfahrungen, die ein Kind mit seinem
beschützenden Vater macht, unterscheiden sich von denen, die
der junge Erwachsene im Umgang mit einem Chef machen
wird. Die Welt der Arbeit ist keine natürliche Erweiterung der
Familie. Die Autoritätsgestalt läßt sich nicht durch die von
Psychoanalytikern häufig vertretene »Spiegeltheorie« erklären,
der zufolge die sozialen Beziehungen des Erwachsenen Spiegel-
bilder der primären erotischen, aggressiven oder adaptiven
Beziehungen innerhalb der Familie seien. Der Mensch, der aus
der Familie, in die er hineingeboren wurde, heraustritt, sieht
diese Beziehungen in der Arbeitswelt und in der Politik allenfalls wie in einem Zerrspiegel reflektiert. Und was bedeutet es
eigentlich, wenn ein Mann, der über Macht verfügt, zu einem
anderen Erwachsenen sagt: »Vertraue mir« und mit diesem
Appell archaische Erinnerungen an die vertrauensvolle Obhut
weckt, die der andere als Kind erlebt hat? Gewiß, eine aus
solchen Erinnerungen gespeiste Verbindung von Vater und
Chef kann den Einfluß des Chefs auf Disziplin und Gehorsam
seiner Arbeiter befestigen. Aber was macht den Kern dieser
symbolischen Verbindung aus? Ganz sicher beruht sie nicht,
wie im Patriarchalismus, auf der Vorstellung, die ganze Gesellschaft sei eine Familie; und ebensowenig auf einer materiellen,
vertragsmäßigen Vorstellung von Vaterschaft, wie sie in der
patrimonialen Ordnung existierte.

Die ersten Anzeichen einer Schwächung des Patrimonialismus
erschienen lange vor dem Industriekapitalismus. Von vielen
wurden sie als Signale des Fortschritts zu mehr menschlicher
Freiheit begrüßt.

So sah John Locke im Verfall des Patrimonialismus eine

Chance, die Macht der Könige zu zügeln. Der König könne seinen Machtanspruch nun nicht mehr auf familiale Erbrechte stützen. Er müsse sein Handeln im Hinblick darauf rechtfertigen, ob es vernünftig ist oder nicht. Wenn Familie und Staat einmal getrennt seien, könne der Machthaber nicht mehr sagen, wie es noch Zar Nikolaus I. tat: »Stellt mir keine Fragen! Wißt, daß ich euer Vater bin; das genügt!« Locke hat sich mit diesem Thema in seinen *Zwei Abhandlungen über die Regierung* (1690) beschäftigt. Beide sind Angriffe auf Sir Robert Filmer, der das patrimoniale Argument, Autorität in der Familie und im Staat seien identisch, auf die Spitze getrieben hatte. Lockes Argumentation besteht aus zwei Teilen. Der erste betrifft das Wesen der Macht selbst. Im ersten Abschnitt der *Zweiten Abhandlung* schreibt er:

»Es ist, glaube ich, wohl angebracht, darzustellen, was ich unter politischer Macht verstehe. Die Macht der Obrigkeit nämlich über einen Untertanen ist zu unterscheiden von der eines Vaters über seine Kinder, eines Herrn über seine Diener, eines Ehemannes über seine Frau und eines Herrn über seinen Sklaven. Wenn es auch zuweilen vorkommt, daß all diese Arten von Macht einem einzigen Menschen zufallen, wenn man ihn unter diesen verschiedenen Aspekten betrachtet, so mag es doch helfen, sie im einzelnen gegeneinander abzugrenzen.«

Die zweite Hälfte seiner Argumentation gilt der Beziehung zwischen der autoritativen, d. h. gerechten Macht und der Freiheit. Im sechsten Abschnitt der *Zweiten Abhandlung* schreibt er:

»So sind wir frei geboren, wie wir vernünftig geboren sind; was nicht besagen will, daß wir sofort frei und vernünftig handeln könnten. Das Alter, welches das eine bringt, bringt auch das andere mit sich. [...] Die Freiheit eines Menschen im Alter der Selbstverantwortlichkeit und der Gehorsam eines Kindes seinen Eltern gegenüber, solange es jenes Alter nicht erreicht hat, sind so gut miteinander vereinbar und so klar unterscheidbar, daß selbst dem blindesten Streiter für die Monarchie auf Grund des Rechtes der Vaterschaft dieser Unterschied nicht entgehen kann und auch der Hartnäckigste anerkennen muß, daß sie miteinander bestehen können. «

Die Konsequenzen aus Lockes Lehren waren radikal – das wußte er selbst, und das bezeugt ihr gewaltiger Einfluß. Es war nun nicht mehr möglich, von der »Freiheit« wie von einem universalen Prinzip zu sprechen; die Freiheit in der Familie war von anderer Art als die Freiheit im Staate. Wenn man das Joch der Familie als Bild für die politische Ordnung verwarf, so ging damit, wie Locke selbst erkannte, ein Element der Kontinuität verloren. Im Leben jedes Menschen, der das Erwachsenenalter erreichte, mußte sich nun eine gewaltige Kluft auftun; die Erfahrungen der Kindheit taugten nicht als Richtschnur für das vernünftige Handeln des Erwachsenen.

In der Frühzeit des Kapitalismus wurden Lockes Gedanken auf eine sehr direkte Weise Wirklichkeit. Große Teile des bürokratischen Staatsapparats in England und Frankreich machten einen tiefgreifenden Wandel durch – aus erblichen Statuspositionen wurden bürokratische Ämter im modernen Sinne. Die große Scheidelinie innerhalb des Lebenszyklus nahm in der wachsenden Entfernung zwischen Haushalt und Arbeitsplatz greifbare Gestalt an. Während nach mittelalterlichem Muster Handwerks- und Handelstätigkeit im Haus angesiedelt waren und der Vater die Funktion eines Oberhaupts für den Rest der Familie ausübte, bezogen die rasch größer werdenden Geschäftsunternehmen im späten 18. Jahrhundert geräumigere Quartiere, in denen zahlreiche Menschen, die nicht miteinander verwandt waren, gemeinsam arbeiteten, und zwar als Individuen, nicht als Teil eines Familienverbandes. Auch für die Masse der Landarbeiter änderte sich die Konstellation. Die Landeinhegungen erzeugten eine Vielzahl von Wanderarbeitern – Halbpächter und Tagelöhner, die ebenfalls eher als Individuen denn als Teil eines Familienverbandes arbeiteten. In Frankreich, wo die Bauern ihr Land zum größten Teil gepachtet hatten, wurde jede Steuererhöhung für die Jungen zu einem

Beweggrund, die Parzelle ihrer Eltern zu verlassen und in eine andere Gemeinde oder gar in eine andere Provinz zu ziehen, wo sie mit geringeren Kosten einen Neuanfang machen konnten. Alle diese materiellen Veränderungen entzogen dem Patrimonium und damit dem Patrimonialismus im Laufe der Zeit den Realitätsgrund.

Natürlich erlischt keine Gesellschaftsordnung mit einem Schlag. Noch 1952 kam eine Untersuchung zu dem Ergebnis, daß 62 Prozent aller Frauen in Deutschland eine ihnen gesetzlich zustehende Aussteuer mit in die Ehe brachten. Noch heute ist in bestimmten Teilen Süditaliens der *padrone* nicht nur der Chef der Landarbeiter, sondern oft auch das Oberhaupt des Familienclans, dem diese Arbeiter angehören. In viktorianischer Zeit behielten die Väter eine weitgehende Kontrolle über die Lebenschancen ihrer Kinder. In einer Studie über amerikanische Arbeiterfamilien im 19. Jahrhundert kommt Steven Thernstrom zu dem Ergebnis, daß Väter häufig die Berufschancen ihrer Söhne opferten und sie in jungen Jahren zur Arbeit schickten, statt ihnen die Möglichkeit zu geben, weiter die Schule zu besuchen und dadurch bessere Berufsaussichten zu gewinnen; es ging diesen Vätern darum, innerhalb der Familie so schnell wie möglich Geld anzuhäufen, um ein Haus oder anderes Eigentum zu erwerben.

Das Hauptproblem der Theorie Lockes ergibt sich jedoch aus seiner Überzeugung, wenn die materiellen Grundlagen des Patrimonialismus einmal zerstört seien, werde außerhalb der Familie die Freiheit für die Erwachsenen zunehmen. Er und andere liberale Idealisten sahen nicht voraus, daß sich das, was in der Wirklichkeit zerstört war, in der Phantasie wieder aufbauen ließ, in Form von Metaphern, die den Vater mit dem Chef oder mit dem politischen Führer in Verbindung brachten. Mit neuen Mitteln versuchte der Paternalismus zu erreichen, was der Patrimonialismus vollbracht hatte: die Legitimation von Macht im außerfamilialen Bereich durch den Appell an innerfamiliale Rollen. Sofern dieser Appell erfolgreich war, erwartete man von den Untergebenen Loyalität, Anerkennung und Passivität. Damit jedoch wurde die dem Erwachsenen

zustehende Freiheit, sein Urteil über andere Erwachsene zu
äußern, ausgehöhlt. Die Dignität von Lockes Idealismus besteht darin, daß er erwartete, mit dem Ende des Patrimonialismus würden sich die Herrschaftsbeziehungen lockern. Statt
dessen verlagerten sie ihre Basis.

Immer wieder gab es im 19. Jahrhundert Versuche, soziale
Gemeinschaften auf der Grundlage paternalistischer Prinzipien
zu errichten. Zunächst konzentrierten sich diese Versuche eher
auf Arbeitshäuser, Irrenanstalten und Gefängnisse als direkt auf
Fabrikbetriebe. Anders als im Ancien Régime waren diese
Institutionen nicht einfach Orte der Bestrafung, sie waren
vielmehr bestrebt, den Charakter der Insassen zu »bessern«.
Diese »Besserung« des Charakters hielt man für notwendig,
weil die ursprüngliche Formung in der Familie mißlungen war;
aus diesem Grund nahmen die Irrenanstalten, Arbeitshäuser
und Gefängnisse im 19. Jahrhundert unter dem Stichwort *in
loco parentis* für sich das förmliche Recht zur Ausübung der
elterlichen Gewalt in Anspruch. Die in diesen »Besserungsanstalten« verkörperte Vorstellung von der Übernahme der
elterlichen Gewalt beruhte auf drei Annahmen. 1. Es gibt
bestimmte moralische Krankheiten, mit denen die normale
Familie nicht fertig wird, weil sie zu schwach dazu ist: Gei-
steskrankheit, sexuelle Perversion und dergleichen. 2. Es gibt
andere Krankheiten, die von der normalen Familie, insbe-
sondere von der normalen armen Familie, verursacht werden: Faulheit, Trunksucht aus Verzweiflung, Prostitution.
3. Wenn der Elternstellvertreter dort Erfolg haben soll, wo
die natürlichen Eltern gescheitert sind, dann muß die Freiheit
der behandelten Personen radikal beschnitten werden. Das
berühmte Panopticon Jeremy Benthams z. B. ist ein Gebäude,
das aus einer Reihe von Zellen besteht, die kreisförmig um
einen Beobachtungsturm in der Mitte angeordnet sind, so
daß die Insassen von den Ärzten, Arbeitshausaufsehern oder
Gefängniswärtern ständig beobachtet werden können. Die
Insassen können nicht miteinander sprechen, und dank einem
ausgeklügelten System von Blenden und Jalousien am zentra-

len Wachturm können sie auch nicht sehen, ob sie von den Wärtern gerade beobachtet werden. (Der 1843 veröffentlichte Plan des Panopticons wurde dem Bau mehrerer Anstalten zugrunde gelegt, etwa dem des 1877 errichteten Gefängnisses in Rennes und zu Beginn des 20. Jahrhunderts dem des amerikanischen Bundesgefängnisses in Statesville.) Die Kontrolle ist gewährleistet und gleichzeitig jede visuelle oder verbale Kommunikation unterbunden – genauer gesagt, die Initiative zur Kommunikation ist den unsichtbaren Aufsehern, Wächtern und Ärzten vorbehalten. In einer so konzipierten Umgebung zur moralischen Besserung erlangt der Elternstellvertreter eine weit größere Macht, als natürliche Eltern sie besitzen, und die Idee der elterlichen Gewalt selbst verkehrt sich in eine einseitige Kontrolle, bei der der Kontrollierte beeinflußt wird, ohne seinerseits diejenigen beeinflussen zu können, die sich seiner »annehmen«.

Die ersten Versuche, dem Fabrikherrn im Verhältnis zu seinen Arbeitern eine Elternrolle zuzuweisen, zielten nicht auf eine derart rigorose Kontrolle, ja, nicht einmal auf moralische Besserung. Um das Jahr 1820 gab es in den Vereinigten Staaten erhebliche Widerstände gegen den Bau großer Fabriken; noch war die Vorstellung Jeffersons lebendig, das europäische Armutselend würde nach Amerika eingeschleppt werden, wenn der Industrialismus die amerikanische Landwirtschaft verdrängen sollte. Um andere davon zu überzeugen, daß der Industrialismus nicht aus sich heraus eine Quelle der Verderbnis sei, faßten die Planer der Spinnereien in Waltham und Lowell, Massachusetts, den Entschluß, industrielle Gemeinschaften zu gründen, in denen die wohltätige Wirkung familialer Werte bewahrt werden sollte. Die an diesen Experimenten beteiligten Arbeitskräfte waren junge Frauen, die nur für ein paar Jahre von den Spinnereien angeworben worden waren; man erwartete von ihnen, daß sie Geld für die Zeit ihrer Heirat zurücklegen und die Fabrik verlassen würden, wenn sie einen geeigneten Ehemann gefunden hatten. Anders als Robert Owen in seiner Modellfabrik im schottischen New Lanark dachten die amerikanischen Unternehmer nicht daran, die Lebensführung

der Arbeiterinnen moralisch über das Niveau der Familien zu
heben, aus denen sie kamen; ihr Ziel bestand einfach darin, an
dem festzuhalten, was die Mehrzahl der Amerikaner für die
Integrität und Rechtschaffenheit der amerikanischen Farmer-
familie hielt, und dadurch dem Industrialismus seinen Stachel
zu nehmen.

Zu diesem Zweck organisierten die Planer von Waltham an
den Abenden Lesezirkel, Vorträge und Bibelstunden für die
Arbeiterinnen. Sie sorgten für eine umfassende medizinische
Versorgung, wie es sie in Amerika zuvor nirgendwo gegeben
hatte. Aber vor allem machten es sich die Fabrikbesitzer als
Stellvertreter der Eltern zur Aufgabe, die Moral der jungen
Mädchen durch den Bau von Wohnheimen zu schützen, in
denen die Arbeiterinnen unter der Aufsicht von Hausmüttern
lebten. Deren Dienst begann, wenn die Mädchen von der
Fabrik heimkehrten, und er dauerte die ganze Nacht bis zum
Morgen, wenn sie wieder zur Arbeit gingen. Faktisch, obgleich
unbeabsichtigt, treten in der Anlage dieser Wohnheime und in
der Art, wie sie geleitet wurden, erneut die Machtbeziehungen
aus Benthams Panopticon in Erscheinung. Die Schlafräume
waren lange und hohe Säle, in denen die Betten wie in einem
Krankensaal aufgestellt waren. Auch wenn die Mädchen schlie-
fen, taten die Hausmütter hier ihren Dienst; sie schützten die
Mädchen nicht nur vor Eindringlingen, sie hinderten sie auch
daran, davonzulaufen. Sexuelle Heimlichkeiten oder Liebschaf-
ten wurden auf diese Weise völlig unmöglich gemacht. Junge
Männer, die die Mädchen besuchen wollten, mußten sich
vorher anmelden, und die Hausmütter bestimmten, wie lange
diese Besuche dauern durften und unter welchen Umständen
sie stattfinden konnten. Die Verlagerung der Elternaufgaben in
eine bürokratisierte Umgebung brachte es mit sich, daß die
Macht des Elternstellvertreters über das innerhalb einer Familie
übliche Maß hinaus gesteigert wurde.

Im französischen Erziehungswesen hatte es das Prinzip *in loco
parentis* schon einige hundert Jahre früher gegeben. (Auch in
der britischen Erziehung spielte es eine Rolle, es wurde hier
aber nie so energisch und systematisch angewendet wie am

französischen *collège*, das ungefähr der alten englischen *grammar school* entsprach.) In den ersten Jahrzehnten des 19. Jahrhunderts übertrugen der Abbé Lamennais und Saint-Simon das Prinzip *in loco parentis* auf das industrielle Leben. Die Werkstätten, die Saint-Simon vorgeschwebt hatten und die während der Revolution von 1848 für kurze Zeit Wirklichkeit wurden, waren kooperativ organisiert. Bei Entscheidungen hatte jeder in der Werkstatt eine Stimme. Gleichzeitig gab es Leiter, die Saint-Simon als *pères du travail* bezeichnet, und diese »Väter« sollten, genau wie der Familienvater im Umgang mit seinen Kindern, den minder tüchtigen oder noch unerfahrenen Arbeitern helfen, Entscheidungen zu treffen, die in ihrem eigenen Interesse lagen. Die Werkstatt selbst sollte ein *foyer* sein, ein häuslicher Herd, ein Hort des Familienlebens, der eigentliche Lebensmittelpunkt für den Arbeiter, während Saint-Simon in der biologischen Familie schließlich nur noch ein Anhängsel der Werkstatt sah. Der *père du travail* sollte Saint-Simon zufolge durch Ausweitung seines Aufgabenbereichs zum Ratgeber der Privatfamilie werden – auch hier also eine Machtverschiebung und eine Machterweiterung des Elternstellvertreters.

Das Panopticon, New Lanark, die Spinnerei in Waltham, Saint-Simons Werkstätten, sie alle richteten sich in ihrer Anlage gegen das individualistische Wirtschaftsethos des 19. Jahrhunderts. Alle diese paternalen Projekte zielten darauf, eine Gemeinschaft herzustellen. Die industriellen Experimente, die auf dem Prinzip *in loco parentis* gründeten, waren bestrebt, die Arbeitsbedingungen vor dem dominierenden Einfluß marktbedingter Lohnschwankungen zu schützen. Hätte man diesen Faktor sich selbst überlassen, so hätte er sehr bald bestimmt, wer in der Werkstatt arbeiten konnte und wer nicht, welche Entscheidungen gefällt werden mußten und dergleichen mehr. Deshalb lautete die Kritik nüchtern kalkulierender Leute an diesen frühen Formen des Paternalismus, sie seien nichts weiter als kostspielige, idealistische Marotten.

Aber gegen Ende des letzten Jahrhunderts hatte das Wirtschaftssystem diese Ideen so weit absorbiert, daß sie profitabel wurden. Überall im amerikanischen Osten wurden von den

Unternehmen große Arbeiterstädte gebaut; außerhalb Londons, etwa in der Umgebung von Bristol, Birmingham und Leeds, wurden bei der Errichtung neuer Fabriken neben den Werksanlagen gleichzeitig Wohnungen für die Arbeiter geschaffen; in den Randbezirken von Paris und Lyon dehnten Industrielle ihre Aktivitäten auf den Wohnungsbau und die Einrichtung von Einzelhandelsgeschäften aus, in denen ihre Arbeiter einkauften. Solche Neuerungen beruhten auf nüchterner Überlegung – große Fabriken ziehen eine Wohnbevölkerung in ihren Umkreis, die so groß ist, daß es für den Fabrikanten rentabel wird, sich auch im Wohnungsbau und im Einzelhandel zu betätigen.

Diese Unternehmer dehnten ihre Kontrolle über das Leben ihrer Arbeiter immer weiter aus. Und sie fühlten sich schließlich genötigt, die Kontrolle anders als unter Berufung auf die Prinzipien des freien Marktes zu legitimieren; die Umgebung, in der ihre Arbeiter lebten, arbeiteten und einkauften, schien mit dem freien Markt absolut nichts zu tun zu haben. Es waren diese Unternehmer, die häufig auf die älteren Vorstellungen von Paternalismus zurückgriffen. Sie behaupteten, für ihre Arbeiter zu sorgen, und zwar in deren bestem Interesse; aber im Gegensatz zu den älteren, auf Bentham und Owen zurückgehenden Programmatiken unterstellten sie, daß sich daraus sowohl für den Unternehmer als auch für den Arbeiter ein ökonomischer Vorteil ergebe und daß so überdies die Moral befördert werde. Wie die Industriellen in Waltham sorgten sie dafür, daß ihre Arbeiter mit kommunalen Dienstleistungen versorgt wurden, doch anders als jene erklärten sie offen, diese Dienstleistungen seien moralisch wertvoll, weil zufriedene Arbeiter produktiver und weniger streikanfällig seien als unzufriedene.

Man hat zuweilen behauptet, der Unternehmenspaternalismus der Stahlstädte des amerikanischen Mittelwestens oder der Industrievororte von Leeds und Lyon sei ein Vorgriff auf den Staatskapitalismus des 20. Jahrhunderts gewesen. Arbeit, soziale Dienstleistungen und Kontrolle der in einer Gemeinschaft lebenden Menschen durch ein Unternehmen würden auch im

Staatskapitalismus eine in sich geschlossene Einheit bilden. Diese Ansicht ist nicht ganz richtig. Der Unternehmenspaternalismus war ein Versuch, mit zwei fundamentalen Tatsachen der Ära des Hochkapitalismus fertigzuwerden. Zwischen Familie und Arbeit bestand keine materielle Verbindung mehr, wie sie im Zeitalter des Patrimonialismus existiert hatte und wie sie dann im Wohlfahrtsstaat ökonomisch wiederhergestellt wurde. Der ökonomische Druck, der diese beiden Sphären auseinanderriß, isolierte auch die Personen und überließ sie den Zufällen eines Marktes, dessen Exzesse der Wohlfahrtsstaat heute auf seine Weise zu mildern hofft. Die paternalistischen Unternehmer ihrerseits versuchten, Familie und Arbeit symbolisch zusammenzuschweißen, indem sie sich selbst als Autorität darstellten. Auf diese Weise wollten sie Zusammenhalt schaffen und mit einer solchermaßen gefestigten Arbeitergemeinschaft höhere Produktivitätsraten erzielen.

Sie hatten Erfolg, und zugleich scheiterten sie. Sie erzeugten im Verhältnis zu ihren Arbeitern eine Ablehnungsbindung, wie wir sie im ersten Kapitel erörtert haben. Eines der dramatischsten Beispiele für eine solche kollektive Bindung liefert die Geschichte von Pullman, Illinois, einer Stadt, die George Pullman im späten 19. Jahrhundert um seine gewaltige Schlafwagenfabrik herum erbaute.

George Pullman

Am 12. Mai 1894 traten die Arbeiter der Pullman Palace Car Company in den Streik. Der Streik dauerte drei Monate, und bevor er zu Ende ging, hatte er sich von der Vorstadt im Süden Chicagos, wo die Pullman-Werke lagen, auf die ganze Nation ausgedehnt. Zum erstenmal erlebte Amerika den Versuch, einen Generalstreik zu organisieren, und zugleich war dieser Streik einer der ersten Anlässe für den massiven Einsatz von Bundestruppen zur Niederschlagung von Bürgerunruhen.

Das Überraschendste an diesem Streik war jedoch sein Ausgangspunkt. Pullman, Illinois, galt als eine der erfolgreichsten

unter den werkseigenen Städten, die damals in Amerika gebaut
wurden, und Pullman selbst stand im Rufe eines vorbildlichen
Unternehmers. In ihm verbanden sich Elemente von Saint-
Simons Idealismus mit einer fast maschinenhaften Fähigkeit
zur Koordination großer Organisationen. Die Stadt Pullman
spiegelte diese Besonderheiten wider. Die Gebäude waren in
einer Mischung aus all jenen Stilen errichtet, die nach Pullmans
Ansicht »ihren Zweck auf das vornehmste zum Ausdruck
bringen«. Neben eine weiße Holzkirche im Stil der Neueng-
land-Staaten setzte man ein gotisches Rathaus. Die Fabrikanla-
gen waren romanisch, und die Arbeiterhäuser scheinen größ-
tenteils spätgeorgianisch gewesen zu sein. Andererseits wurden
diese architektonischen Eskapaden mit äußerster Tatkraft verwirklicht. Als der Streik ausbrach, hatte Pullman Wohnungen
für 12 600 Menschen gebaut. (Landesweit hatte die Pullman
Palace Car Company 14 000 Beschäftigte, von denen 5500 in
der Stadt arbeiteten.) Ihr Leben unterlag einer strengen Kontrolle, die sehr viel weiter ging als in anderen werkseigenen
Städten jener Zeit – für die Geschäfte und das Wirtshaus der
Stadt, die alle im Besitz von Pullmans Unternehmen waren,
galt ein striktes Alkoholverbot. Das Zigarettenrauchen war
reglementiert, und es gab eine Sperrstunde. Groß, effizient,
moralistisch, mit eiserner Hand gelenkt – die Stadt war durchaus ein Spiegelbild ihres Gründers.

Am deutlichsten kam Pullmans Paternalismus in seinen Ansichten von den Eigentumsverhältnissen in der Stadt Pullman
selbst zum Ausdruck. Keinem Arbeiter war es gestattet, ein
Haus zu kaufen, denn das hätte Pullmans Einfluß geschwächt.
Im Jahre 1890 erklärte er einem Besucher:

»Es ist gewiß meine Absicht, in der Nähe eine zweite Stadt
aufzubauen, in der jeder Bewohner ein Haus nach seinem
eigenen Gutdünken und gemäß seinen eigenen Bedürfnissen
bauen kann, das dann auch sein eigen sein wird. [...] Ich
glaube nicht, daß die Zeit schon gekommen ist, ein solches
Vorhaben in Angriff zu nehmen. Hätte ich die Grundstücke
zu Beginn des Experiments an meine Arbeiter verkauft,

dann hätte für mich das Risiko bestanden, daß sich dort womöglich Familien niederlassen, die mit den Lebensgewohnheiten, die ich bei den Einwohnern von Pullman City entwickeln möchte, nicht hinreichend vertraut sind, und alles, was meine Arbeit an Gutem schafft, wäre durch ihre Anwesenheit gefährdet worden. Aber heute, nach einer Lehrzeit von zehn Jahren, erkennen einige Familien die Vorteile dieser Lebensgewohnheiten und werden sie beibehalten, wo immer sie sich ansiedeln. Diese Familien bilden die Auslese, und ich hoffe, einigen von ihnen die Grundstücke in der Nähe der Werkstätten nach und nach verkaufen zu können.«

Der Satz »Dann hätte für mich das Risiko bestanden, daß sich [...] Familien ansiedeln, die mit den Lebensgewohnheiten, die ich [...] entwickeln möchte, nicht hinreichend vertraut sind« bringt Pullmans Haltung auf eine Formel, wie man sie prägnanter kaum finden wird.

Diese Haltung wurde von Pullmans Arbeitern anfänglich verstanden und gutgeheißen. Denn sie waren zum größten Teil Einwanderer aus Übersee; aus Schweden und Norddeutschland stammende Bauern waren in der Stadt besonders stark vertreten. Pullman verlieh der Industriewelt gewisse patrimoniale Züge, die ihnen aus ihren Heimatländern vertraut waren, die sich aber auch dort zusehends auflösten. (Die Zerstörung der ländlichen Basis des patrimonialen System war um die Mitte des 19. Jahrhunderts bis in die entferntesten Regionen Nordeuropas vorgedrungen.) Pullman erschien diesen Arbeitern tatsächlich als Beschützer, materiell und emotional. Und wenn man berücksichtigt, wie er seine Macht einsetzte, dann scheint es nur natürlich, daß er seine Arbeiter wie Kinder behandelte.

Für Einwanderer war die Stadt eine Oase der Ordnung in der amerikanischen Wüste; aber das behütete Leben, das sie versprach, war auch für im Land selbst geborene Amerikaner, die unter dem neuen Industriesystem viel zu leiden hatten, durchaus attraktiv. Hier die Aussage eines jungen Mannes, der aus

einer ländlichen Region zuerst nach Chicago und dann nach
Pullman ging:

> »Wir hatten ein kleines Haus an der West Side von Chicago,
> aber drumherum überall Schmutz, zwei Bierkneipen im
> Block, Weichkohleschwaden, miserable Kanalisation,
> scheußliches Wasser, überhaupt war alles schlecht und ab-
> stoßend. Nachdem unsere kleinen Mädchen geboren waren,
> fühlte ich mich dort nicht mehr wohl. [...] In unserem
> Stadtteil gab es viele Todesfälle wegen Diphterie und Schar-
> lach, und für uns war es fast unmöglich, alles sauber zu
> halten. [...] Dann erfuhr ich, daß ich hier [in Pullman] für
> genau den gleichen Lohn arbeiten konnte, wie er in der Stadt
> gezahlt wurde, und daß ich ein ganzes Ziegelhaus mit Was-
> ser und Kanal [...] für 15 Dollar im Monat mieten konnte.
> [...] Wir haben ein sauberes, bequemes Haus und jede
> Menge gute Luft. Meine Kinder sind gesund, und was meine
> Frau angeht, die ist fast nicht wiederzuerkennen.«

Wie kam es, daß ausgerechnet in dieser Industriegemeinde, die
den Menschen ein Gefühl von Geborgenheit und Schutz ver-
mittelte und in der man obendrein noch gut verdiente, der
spektakulärste Streik in der Geschichte des amerikanischen
Kapitalismus ausbrach? Es gab dafür zwei Ursachen.
Erstens war Pullman eine instabile Gemeinde. Der Journalist
Richard Ely stellte fest:

> »Niemand betrachtet Pullman als wirkliches Zuhause, und
> eigentlich muß man sagen, daß es hier fast nur Leute gibt,
> die sich vorübergehend einquartiert haben. Eine Frau berich-
> tete dem Verfasser, sie sei seit zwei Jahren in Pullman und in
> ihrem Bekanntenkreis gebe es nur drei Familien, die schon
> da waren, als sie kam. Auf die Frage ›Es ist, als ob man in
> einem großen Hotel wohnt, nicht wahr?‹ erwiderte sie: ›Wir
> nennen es Kampieren.‹«

Die fleißigeren Arbeiter in Pullmans Fabrik kauften sich, sobald sie konnten, ein eigenes Haus außerhalb der Gemeinde; die
»guten Kinder« entzogen sich seiner Kontrolle, weil sie besit-

zen wollten, und er weigerte sich, auf seine väterliche Macht dadurch zu verzichten, daß er verkaufte. In Pullman blieben nur solche Leute, die aus dem einen oder anderen Grund das Kapital für ein eigenes Haus nicht zusammenbringen konnten. Sie fühlten sich als Bürger zweiter Klasse, waren voller Groll gegen die erfolgreichen Arbeiter wie auch gegen die Firma, die es ablehnte, ihre Mietzahlungen in eine Kapitalbeteiligung umzuwandeln. Pullman war nie in den Sinn gekommen, daß seinen ausländischen Arbeitern an Privateigentum so viel gelegen sein könnte. Diese jedoch erblickten im Eigentum nicht nur etwas, das ihnen materielle Sicherheit bot, sondern auch ein Symbol ihrer Assimilation an die neue Kultur, ein Zeichen dafür, daß sie Wurzeln geschlagen hatten. Darin bestand die Paradoxie von Pullmans Paternalismus: Seine Macht über das Erscheinungsbild der Gemeinde, über den Zugang zu ihr und die Lebensweise ihrer Bewohner konnte er nur so lange aufrechterhalten, wie er seinen Schützlingen die Chance verwehrte, selbst Eigentum zu erwerben. Kurz, das Privateigentum bedrohte die paternalistische Kontrolle dieses überaus erfolgreichen Kapitalisten.

Die zweite Ursache für den Aufruhr galt für alle Arbeiter in Pullmans Fabrik. Der Paternalismus personalisiert die menschlichen Beziehungen innerhalb der Arbeitssphäre: Ich, euer Arbeitgeber, kümmere mich um euch und werde für euch sorgen. Eine gefährliche Formel. Denn wenn etwas schiefgeht, machen die Arbeiter nicht die Abstraktionen, etwa den Druck des Marktes, dafür haftbar, sondern den Arbeitgeber. Weil er Macht hat und Macht verkörpert, erscheint er ihnen für alle Unbill und jede Ungerechtigkeit persönlich verantwortlich. Nach dem Streik erklärte Thomas Heathcoate, der Streikführer bei Pullman: »Die Arbeiter hatten eine sehr gute Meinung von Mr. Pullman, bis die Maßnahmen der letzten Firmenleitung [Heathcoate meint damit Werkmeister, die innerhalb der Firmenhierarchie mehrere Stufen unter Pullman standen] anscheinend zu einer Entfremdung zwischen den Leuten und Mr. Pullman geführt haben.« Nicht nur die Fehler seiner Untergebenen waren letztlich seine Fehler, auch die Fluktuationen

der Gesamtwirtschaft, auf die sich die Unternehmensführung
einstellte, etwa Nachfrageschwankungen, die vorübergehende
Entlassungen erforderlich machten, wurden als persönlicher
Verrat Mr. Pullmans an seinen Schützlingen interpretiert.
Diese Sicht ist übrigens völlig einleuchtend. Er bestand auf
seiner persönlichen Kontrolle über sie, und deshalb fiel ihm
auch die Verantwortung für das zu, was ihnen widerfuhr. Auf
diese Weise wurde die Erfahrung von ökonomischem Druck
zu einem hochemotionalen Konflikterlebnis. So sagte ein
Pullman-Arbeiter über seinen unmittelbaren Vorgesetzten:
»Wie uns dieser Werkmeister behandelt hat, das war schlimmer, als man die Sklaven im Süden jemals behandelt hat.« Für
einen Außenstehenden ist das blanker Unsinn; aber für einen
Betroffenen ist diese Aussage völlig plausibel, weil die Arbeit
selbst nachdrücklich personalisiert worden ist.
Der Paternalismus widersprach dem Individualismus der Zeit,
der in dem Wunsch nach Privateigentum zum Ausdruck kam.
Er unterwarf das Leben der Arbeiter einer ganz und gar
persönlichen Kontrolle; und wenn es zu Konflikten kam, war
die Gegenwehr ebenfalls ganz und gar persönlich. Wie sich
dieser Prozeß innerhalb der Gesellschaft verfestigt hat, haben
wir im letzten Kapitel andeutungsweise dargelegt. Die paternalistische Metapher ist so konstruiert, daß sie zur Negation
herausfordert. Der Akt der Negation jedoch bindet die Arbeiter an den Chef. Es wird für die Arbeiter schwierig, untereinander kooperative Bündnisse zu schließen, brüderlich und tat-
kräftig zu handeln. Sämtliche Energien konzentrieren sich auf
die belastete emotionale Beziehung zum Chef.
Schon 1885 versuchten amerikanische Beobachter, die die Stadt
Pullman besuchten, diesen Knoten zu verstehen. Damals
schrieb Richard Ely einen berühmtgewordenen Artikel für
Harper's Magazine, in dem er die Stadt als Musterbeispiel einer
total kontrollierten Gesellschaft schilderte, wie sie George Orwell dann später in seinem Roman *1984* entwarf. In Pullmans
väterlicher Haltung, so gut sie gemeint war, erblickte Ely die
Ursache für den Verlust an Freiheit, den die in der Stadt
wohnenden Arbeiter erlebten. Eine gründlichere Analyse des

Zusammenhangs zwischen der Rolle des Vaters und der Macht von Erwachsenen über Erwachsene lieferte dann viele Jahre später die Sozialreformerin Jane Addams in einem bemerkenswerten Aufsatz, der am 2. November 1912 im *Survey Magazine* erschien. Darin erörtert sie die Beziehung zwischen dem Anspruch auf persönliche Autorität und ihrer Negation in der modernen Gesellschaft.

In »A Modern Lear« untersucht Addams die Vorstellung, Pullman sei ein paternalistischer Unternehmer, indem sie Shakespeares König Lear mit dem modernen Industriellen vergleicht. Gemeinsam ist beiden, daß ihre Wohltätigkeit zur Ablehnung verlockt – Lear ist seinen Töchtern, Pullman seinen Arbeitern ausgeliefert. Die Methode von Jane Addams war eine metaphorische – »Pullman ist ein Lear« –, weil ihr Gegenstand eine Metapher war: »Ein Chef ist ein Vater.« Gleichzeitig versuchte sie zu begreifen, warum die aufrührerischen Kinder in der Welt der Industrie nicht den Platz der Elternstellvertreter einnehmen, sondern in eine elementare Abhängigkeit von ihnen geraten.

Sie vergleicht Lear und Pullman in vier Hinsichten. Erstens: In einer paternalen Beziehung ist eine Person bevollmächtigt oder »autorisiert«, die Grenzen der Realität für andere zu kontrollieren:

> »Zweifellos hatte Lear ein Spielzeug vor den Augen der kleinen Cordelia geschwenkt, um des Vergnügens willen, ihre zarten, rosigen Händchen danach greifen zu sehen [...] es war ihm unmöglich, ruhig zuzusehen, wie sich sein Kind entwickelte und der Kraft seines Geistes und seiner Zuneigung langsam entwuchs.«

Über den Augenblick, in dem sich Cordelia tatsächlich dagegen auflehnt, wie Lear ihr Leben beherrscht, sagt Addams:

> »Es war neu für ihn, daß sich sein Kind von einem Grundsatz leiten ließ, der ihm, Lear, fremd war und dem nicht einmal seine Vorstellungskraft folgen konnte; daß sie eine

Vorstellung von einem Dasein gewonnen hatte, so umfassend, daß ihre Beziehung als Tochter nur ein Teil davon
war.«

Genau dieses Gefühl der Vollmacht, die Realitätsgrenzen für
andere bestimmen und kontrollieren zu können, veranlaßte
Pullman, seinen Arbeitern vorzuschreiben, wann sie sich auf
der Straße aufhalten durften, daß sie nichts trinken durften, ja
sogar, wie sie sich zu kleiden hatten.
Solange die Arbeiter, ähnlich wie das kleine Mädchen, diese
Kontrolle als recht und billig hinnehmen, wird die Bindung
kaum einer bewußten Prüfung unterzogen. Sobald jedoch das
Mädchen und die Arbeiter über die vom König oder vom Chef
gesetzten Realitätsgrenzen hinauszublicken vermögen, tritt ihnen die Tatsache, daß der Vater das Tor zur Realität unter
seiner Kontrolle hat, ganz deutlich ins Bewußtsein. Dieser
Blick über das Tor ist nötig, damit allen Beteiligten klar wird,
wie weit diese Kontrolle reicht. Die Arbeiter und das Mädchen
widersetzen sich ihr mit rebellischem Zorn, und auch dem
König oder dem Industriellen kommt in dem Augenblick, da
er sich verraten fühlt, zu Bewußtsein, wie sehr er anderen
Menschen die eigenen Wertvorstellungen aufzuprägen gesucht
hat. »Ich war wie ein Vater zu ihnen«, jammerte Pullman,
irritiert und gekränkt, weil sie dennoch in den Streik getreten
waren.
Jane Addams stößt hier auf das einfachste und subtilste Element dieser Beziehung. Der Paternalismus speist sich aus der
Kontrolle, die Väter über die Realität ihrer Kinder ausüben. In
keiner Familie beruht diese Kontrolle auf reiner Liebe oder
reiner Machtvollkommenheit; Altruismus und Egoismus gehen eine Verbindung ein. In Hawthornes Worten: »Güte paart
sich hier mit Stolz.« Diese Verbindung wird bewußt, wenn die
Kinder dagegen aufbegehren, daß sie kontrolliert werden, und
wenn sich der Vater durch ihre Rebellion verraten fühlt. Weil
allen Beteiligten in diesem Augenblick der Krise klar wird, wie
diese Verbindung zustande gekommen ist, wird sie jetzt unver-
hüllt wahrgenommen.

Sowohl Lear als auch Pullman erwarteten, daß die ihrer Obhut Anvertrauten dankbare Anerkennung bezeigten, indem sie gehorchten und sich unterordneten. Man könnte hier natürlich den Einwand erheben, daß der Vergleich zwischen einem Industriellen und einem gewöhnlichen Vater, der kein Lear ist, in diesem Punkt zusammenbricht, denn gewöhnliche Väter erheben nicht solche einseitigen Forderungen gegenüber ihren Kindern. In ihrem Aufsatz gibt Jane Addams hierauf eine interessante Antwort. Lear, so stellt sie fest, ist sich darüber im klaren, daß er, indem er sein Königreich vor der Zeit weggibt, »mehr als das Seine« tut, mehr als er in seiner Vaterrolle tun müßte. Ähnlich hatte auch Pullman

> »diejenigen mit Wohltaten überhäuft, denen gegenüber er nach allgemeiner Auffassung keinerlei Verpflichtung hatte. [...] er hatte nicht nur die Redlichkeit des Arbeitgebers auf die Spitze getrieben, sondern auch [...] originelle, erstaunliche Methoden ersonnen, um Güte und Großzügigkeit verschwenderisch zu gewähren.«

Tatsächlich, so bemerkt sie,

> »[...] war der Präsident von den eher an Nützlichkeitserwägungen festhaltenden Angehörigen seiner Firma wegen dieser Güte fast vor Gericht gebracht worden, und einmal hatte er um der Wohltaten für seine Stadt willen seinen Ruf als Geschäftsmann aufs Spiel gesetzt.«

Beide Männer waren über das hinausgegangen, was ihnen Pflicht und Gesetz vorschrieben. Und interessanterweise war es gerade der Umstand, daß Pullman in seiner Unternehmerrolle mehr tat als notwendig, der die Leute veranlaßte, ihn als väterlichen Chef zu bezeichnen. Zwei Bilder: Lear als außergewöhnlicher Vater; Pullman, der ein außergewöhnlicher Chef sein mußte, um überhaupt als Vater gesehen zu werden.
Diese beiden Bilder sind der Schlüssel zu der Metapher, die der Paternalismus ins Spiel bringt. In der Assoziation von »Vater« und »Chef« vergrößert der Paternalismus die Reichweite und die Macht des Begriffs »Vater«. Es bedarf eines Lear, damit wir

in Pullman einen Vater erkennen. Auch in den Irrenhäusern und Besserungsanstalten des frühen 19. Jahrhunderts, in Benthams Panopticon und in den Fabriken von Lowell und Waltham wurde das Element der elterlichen Kontrolle über sein »natürliches Maß« hinaus aufgebläht. Dieser Vorgang ist von ganz anderer Art als die Spiegelung familialer Rollen im gesellschaftlichen Leben, auf die die Psychoanalytiker verweisen. Das Prinzip *in loco parentis*, der Glaube an die Väterlichkeit des Chefs, verändert unsere Vorstellung vom Vater selbst. Genauer gesagt, das Element der egoistischen Wohltätigkeit innerhalb der Vaterrolle wird vergrößert. In Benthams Panopticon erhalten die Wächter im Zentralturm eine außerordentliche Macht über ihre Schützlinge, um sie zu bessern, um ihnen Gutes zu tun; aber diese wohltätige Macht ist ganz und gar egoistisch. Die Schützlinge können mit ihren Herren nicht sprechen, sie können sie nicht einmal sehen. Isoliert, ohne daß sie unterbrochen oder in Zweifel gezogen werden könnten, tun die Herren Gutes. In Pullmans Stadt dürfen die Arbeiter kein Privateigentum besitzen, damit sie ihren Chef nicht in Frage stellen oder unterbrechen können, wenn er seine guten Werke tut. Das ist egoistische Wohltätigkeit, über das in der Familie übliche Maß hinaus vergrößert.

Ein Vergleich zwischen unterschiedlich dimensionierten Rollen, zwischen einem Vater mit ein oder zwei Kindern und einem Unternehmer mit mehreren tausend Untergebenen, funktioniert nur dann, wenn man in der kleinen Szene bestimmte Elemente auswählt, um sie dann in dem Vergleich zu verwenden. Vergrößerung, nicht Reduktion oder Verkleinerung, ist das wirksame Prinzip. Die Folge ist, daß eine direkte menschliche Beziehung – zwischen Kind und Elterngestalt – zum Material für ein machtvolles, einschüchterndes Autoritätsbild wird. Sie wird gleichsam »überlebensgroß«, fußt aber auf einer Erfahrung, mit der sich der Schwächere identifizieren kann. Im Zuge der Vergrößerung verändert sich die Rolle; es werden nur bestimmte Elemente vergrößert, so daß sie als eine verzerrte Umsetzung aus der ursprünglichen, kleinen Dimension erscheint. Deshalb ist es plausibel, daß Addams Pullman mit Lear vergleicht und nicht mit einem Mann, der von seinen Kindern ein Verhalten erwartet, in dem sich Unterordnung und Unabhängigkeit die Waage halten.

Im übrigen arbeitet die Phantasie in einer paternalistischen Kultur ganz anders als in anderen Zusammenhängen männlicher Herrschaft. In einer Gesellschaft, in der alle sozialen Beziehungen bewußt als Familienbeziehungen wahrgenommen werden, können die Menschen Väter, Onkel und Großväter direkt mit verschiedenen Arten von Herrschern gleichsetzen. Es wird dazu kein Transformationsprinzip benötigt. »Der Herrscher ist dein Vater« oder »Der Herrscher ist dein Großvater« sind buchstäblich zutreffende, keine metaphorischen Aussagen. In Gesellschaften indes, in denen der Stammbaum die menschlichen Beziehungen nicht mehr erfassen kann, benötigt man eine Transformationsregel, um die Familie in eine assoziative Verbindung mit der Politik, der Arbeitswelt oder dem Kriegshandwerk zu bringen. Die Vergrößerung einer kleiner dimensionierten Rolle ist dabei ein gebräuchliches Verfahren; es setzt bei den konkreten, unmittelbaren Erfahrungen des Einzelnen an und baut sie buchstäblich bis zu dem Punkt auf, wo sie entfernten, distanzierten Personen eine Bedeutung zu verleihen erlauben. So gewinnen diese Personen Unmittelbarkeit – man kann sie sich vorstellen –, zugleich aber etwas Ehrfurchtgebietendes – sie sind Überväter.

Weil der Paternalismus mehr ist als eine einfache Gleichsetzung von Vätern und Königen, Gewerkschaftsführern oder Chefs, sind auch die Gefühle, die eine solche Vaterfigur weckt, entsprechend komplexer als die, die ein Vater weckt. Das Gefühl der Scham ist hierfür ein gutes Beispiel.

Ein Kind braucht sich nicht zu schämen, wenn es seinem Vater gehorcht. Als aber Außenstehende wie Richard Ely das soziale Leben in Pullmans Stadt kritisierten, kamen sie immer wieder darauf zu sprechen, wie »beschämend« es sei, wenn ein Erwachsener andere Erwachsene so behandelt, als sei er ihr Vater. Diese Beziehung unterscheidet sich von den Beziehungen in einer patrimonialen oder patriarchalen Gesellschaft sehr deutlich. Gehorcht in diesen Gesellschaften ein Erwachsener einem anderen Erwachsenen, so ist das für ihn nicht beschämender als für ein Kind, das seinen Eltern gehorcht. Andererseits braucht sich der Vater innerhalb der Familie nicht unbedingt gedemütigt zu fühlen, wenn es seinen Kindern gelingt, sich ihm zu widersetzen; er kann sich sogar darüber freuen, daß sie den Schneid haben, ihm entgegenzutreten. Wird jedoch die Vaterrolle zu dem eigentümlichen Bild des Paternalismus vergrößert, so fühlt sich das wohltätige Ich durch jeden Widerstand bedroht; Pullman fürchtete, er könne sich in der Geschäftswelt nicht mehr blicken lassen, nachdem die Arbeiter in den Streik getreten waren.

Vergrößerung der egoistischen Wohltätigkeit, Aufforderung zu passiver Unterordnung, Verbrämung von Gehorsam mit Schamgefühlen – angesichts dieses Lasterkatalogs könnte man meinen, der Paternalismus sei durch und durch von bösen Absichten bestimmt gewesen. Wer so denkt, verkennt das Pathos der Autorität im Zeitalter des Hochkapitalismus. Pullman gab sich erhebliche Mühe, seinen Arbeitern mehr zu bieten als einen Job. Während des ganzen 19. Jahrhunderts waren paternalistische Bestrebungen von dem Wunsch getragen, persönliche, direkte Kontakte herzustellen, eine Gemeinschaft zu bilden – und zwar in einem Wirtschaftssystem, das die Menschen zum individuellen Ehrgeiz und zur Konkurrenz drängte. Der Rückgriff auf das Bild der Familie, statt auf das der Kirche oder des Militärs, hatte einen sehr genauen Sinn: Die Anspielungen auf die Familie waren ein Versuch, diesen persönlichen Kontakten Wärme zu geben, statt sie mit Frömmigkeit oder einer allgemeinen Aggressivität zu erfüllen. Die gewählte Metapher zielte auf Intimität. Die Tragik dieser Suche nach einem Bild persönlicher Autorität steckt darin, daß die Absicht durch die ökonomischen Machtverhältnisse, die dieses Bild prägen, entstellt wird. Die Arbeiter reagieren schließlich auf die *Form* von Pullmans Angebot, nicht auf dessen Beweggrund. Sie können nicht anders; sie müssen die Bedingungen seiner Wohltätigkeit negieren, wenn sie nicht in tiefste Abhängigkeit geraten wollen.

Als Student stieß ich in Guido de Ruggieros großartiger *Ge-*

schichte des Liberalismus in Europa auf eine Bemerkung, die mir zunächst unverständlich war. Ruggiero schreibt, die Tragik des Industrialismus im 19. Jahrhundert habe nicht in der Unterdrückung bestanden, die von den Mächtigen ausging, ja nicht einmal darin, daß die Unterdrückten ungenügend gerüstet waren, um sich zu wehren; dies sei immer der Fall, so sei Herrschaft geradezu definiert. Für Ruggiero bestand die Tragödie des modernen Industrialismus vielmehr darin, daß die Unterdrückten nie in der Lage waren, die Art, wie die Herrschenden ihre Macht einsetzten, zu transzendieren. Die Hoffnung auf ein Jüngstes Gericht oder eine Apokalypse, die alles wieder ins Lot bringen würde, gab es nicht mehr; die Schwachen konnten sich nur widersetzen, indem sie stets das Negativ von dem verkörperten, was sie nach dem Willen der Machthaber sein sollten. Die Schlußfolgerung, zu der Jane Addams in ihrem Aufsatz gelangt, macht deutlich, was Ruggiero meinte und warum es zu dieser existentiellen Verklammerung zwischen Starken und Schwachen kam.

Wir erinnern uns an die eindrucksvolle Szene in Shakespeares Stück, in der König Lear von Cordelia ein Zeichen ihrer Unterordnung, Anerkennung, Liebe fordert. Er verlangt nicht viel, bloß ein paar Worte. Aber Cordelia geht auf sein inständiges Bitten nicht ein. Addams schreibt dazu:

> »Es erscheint uns engstirnig, daß sie so abrupt mit der Vergangenheit bricht und annimmt, der Vater werde in ihrem neuen Leben keine Rolle spielen. Wir möchten sie daran erinnern, daß ›Mitleid, Erinnerung und Treue natürliche Bande sind‹.«

Diese Beobachtung führt, wenn sie zutrifft, zu einigen unbequemen Fragen im Hinblick auf das moderne Gegenstück zu Cordelia, die Pullman-Arbeiter.

Heute können sich die meisten einfühlsamen Menschen mit Arbeitern identifizieren, die streiken, um ihre ökonomische Position zu verbessern; die meisten Menschen bringen zumindest Verständnis für den dabei möglicherweise in Erscheinung tretenden Impuls auf, die paternale Autorität zu erschüttern.

Addams weist nun darauf hin, daß an dieser Bruchstelle etwas
Wertvolles verlorengeht. Die Arbeiter sind gegen den Chef, für
sich selbst. An diesem Punkt werden neue Begehrlichkeiten
geweckt:

>»Daß ein neu erworbener Besitzsinn in die barbarischen,
>unerhörten Szenen von Verbitterung und Mord münden
>konnte, die das Schicksal König Lears waren, gemahnt uns
>auch an die barbarischen Szenen, zu denen es in unseren
>politischen und industriellen Verhältnissen kommt, wenn
>der Besitzsinn – Erwerben und Behalten – auf beiden Seiten
>geweckt wird.«

Die Negation der Autorität transzendiert nicht das Ethos des
Kapitalismus: »Besitz« bleibt der Leitbegriff. Die Vision einer
besseren Gesellschaftsordnung, einer *besseren* Autorität, die auf
die ihr Untergebenen eingeht und ihnen Förderung und Obhut
zuteil werden läßt, erwächst aus diesem Widerstand nicht.

Die Arbeiten von Charles Tilly und Edward Shorter über die
Unruhen der französischen Arbeiter im 19. Jahrhundert haben
nachgewiesen, daß sich die Arbeiter in den unternehmenseige-
nen Städten langsamer organisierten als jene, die in Städten
lebten, wo es viele Industriebetriebe gab oder Betriebe, die
nicht von paternalistischen Unternehmern kontrolliert wurden. Eine Studie von Daniel Walkowitz, *Worker City, Company
Town*, zeigt, daß die amerikanischen Industriearbeiter im
19. Jahrhundert vor ähnlichen Schwierigkeiten standen. Aber
die Wirkung des Paternalismus geht über die bloße Ablenkung
von Protesten weit hinaus. Eine Folge dieses stark gefühlsbe-
lasteten Konflikts besteht nämlich darin, daß der Arbeiter
schließlich dahin gelangt, jeden zurückzuweisen, der ihm eine
helfende Hand entgegenstreckt. Ein anschauliches Beispiel gibt
die folgende Erinnerung eines Arbeiters, der in den 1880er
Jahren in Pullman wohnte:

>»Als der Streik vorbei war, ging ich wieder ins Werk zurück.
>Die kamen immer noch, wissen Sie, die Sozialisten, versuch-
>ten, die Sache wieder in Gang zu bringen. Die Leute von

Debs. [Eugene Debs, der führende amerikanische Sozialist, hatte sich während des Pullman-Streiks an der Organisation der Arbeiter beteiligt.] Sie sagten zu uns, Pullman sei ein Fuchs, er habe uns hereingelegt. Aber ich hatte die Nase voll von der Sache. Ich hatte Pullman einmal geglaubt, warum sollte ich jetzt Debs glauben?«

Pullman als Fuchs hinzustellen, gelingt den Sozialisten ebensowenig, wie es Pullman gelingt, sich als Vater zu legitimieren. Was die Arbeiter in diesem Konflikt gelernt hatten, war Mißtrauen – Mißtrauen als solches. Und dieses Mißtrauen richtete sich gegen Debs genauso wie gegen Pullman: »Ich hatte Pullman einmal geglaubt, warum sollte ich jetzt Debs glauben?« Weil das, was Debs sagt, wahr ist? Nein, die Wahrheit liegt in der Negation. Dabei verwandelt sich die persönliche Konfrontation in einen Kampf um Eigenständigkeit. Der Inhalt von Autorität, das, was Autorität sein könnte, wird beiseite geschoben.

Der Paternalismus ist mehr als eine vorübergehende Phase in der Geschichte des Kapitalismus. In der modernen Welt ist diesem Autoritätsbild ein merkwürdiges Schicksal widerfahren. Es ist in die Sprache des revolutionären Sozialismus eingewandert. Seit den zwanziger Jahren dieses Jahrhunderts bedienten sich seiner führende sowjetische Politiker, und dieser Sprachgebrauch ist in neuerer Zeit auch von anderen sozialistischen Regimen übernommen worden.

Die »Bande des Bluts« sind ein klassisches Sinnbild des patriarchalen Königtums. In offiziellen russischen Gedichten, die Anfang der dreißiger Jahre in Auftrag gegeben wurden, taucht dieses Symbol als Metapher revolutionärer Solidarität wieder auf. Eine typische Parole lautete: »Jeder hat in seinen Adern einen Tropfen von Lenins Blut.« In Elena Katerlis 1948 erschienenem Roman *Die Stoscharows* kommt ein ähnliches Bild vor, diesmal als Metapher für die hierarchische Beziehung, die das Volk mit Stalin verbindet:

»Mir scheint [. . .], daß jeder Kommunist ein Stückchen von Stalin in sich hat. Jeder wahre Kommunist, natürlich. Und das gibt ihm Ruhe und Gelassenheit, so daß er weiß, was zu tun ist und wohin alles führt, wenn er handelt, wie die Partei es befiehlt. Ein Kommunist [ist] in allem und überall ein Führer, ein Lehrer des Lebens für das Volk.«

Während Lenin auf Plakaten und in offiziellen Gedichten häufig zusammen mit seiner Gefährtin Krupskaja in Erscheinung trat, wird Stalin meist allein dargestellt – oft hält er in der einen Hand die Sonne und in der anderen Hand den Mond: ein altes georgisches Weiblichkeitssymbol. Tatsächlich wird das magische Königtum der Volksüberlieferung direkt auf die Industriewelt übertragen, so etwa in diesem offiziellen Gedicht aus den vierziger Jahren:

> »Wohin er [Stalin] seinen Fuß setzte, dort hinterließ er eine Spur, jeder Schritt eine neue Stadt, eine Brücke, eine Eisenbahnstrecke [. . .] Stadthäuser wie Küstenfelsen; was er über die ganze Erde aussäte, ist härter als Granit.«

Man könnte sagen, daß solche blutrot eingefärbten Vaterbilder zu Gesellschaften wie Stalins Rußland und Maos China durchaus passen. Der Sozialismus entsprang ja nicht dem Zusammenbruch eines entwickelten kapitalistischen Systems, sondern einem Kapitalismus, der noch in den Kinderschuhen steckte; die Volksmassen waren noch einer halbfeudalen Lebensweise verhaftet. Aber der entscheidende Punkt ist die Philosophie des Sozialismus selbst. In allem zielte die von Engels und Marx ins Auge gefaßte sozialistische Umgestaltung der Gesellschaft darauf, die »Gespenster«, wie Engels die *in loco parentis* herrschenden Autoritäten nannte, abzuschaffen. Josef Stalin jedoch ist ideologisch der wahre Erbe Pullmans, wenn er erklärt: »Der Staat ist eine Familie, und ich bin euer Vater.« Die Autorität, die Bentham und andere den kapitalistischen Bürokratien einräumen wollten, hat der Feind des Kapitalismus enteignet.

Daß es dazu kommen konnte, hängt teilweise mit dem Wesen des revolutionären Anspruchs zusammen, es habe sich im Aufbau der Gesellschaft ein fundamentaler Wandel vollzogen. Dieser Anspruch ist gefährlich. Was geschieht, wenn nachher etwas schiefgeht? Gefahrlos konnte man im Rußland Stalins auf die Ineffizienz oder das Versagen der Bürokratie hinweisen; gefährlich aber war es, darauf aufmerksam zu machen, daß die Ursache für dieses Versagen in der Struktur der Bürokratie, also in der Struktur der Staatsmacht, zu suchen sei. Wer einen Zusammenhang zwischen Struktur und Funktion herstellt, geht das Risiko ein, das folgende (von A. Rumjanzew während des »Tauwetters« von 1956 in der Moskauer Zeitung *Kommunist* formulierte) Grundprinzip anzutasten:

»Die Angehörigen der Leitungsorgane der Wirtschaft werden bekanntlich im Auftrag der Arbeiterklasse gewählt. [...] Die Staatsorgane stehen unter der Kontrolle der Avantgarde der Arbeiter – also der Kommunistischen Partei –, ebenso die Gewerkschaften und andere gesellschaftliche Organisationen. Aufgrund seines inneren Wesens ist der materielle Prozeß der Arbeit bestrebt, das Wollen aller dem Willen eines einzelnen unterzuordnen, der von der sozialistischen Gesellschaft bevollmächtigt wird und ihr gegenüber verantwortlich ist. Dies entspricht den Interessen aller Arbeiter. Und verständige Arbeiter können gar nicht anders, als sich dem zu unterwerfen, was im allgemeinen Interesse ist.«

Um dieses Grundprinzip nicht in Frage zu stellen, wird das Versagen der Bürokratie den einzelnen Bürokraten zur Last gelegt. Hier liegt der Schlüssel zum Verständnis für den Platz, den die Persönlichkeit in allen totalitären Regimen einnimmt. Da es gefährlich ist, Zusammenhänge zwischen Struktur und Funktion zu erkennen, schiebt man Persönlichkeiten in den Vordergrund, wenn es gilt, Katastrophen zu erklären; so sahen loyale Nazis im Treubruch von Rudolf Heß die Ursache dafür, daß sich das Kriegsglück gegen Deutschland wendete; und die »Viererbande« gilt als Urheber der jüngsten Probleme des chinesischen Sozialismus. Andererseits wird die persönliche Autorität in stabilen Zeiten gefeiert und verehrt. Wenn ein Bild des Führers in sämtlichen Büros und Klassenzimmern hängt, weiß jedermann, wer hinter all den Appellen zur Erhöhung der Produktivität oder zur Reorganisation der Zementindustrie steht. Diese Macht hat ein menschliches Gesicht. Und wenn die Bilder aus den Büros, Fabriken und Schulen verschwinden, weiß jedermann, wo der Fehler liegt: Er war schuld, er ist den revolutionären Idealen nicht gerecht geworden, aber die Revolution bleibt davon unberührt.

Im Zeitalter des Hochkapitalismus ergab sich das Bild des Paternalismus aus dem Versuch, die Kluft zwischen dem ökonomischen Individualismus und dem Wunsch nach Gemeinschaft zu überbrücken. Es ist daher nicht überraschend, daß die revolutionären Regime, die sich dieses Bild angeeignet haben, offiziell verkünden, der Konflikt zwischen Individualismus und Gemeinschaft sei endgültig beigelegt. Auf dem Höhepunkt der Stalin-Ära erklärte die Zeitschrift *Semja i Schkola (Familie und Schule)* im April 1948: »Die Herrschaft des Sozialismus hat die Tragödie der Einsamkeit beseitigt, unter der die Menschen in der kapitalistischen Welt leiden.« Und 1977 verkündete der unselige Pol Pot, der Führer des Freien Kambodscha, lakonisch: »Hier gibt es nur Gemeinschaft.« Der Führer ist der Katalysator. Er verkörpert die Gemeinschaft; jeder hat – wie es das Bild der Blutsbande andeutet – Anteil an seinem Wesen.

Abgesehen von dieser paradoxen Übertragung aus dem Hochkapitalismus auf den bürokratischen Sozialismus lebt der Paternalismus auch in den westlichen Industriegesellschaften weiter, nicht nur in Konzernen wie IBM, auch in der Politik. In Amerika und Großbritannien lernen wir zur Zeit eine höchst eigenartige Spielart des Paternalismus kennen: den politischen Führer, der, gleichsam über die Köpfe der Bürokratie hinweg, seine Hand ausstreckt, um einen persönlichen Kontakt zum Volk herzustellen. Das Regierungssystem, an dessen Spitze er steht, wird zum gemeinsamen Gegner des Volkes und des Präsidenten. Der politische Führer wird sich ganz persönlich um das Volk kümmern, wie es der anonyme Apparat des Wohlfahrtsstaates nicht kann. Mehr noch, er wird ein moralisches Vorbild sein, er agiert, wie es die Soziologen formulieren, als »Rollenmodell«. Es mag angemessen sein, wenn ein Vater oder eine Mutter als Rollenmodell auftritt, aber es wirkt merkwürdig, wenn ein Präsident oder ein Premierminister dies tut und sich dabei als Gegner des Staatsapparates bekennt. Oder ist es ein Zeichen von Schläue? Der politische Führer regiert, doch der Verantwortung für die Staatsmaschine, die Regierungsbürokratie, ist er enthoben. Das mag schlau sein, aber es ist auch gefährlich. Denn wenn seine Politik scheitert, wird der Führer, wie in den sozialistischen Bürokratien, persönlich haftbar gemacht. Ein hoher englischer Regierungsbeamter hat einmal bemerkt, es sei »sicherer«, wenn der Premierminister ein Feind der etablierten Bürokratie ist, als wenn er sich ihrer als Sprachrohr bedient; mag das Establishment beim Volk auch unbeliebt sein – scheitert die Regierung, so wird man den Veteranen in den Amtsstuben jedenfalls nicht leicht die Schuld daran geben können.

Worin besteht nun die Bindung, die der Paternalismus erzeugt, und welcher Art sind die persönlichen Beziehungen, die er herstellt? Die Bindung, die er schafft, ist eine metaphorische – und mit diesem Wort möchte ich andeuten, wie der Paternalismus wahrgenommen, wie er auf beiden Seiten erlebt wird.

Metaphernbindung

»Pullman ist ein König Lear«, »Ein Chef ist ein Vater«, »Die katholische Kirche ist eine Mutter«, »Die Nation ist ein Zuhause«, »das Vaterland«, *»la patrie«* – das alles sind, semantisch gesehen, Metaphern, und bei den zuletzt genannten hat die Verbindung von Vater und Land ihr letztes Stadium erreicht: die Vereinigung zu einem einzigen Wort.

Was ist eine Metapher? Klassische Autoren sahen in ihr die Verbindung zweier gewöhnlich nicht miteinander verbundener Wörter oder Wendungen und meinten, der Zweck dieser Verbindung sei ein rein ästhetischer. Aristoteles glaubte, Metaphern seien Mittel, um »Vergnügen« am Gebrauch der Sprache zu wecken, und Cicero meinte, Metaphern würden dem Gegenstand, auf den sie sich beziehen, »Lebensblut« einflößen. Diese klassischen Autoren begründeten eine Tradition, welche die Metapher, nach einer Formulierung von Max Black, als schmückendes Beiwerk und nicht als Denkwerkzeug bestimmte.

Aber offenkundig ist damit nicht alles gesagt. Ausdrücke wie »Ein Herrscher ist ein Vater« oder »das Vaterland« beruhen auf elementaren geistigen Prozessen, etwa dem Entdecken von Ähnlichkeiten oder der Herstellung von Analogien. Doch in vielen Untersuchungen zur Metapher und in unserem Alltagsdenken ist die verkürzte Auffassung der Klassiker immer noch gegenwärtig. »Wenn du ›Vaterland‹ sagst, dann meinst du, daß eine Nation in dieser oder jener Hinsicht einem Vater ähnlich ist« – wer so redet, der unterstellt, daß sich die Bedeutung der Metapher direkt in nicht-metaphorische Ausdrücke übersetzen läßt. So gesehen kommt Metaphern keine immanent metaphorische Bedeutung zu, da sie sich wörtlich in Nicht-Metaphern übersetzen lassen. Nach wie vor erscheint die Metapher als bloßes Ornament einer anderen Bedeutung.

Ich vermute, daß Dichter von diesen Ansichten nie viel gehalten haben. Auch Wissenschaftsphilosophen und Forscher, die sich mit der sozialen Dimension der Sprache beschäftigen, sind im Laufe des letzten halben Jahrhunderts in diesem Punkt immer skeptischer geworden. Sie sind zu der Auffassung gelangt, daß man, wenn man sich ein geistiges Modell von einem materiellen Sachverhalt oder einem sozialen Phänomen macht, irgendwann an den Punkt kommt, an dem das metaphorische Denken überhaupt die einzige Möglichkeit bietet, noch weiterzudenken. Diese Anschauung läßt sich bis zu einer bekannten These von I. A. Richards zurückverfolgen: »Wenn wir eine Metapher benutzen, haben wir zwei aufeinander einwirkende Gedanken von verschiedenen Dingen, die von einem einzigen Wort oder einer einzigen Wendung getragen werden, deren Bedeutung eine Resultante aus dieser Wechselwirkung ist.« Mit anderen Worten, eine Metapher erzeugt eine Bedeutung, die größer ist als die Summe ihrer Teile, weil diese Teile aufeinander einwirken. Die Elemente einer Metapher gewinnen aus der Beziehung zueinander eine Bedeutung, die sie für sich genommen nicht haben. Auf diese Weise können Meta-

phern gesellschaftliche Beziehungen herstellen: Unterschied-
liche soziale Klassen oder unterschiedliche Rollen innerhalb der
Gesellschaft können zu Elementen der Metapher werden. Das
Ganze bringt die spezifische Bedeutung der Teile hervor.

Paternalismus ist eine solche Metapher. Die Bedeutung, die
»Vater« und »Führer« (für sich genommen) haben, verändert
sich, wenn beide Elemente gekoppelt werden. In dem Text von
Jane Addams haben wir die Grundstruktur dieser Wechselwirkung kennengelernt: Pullman-Lear kommt zustande, indem
ein Element aus der Rolle des Vaters, seine egoistische Wohltätigkeit, isoliert und seine Bedeutung dann vergrößert wird –
über das hinaus, was Shakespeare »das natürliche Maß« nennt
und was man in der Sozialwissenschaft als »normative Rollen-
dimension« bezeichnet. Sobald dies geschehen und der Begriff
»Vater« zu einem aktiven Bestandteil der Metapher geworden
ist, verwandelt sich auch der Begriff »Chef«. Es tritt das
Element der emotionalen Potenz, der Macht, die Gemütsbewe-
gungen anderer Menschen zu beherrschen, hinzu – ein Element, das der Terminus »Chef« selber nie haben könnte. In der
Terminologie von Max Black: Die Vergrößerung des Begriffs
»Vater« bildet den »Rahmen« für die Metapher, in dem »Chef«
zum »Zentralwort« wird.

Diese sprachliche Wirkung der Metapher beeinflußt die Menschen in ihren Empfindungen und ihrem Verhalten zueinander.
Vor allem kann sie die Furcht vor dem, der Macht besitzt,
steigern. Die formelle Kontrolle über eine tausendköpfige Be-
legschaft wird mit der direkten, persönlichen Kontrolle assozi-
iert, die jeder innerhalb der Familie erlebt hat. Wer auf so
intime Weise zahlreiche Menschen beeinflussen zu können
scheint, erregt Ehrfurcht und gleichzeitig Angst. Es ist die
Metapher, die diese überwältigende Wirkung erzeugt.

Auf die gleiche Weise verleiht die Metapher Widersprüchen
innerhalb einer Gesellschaft einen Anschein von Kohärenz.
»Vater« steht im 19. Jahrhundert für eine Welt der unumstöß-
lichen moralischen Werte und der Rechtschaffenheit; »Chef«
steht für herzlose, unmoralische Betriebsamkeit. Wie Paul Ri-
cœur in seinem Buch *La Métaphore vive* dargelegt hat, besteht

die Wirkung der Metapher nicht etwa darin, einer Seite den
Vorzug vor der anderen zu geben – die Metapher ergreift nicht
Partei, sie konfrontiert vielmehr dissonante Bedeutungen so
miteinander, daß sie einander wechselseitig verändern. Deshalb
drücken Gesellschaften, die von inneren Spannungen heimge-
sucht werden, ihre Anschauungen häufig in Wendungen aus,
die dem Außenstehenden unsinnig erscheinen; der Außenstehende, der die Bedeutung des Satzes »Betrachtet mich als euren
Vater« untersucht, bemerkt zwar die Dissonanz der Teile, aber
er erkennt nicht den semantischen Vorgang, der sie zu einem
Ganzen verbindet.

Es wäre allerdings falsch anzunehmen, das metaphorische Denken sei aus sich heraus repressiv. Metaphern können als Mittel
zur Unterdrückung gebraucht werden. Wenn dies geschieht,
dann lassen sich mit ihnen bestimmte Wirkungen erzielen –
zum Beispiel die Macht einer Autoritätsgestalt steigern oder
dissonante Erfahrungen harmonisieren. Aber nur ganz bestimmte Metaphern sind so verwendbar. Würde ein Industriel-
ler erklären: »Betrachtet mich als euer kleines Mädchen«, so
schickte man ihn wahrscheinlich in ein Sanatorium; diese Metapher wirkt auf uns ganz und gar unglaubhaft.

Herrschaftsmetaphern unterliegen zwei Beschränkungen. Zunächst einmal müssen sich beide Ausdrücke einer solchen
Metapher auf vergleichbare Formen von Herrschaft beziehen.
»Vater« bezieht sich auf eine Form von Kontrolle und »Chef«
ebenfalls, »kleines Mädchen« indessen nicht. Die Metapher
kann auch in umgekehrter Richtung funktionieren – indem
man die Schwachen als Schafe bezeichnet. Ob so oder so, eine
Gesellschaft muß über Regeln verfügen, um sich eine Vorstellung von den verschiedenen Ebenen der Macht zu machen, und
der Rahmen wie auch das Zentralwort der Metapher müssen
auf derselben Ebene liegen. Dann gibt es einen Grund dafür,
die beiden Ausdrücke, und seien sie noch so dissonant, miteinander zu assoziieren.

Die zweite Beschränkung ist schwerer faßbar. Auf den ersten
Blick scheint es, als mache jeder Akt der Phantasie, der dissonante Teile miteinander verbindet, die bewußte Wahrneh-

mung komplexer. Eine Metapher kann jedoch auch gebraucht
werden, um die Wirklichkeit zu vereinfachen. Dazu ein Beispiel aus der im letzten Kapitel analysierten Fallgeschichte:
Miss Bowen berichtete, nachdem sie mit ihrem zweiten
schwarzen Liebhaber lange über ihre Beziehung gesprochen
hatte, habe er zu ihr gesagt: »Im Grunde bin ich für dich ein
Spielzeug.« Durch die Koppelung von »ich« und »Spielzeug«
wird das, was »ich« in dieser Beziehung bedeutet, radikal
vereinfacht.

Herrschaftsmetaphern vereinfachen auf die gleiche Weise. Für
sich genommen läßt sich das Familienleben nicht auf die egoistische, wohltätige Macht eines Vaters reduzieren. Und auch
die Arbeitswelt läßt sich nicht auf die persönlichen Gefühle
zwischen einem Chef und seinen Angestellten reduzieren. Indem die Metapher beide Elemente verbindet, engt sie beider
Bedeutung ein. Ein ausgezeichnetes Beispiel liefert uns Hitler,
wenn er die Juden einmal als »Insekten« bezeichnet. Diese
Metapher vereinfacht den Ausdruck »Jude«, so daß er nun auf
etwas Kleines, Krabbelndes, Abstoßendes verweist; auch der
Ausdruck »Insekt« nimmt eine eingeschränkte Bedeutung an.
Und die Verknüpfung beider Ausdrücke dient nicht dazu,
etwas zu bezeichnen, sondern es zu diffamieren.

Eine gemeinsame Ebene für Rahmen und Zentralwort, eine
Vereinfachung der Bedeutung beider Ausdrücke – diese Ein-
schränkungen machen es möglich, daß Metaphern das Verständnis der Menschen für die Machtverhältnisse, die ihr Leben
beherrschen, verzerren. Platon hatte gute Gründe, wenn er sich
dagegen wehrte, die dichterische Rhetorik in die Politik einzu-
schleppen.

Wehmütig liest man einen Abschnitt wie den folgenden, aus
John Stuart Mills während der Revolutionen von 1848 erschienenem Werk *Grundsätze der politischen Ökonomie:* »Von den
arbeitenden Menschen zumindest in den fortgeschritteneren
Ländern Europas darf man behaupten, daß sie dem patriarchalen [. . .] Regierungssystem gewiß nicht noch einmal unterworfen werden können. [. . .] Jeglichen Rat, alle Ermahnung und
Lenkung muß man ihnen fortan als Gleichen zukommen las-

sen.« Der erste Teil von Mills Feststellung bezeichnet ein
wichtiges Ereignis in der Geschichte der Autorität im 19. Jahrhundert; der zweite Teil ist ein Trugschluß.

Es war das Werk der Metapher, daß diese Entwicklung einen
anderen Ausgang nahm. Es kam zu dem Versuch, zwei Sphären in einem Bild zu vereinigen, die in der modernen Welt
materiell und als Lebensbereiche voneinander weit entfernt
sind: Familie und Arbeitswelt. Die Art, wie sie miteinander
verknüpft wurden, veränderte die Bedeutung beider. Das persönliche Bild von Autorität, das daraus hervorging, war zugleich mächtig und zerbrechlich. Die Zerstörung dieser Metapher führte zu der Überzeugung, Freiheit beweise sich in der
Aufkündigung des Glaubens.

Im letzten Kapitel habe ich von den Bindungen des Ressentiments gesprochen, durch die Aufrührer und Unzufriedene an
die Autoritäten gefesselt sein können. Nicht nur Feigheit,
Furcht vor Strafe oder Angst können diese Bindungen schaffen, sondern auch etwas, das tiefer, bis unter die Oberfläche der
zwischenmenschlichen Beziehungen reicht. Jemandem entge-
gentreten bedeutet, etwas über ihn und zugleich etwas über den
eigenen Platz in der Welt erfahren. Was man an anderen
fürchtet, ist vielleicht ihre Kraft – und dennoch kann man sich
nicht vorstellen, ohne diese Kraft auszukommen. Viele Elemente, die an der Erzeugung einer solchen Bindung beteiligt
sind, treten auf die eine oder andere Weise bei der Konstruktion
der paternalistischen Metapher ebenfalls in Erscheinung. Die
Kraft des Überlegenen wird vergrößert. Die Dissonanzen der
Gesellschaft werden in etwas Festes verwandelt; sie werden zu
einer Einheit verschweißt und gewinnen innerhalb der Metapher eine Bedeutung, die die Teile für sich genommen nicht
haben können. Vor allem jedoch rührt der Paternalismus an
jene Phantasien des Verschwindens, die wir im vorangegangenen Kapitel untersucht haben. Diese Phantasien sind Verzöge-
rungsmechanismen: Wärst du nicht mehr da, so wäre alles gut,
aber verschiebe den Zeitpunkt deines Verschwindens, weil ich
danach ganz verwaist dastehen werde. Wir wissen, daß sich
diejenigen, die im 19. Jahrhundert unter dem Joch paternalisti-

scher Autoritäten lebten, nur zögernd gegen diese Autoritäten erhoben haben, langsamer jedenfalls als die Arbeiter, die sich in einer weltoffenen Umgebung gegen ihre Herren auflehnten. Doch worauf es hier vor allem ankommt, ist das Gefühl, allein und verwaist dazustehen, wenn der Aufstand schließlich losbricht. Die Erklärung des Pullman-Arbeiters: »Ich hatte Pullman einmal geglaubt, warum sollte ich jetzt Debs glauben?« ist die Aussage eines enttäuschten Mannes. Die Wahrheit liegt in der Negation – aber die Anklage richtet sich nicht dagegen, daß man seinen Glauben dem Falschen geschenkt hat, sie richtet sich gegen den Glauben überhaupt.

Die Kraft der paternalistischen Metapher beruht letztlich auf der Substanz dessen, was sie verschmilzt: Obhut und Macht, genauer und irritierender formuliert: Liebe und Macht. Autorität, so könnte man sagen, besitzt derjenige, der seine Stärke einsetzt, um für andere zu sorgen. Wenn wir beobachten, wie schwer es den der Macht Unterworfenen fällt, jene zu verstoßen, die für sie zu sorgen behaupten, und wenn wir die Enttäuschung beobachten, die der Zurückweisung folgt, dann haben wir Menschen vor Augen, denen der Sinn für eine bestimmte menschliche Dimension von Macht abhanden gekommen ist.

Natürlich hatten diejenigen, die den Paternalismus zurückwiesen, recht, wenn sie so handelten: Paternalistische Autoritäten bieten ihren Untertanen eine falsche Liebe an. Falsch deshalb, weil der Vorgesetzte für seine Untergebenen nur in dem Maße sorgt, wie es seinen eigenen Interessen nützt. Anders als die patrimoniale Autorität macht er die eigenen Mittel anderen zum Geschenk; aber er befindet über die Bedingungen, die an dieses Geschenk geknüpft sind. Pullman war zu dem Geschenk nur unter der Bedingung bereit, daß seine Untergebenen in dankbarer Passivität verharrten. Als Stalin erklärte: »Ich bin euer Vater«, bediente er sich einer Sprache, die keinerlei Ähnlichkeit mit dem aufweist, was sich zwischen einem wirklichen Vater und seinen Kindern abspielt – keine Toleranz gegenüber ihrer Launenhaftigkeit, keine Bereitschaft, sich aufzuopfern, und vor allem keine Ermutigung zu größerer Unabhängigkeit.

Ein minder extremes Beispiel liefert uns der berühmte Rat, den
der ehemalige Chef eines paternalistisch geführten amerikanischen Zeitungsimperiums einem neuen Manager gab: »Ver-
wöhne sie! Wie verwöhnte Kinder werden sie die ganze Zeit an
dir herumnörgeln, aber wenn du pfeifst, dann springen sie.«
Jane Addams mußte auf Lear zurückgreifen, um ein Bild zu
finden, mit dem sie Pullman als Vater erkennbar machen
konnte. Von allen hier dargestellten Fällen könnte man sagen,
daß die Stellvertreter nicht falsche, sondern schlechte Väter
gewesen seien – diese These wäre jedoch, wie ich meine, allzu
zaghaft. Paternalistische Ideologien versprechen Obhut und
Förderung, zugleich jedoch verneinen sie das Wesentliche jeder
fördernden Obhut: daß sie den anderen stärker macht.

Die Religion hat seit alters die Auffassung verfochten, daß
Macht im sozialen Leben der Erwachsenen etwas mit Schutz
und Förderung zu tun habe. Savonarola, der Renaissance-
Mönch, hielt es für notwendig, der Macht ein Gewissen zu
verleihen. Vermutlich wird man die Verbindung von Macht
und Obhut heutzutage als »bloß« idealistisch bezeichnen, weil
dieses kritische Gewissen abstirbt. Aber wir erkennen in der
modernen Gesellschaft immer deutlicher, wie eine Macht aussieht, die ihre fördernde, beschützende Rolle nicht wahrnimmt.

Macht ist auch in ein anderes Bild von Autorität umgesetzt
worden, das dem Bild des Paternalismus entgegengesetzt ist.
Statt eines falschen Interesses bringt diese neue Autorität keinerlei Anteilnahme zum Ausdruck. Darin liegt die Autorität
der autonomen Gestalt – sie bildet das Thema des nächsten
Kapitels.

3. Autonomie, eine Autorität ohne Liebe

Der Paternalismus markiert den einen Extrempunkt in dem Spektrum moderner Autoritätsbilder: Macht, ausgeübt zum Wohle anderer. Dazu nötigen weder überkommene Pflichten noch religiöse Gebote. Die Anteilnahme, die die Autorität anderen widmet, ist ein Geschenk, und sie gewährt es nur so lange, wie dies in ihrem eigenen Interesse liegt. Den anderen Extrempunkt markieren Bilder einer Autorität, die eine solche Anteilnahme nicht einmal vortäuscht. Diese Autoritätsbilder sind weniger greifbar, weil sie auf den ersten Blick mit der Kontrolle über andere gar nichts zu tun haben. Es sind Bilder einer Person, die autonom ist.

Autonomie bedeutet in den Naturwissenschaften soviel wie »autark sein«. Im gesellschaftlichen Leben jedoch gibt es Autarkie nicht. Nach einer sehr viel älteren, aus der Renaissance stammenden Definition gilt derjenige als autonom, der Selbständigkeit besitzt. Diese Definition erfaßt das, was an der Autonomie fasziniert, schon eher. Daß jemand sein eigener Herr ist, kommt selten vor; es gebietet Achtung. Freilich, ein Mensch, der sein eigener Herr ist, weckt nicht nur Respekt – er scheint auch über eine Stärke zu verfügen, die andere einschüchtert.

Der Paternalismus des letzten Jahrhunderts war ein Mittel, aus neuartigen Machtverhältnissen – Trennung der Arbeitswelt vom Haushalt, freier Arbeitsmarkt, Städtewachstum – eine Gemeinschaft zu erzeugen. Doch gleichzeitig brachten diese neuen Machtverhältnisse eine entgegengesetzte Tendenz hervor, den Individualismus. Die Autonomie hat diesen Individualismus beerbt. Und sie hat ihr Erbe im Laufe der Zeit noch vermehrt. Den Kern des Individualismus bildete im 19. Jahrhundert das Recht, in Ruhe gelassen zu werden: Wenn einer arm war, dann überließ man ihn seinem Schicksal; wenn einer reich war, dann hatte niemand das Recht, ihn daran zu hindern, noch reicher zu werden. In einer Welt, in der die materiellen Unterschiede an Auffälligkeit verlieren, in der Dienstleistungen und Fertigkeiten zur wichtigsten Währung im sozialen Austausch werden, ist die Autonomie allerdings stabiler als der Individualismus. Die Menschen sind auf eine bestimmte Person stärker angewiesen als diese auf sie. Sie brauchen das, was diese Person gelernt hat, was sie kann, und nicht das, was sie besitzt. Einem Plutokraten des 19. Jahrhunderts konnte es widerfahren, daß er heute an der Börse sein Vermögen verlor und morgen von denen ausgelacht wurde, die ihm eben noch voller Ehrerbietung begegnet waren. Ein Arzt oder ein erfahrener Beamter jedoch verdankt das, was er kann und was er ist, sich selbst; darin besteht sein Vermögen, und das ist es, was andere Menschen brauchen.

Autonomie tritt in einer einfachen und einer komplexen Form auf. Die einfache Form besteht in dem Besitz von Fertigkeiten, von *skills*. Man hat die moderne Gesellschaft zuweilen eine *skill society* genannt, weil sie dem Fachwissen so hohen Wert beimißt. Daniel Bell hat sogar behauptet, Fachwissen und Innovation seien die modernen Versionen von Kapital; Fachwissen sei heute das, was für den Unternehmer im 19. Jahrhundert das Bargeld war – wer es besitzt, den macht es unabhängig.

Autonomie tritt auch in einer komplexeren Form in Erscheinung, die jeder kennt, der einmal in den oberen Etagen einer bürokratischen Organisation gearbeitet hat. Sie erwächst hier nicht aus bestimmten Fertigkeiten, sondern aus einer bestimmten Charakterstruktur. Die besten Aufstiegschancen hat nicht der Manager, der eine bestimmte Aufgabe zufriedenstellend erledigt, sondern derjenige, der es versteht, die Arbeit einer Anzahl von Leuten, die allesamt ein bestimmtes fachliches Können mitbringen, zu koordinieren. Die Bürokratien haben eine ganze Reihe von Bildern erfunden, um die Qualitäten eines solchen Managers zu bezeichnen. Natürlich muß er mit Leuten umgehen können. Aber um seine Untergebenen lenken zu können, um nicht in all den Einzelproblemen zu versinken, mit denen sie zu ihm kommen, muß er über ein Repertoire von

Haltungen verfügen, die es ihm ermöglichen, seine Unabhängigkeit und seine Selbständigkeit und zugleich die Initiative zu behalten, statt nur zu reagieren. Auf diesem Bündel von Persönlichkeitsmerkmalen beruht, losgelöst von irgendeinem fachlichen Können, die komplexe Form von Autonomie. Nach ihr sucht man nicht nur bei Managern, sondern auch schon, wenn man die Zukunftsaussichten von Schulkindern beurteilt oder die Leistung von Arbeitern auf den unteren Stufen der Betriebshierarchie bewertet. Wer über eine autonome Charakterstruktur verfügt, der hat auch die Fähigkeit, andere zuverlässig zu beurteilen, weil er auf ihre Anerkennung nicht angewiesen ist. Selbständigkeit wird deshalb als Stärke wahrgenommen, als Stärke der Gelassenheit und der Souveränität, die es ganz natürlich erscheinen läßt, daß man anderen sagt, was sie tun sollen.

Wenn ein Mensch von anderen mehr gebraucht wird, als er sie braucht, dann kann er es sich leisten, ihnen gegenüber gleichgültig zu sein. Der Fürsorgebeamte, der über die Not des Antragstellers beim Ausfüllen komplizierter Formulare hinwegsieht, der Arzt, der seine Patienten lediglich als »Fälle« und nicht als Personen achtet – sie sichern sich durch solche Teilnahmslosigkeit ihre Überlegenheit. Reserviert bleiben, wenn andere Ansprüche stellen, ist in der komplexen Form von Autonomie ein Mittel, die Oberhand zu behalten. Gewiß, nur wenige Menschen sind absichtlich grob oder gefühllos. Doch die Autonomie macht es unnötig, mit anderen offen und wie mit Gleichgestellten zu verkehren. Etwas gerät aus der Balance: Die anderen zeigen ihr Bedürfnis nach dir deutlicher, als du dein Bedürfnis nach ihnen zeigst. Das macht dich zum Herrn der Situation.

Diejenigen, die ein Ansinnen haben, können auf diese Überlegenheit so reagieren, daß sie in den autonomen Gestalten Autoritäten sehen. Furcht und Ehrfurcht gegenüber Fachleuten, die über bestimmte Fertigkeiten verfügen, sind vertraute Gefühlsregungen, besonders deutlich im Verhältnis zu Ärzten. Eigenartiger ist es vielleicht, wenn man an einer autonomen Charakterstruktur autoritative Züge wahrnimmt. Jemand, der

sich teilnahmslos zeigt, weckt in uns den Wunsch, von ihm
anerkannt zu werden; wir wollen, daß dieser Mensch merkt,
daß wir seine Beachtung verdient haben. Selbst wenn wir ihn
provozieren oder angreifen, geht es uns vor allem darum, ihm
eine Reaktion zu entlocken. Wir fürchten seine Gleichgültigkeit, begreifen nicht, woher seine Reserviertheit rührt, und
werden dadurch emotional abhängig von ihm. Jedem Leser
Prousts wird – am Beispiel der erotischen Autorität – eine
gründliche Lektion über diesen Vorgang zuteil. Gleichgültigkeit, so schreibt Proust, erhöht den geliebten Menschen; allein
schon die Distanz des Geliebten macht ihn zu einem unerreichbaren Ideal. So wird der Erzähler zum »Sklaven« Albertines.
Wenn die Bitte beachtet, der Blick erwidert wird, ist der Bann
gebrochen. Proust stellt sich die Entkräftung der Autonomie
eines anderen wie die Genesung von der »Krankheit der Unter-
würfigkeit« vor.

Anhand von Meinungsumfragen zum Prestige verschiedener
Berufe und zur Einschätzung verschiedener Persönlichkeits-
merkmale läßt sich ziemlich genau bestimmen, wer heutzutage
als autonom wahrgenommen wird. In den Vereinigten Staaten,
Großbritannien und Italien, wo diese Fragen besonders intensiv
untersucht worden sind, verfügen die Berufe des Arztes, des
Rechtsanwalts und des Naturwissenschaftlers über das größte
Prestige. Die Befragten schreiben diesen Berufen einen hohen
Status zu, weil deren Inhaber ihrer Meinung nach selbständig
und nach eigenem Ermessen arbeiten können. Leitende Angestellte nehmen einen niedrigeren Rang ein, weil sie als von
anderen abhängig wahrgenommen werden. Vielen Hand-
werksberufen, die große Fachkenntnis erfordern, etwa dem
Tischlerhandwerk, wird ein höherer Status eingeräumt als der
Tätigkeit von Angestellten, die bei der Arbeit eine Krawatte
tragen und eine Sekretärin haben, im Grunde jedoch nur ein
Rädchen im Getriebe einer gewaltigen Bürokratie sind. Eine
Untersuchung über »wünschenswerte Persönlichkeitsmerk-
male«, die unter amerikanischen College-Studenten durchgeführt wurde, rückt zwei Merkmale an die Spitze: Offenheit und
Selbstvertrauen; dann folgen in absteigender Linie Ausdauer,

Zuversicht, selbstbewußtes Auftreten. Zuverlässigkeit und
Loyalität stehen weit unten. In einer ähnlichen, in England
durchgeführten Studie stehen Offenheit und Selbstbestim-
mung an der Spitze, Zuverlässigkeit etwas weiter oben als in
der amerikanischen Umfrage und die Bereitschaft, mit anderen
zu teilen, am Schluß.

Die Spitzenkandidaten in diesen Listen wünschenswerter Per-
sönlichkeitsmerkmale liegen offensichtlich in einem Konflikt
miteinander. Zu diesem Konflikt kommt es, weil das Autoritätsbild, dem diese Merkmale zugeordnet werden, gemischte
Gefühle weckt. Menschen, die über Autonomie verfügen, mögen stark sein, aber sie können auch destruktiv sein. So reagieren wir zum Beispiel auf autonome Gestalten in Bürokratien
stets ablehnend. Aber wir machen uns das nicht klar. Wir
nehmen nämlich die Teilnahmslosigkeit von Menschen in bürokratischen Machtpositionen als etwas anderes wahr: als Unpersönlichkeit. Max Weber beschreibt diese Reaktion folgendermaßen:

> »Ihre spezifische [...] Eigenart entwickelt sie [die Bürokra-
> tie] um so vollkommener, je mehr sie sich ›entmenschlicht‹,
> je vollkommener [...] ihr die spezifische Eigenschaft, welche
> ihr als Tugend nachgerühmt wird: die Ausschaltung
> von Liebe, Haß und allen rein persönlichen, überhaupt
> allen irrationalen, dem Kalkül sich entziehenden, Empfin-
> dungselementen aus der Erledigung der Amtsgeschäfte,
> gelingt.«

Es fehlt hier jemand: das Subjekt, das auf diese Kälte reagiert.
Dieses Subjekt ist ebenfalls Teil der Bürokratie; es reagiert auf
die Ausdruckslosigkeit in den Gesichtern derer, die »das Sagen
haben«. Erklärungen für diese Unpersönlichkeit berücksichtigen den Charakter und das Verhalten der Mächtigen zumeist
nicht und verweisen statt dessen auf eine andere Ursache: die
Größe. Der Regierungsapparat sei zu groß, die Krankenhäuser
seien zu weitläufig, als daß sie menschenfreundlich sein könnten. Diese Erklärung hat selbst etwas merkwürdig Unpersön-
liches: Wenn alles nur kleiner, überschaubar wäre, dann würde

sich die Qualität der zwischenmenschlichen Beziehungen von selbst bessern.

Die Geschichte des Paternalismus im 19. Jahrhundert führt uns jedoch immer wieder vor Augen, wie man eine intime, persönliche Umgebung schaffen kann, die dennoch repressiv ist und in der sich die Mächtigen zu den Wünschen ihrer Schutzbefohlenen gleichgültig verhalten. Pullman, den seine Arbeiter persönlich kannten, stellte sich taub gegen ihren Wunsch, die Häuser, in denen sie wohnten, zu kaufen. Es ist die Beschaffenheit der Machtverhältnisse, die Art, wie sie wahrgenommen und organisiert werden, die einem komplexen Phänomen wie der Gleichgültigkeit seine spezifische Gestalt verleiht. Eine rein quantitative Vorstellung, die Größe von Institutionen verursache ihre Unpersönlichkeit und diese wiederum die Gleichgültigkeit, ist allzu simpel. Wenn wir die Erfahrung, daß man uns keine Beachtung schenkt, mit dem Wort »Unpersönlichkeit« bezeichnen, dann ist das eine unzureichende Beschreibung dafür, wie Autonomie von anderen empfunden wird.

In diesem Kapitel möchte ich vier Aspekte autonomer Autorität untersuchen. Zunächst ihr Verhältnis zur Disziplin, sowohl zu der Disziplin, der sich die autonome Gestalt selbst unterwirft, als auch zu der, die sie anderen auferlegt. Zweitens die Bindung, die zwischen einer autonomen Person und einem Untergebenen auch dann entstehen kann, wenn dieser auf die Disziplin negativ reagiert. An dritter Stelle steht die Frage, wie es kommt, daß die Kontrolle, die autonome Autoritäten über andere ausüben, in der Ideologie moderner Bürokratien immer mehr verschleiert und gleichzeitig immer besser abgesichert wird. Schließlich möchte ich noch die Hypothese prüfen, Autonomie sei eine Form von Freiheit.

Disziplin

Wir verstehen sehr gut, was Stalin im Sinn hat, wenn er erklärt: »Ich bin euer Vater.« Er zwingt andere dazu, seinen Befehlen zu gehorchen; er behauptet, daß er das Recht dazu habe, weil er ihrer aller Vater ist. Nach einiger Zeit werden die Menschen gewohnheitsmäßig gehorchen; Gehorsam, der zur Gewohnheit geworden ist, heißt Disziplin. Weniger klar liegen die Dinge im Falle des Vorsitzenden eines englischen Industrieunternehmens, der vor den Arbeitern seines Betriebes folgende Ansprache hielt:

>»Jeder von uns hat seinen Platz in der Firma. Ich tue meine Arbeit, so gut ich kann, und ich hoffe, jeder von Ihnen tut seine Arbeit ebenfalls so gut, wie es ihm möglich ist. Wenn wir alle hart arbeiten, dann, so glaube ich, können wir alle auch gewinnbringend und harmonisch zusammenarbeiten. Ich will mich auf gar keinen Fall in Ihre Arbeit einmischen. Offen gestanden, ich verstehe die Feinheiten dessen, was die meisten von Ihnen tun, gar nicht, so wie Sie die Schwierigkeiten der Entscheidungen, vor denen ich stehe, nicht verstehen. Wir müssen die Distanzen, die zwischen uns liegen, respektieren.«

Der Arbeitgeber beruft sich nicht darauf, daß er andere zwingen könne, seinen Befehlen zu gehorchen; er erklärt sogar, er sei gar nicht imstande, ihnen zu sagen, was sie tun sollen. Der Satz, der mit den Worten »Wenn wir alle hart arbeiten ...« beginnt, kommt einer Drohung nahe; aber sie ist schwach. Im Grunde predigt er die freiwillige Selbstdisziplin zum Wohle der Firma: Disziplin ohne Gewalt.

Und doch übt er mit seiner Rede auf verdeckte Weise Druck aus. Man begreift das, wenn man sich die Frage stellt, welche Chancen er und welche die Arbeiter haben, Selbstdisziplin zu entwickeln. An einer kniffligen Sache hart arbeiten zu können ist das Resultat von Erziehung, Ausbildung und Charakterentwicklung. Je höher der Platz ist, den man auf der sozialen Stufenleiter einnimmt, desto leichter wird der Zugang zu Erziehung und Ausbildung; desto leichter erlangt man Fertigkeiten, über die man verfügen kann. Im Hinblick auf die einfache Form von Autonomie könnte man sagen, daß das »Fertigkeiten-Kapital« dann größer ist. Was bedeutet es, wenn man über eine solche Ressource verfügen kann?

In der Ära des Hochkapitalismus war klar, was »Selbstdisziplin« bedeutete. Es gibt ein bekanntes Portrait, das Mrs. Jay
Gould, die amerikanische Millionärsgattin, mit einer Perlen-
kette im Wert von einer halben Million Dollar zeigt. Dem
Photographen erklärte Mrs. Gould, sie trage die Kette nur in
Gegenwart von Fremden, und im Grunde habe sie »Angst« vor
ihr. Vor dem Geldausgeben hatte sie gewiß keine Angst.
Angehörige aller Schichten des Bürgertums waren damals ganz
versessen darauf, alle möglichen Dinge anzuschaffen und öffentlich zur Schau zu stellen, was sie gekauft hatten. Sie mußten
vorführen, was sie besaßen, damit die anderen wußten, welche
Stellung sie in der Gesellschaft einnahmen; die Waren dienten
als Statuszeichen. Damit verband sich jedoch die Angst, wer
seine Besitztümer genieße, den werde, wie es die Viktorianer
formulierten, die Lust daran verzehren. Der sexuelle Beiklang
ist durchaus passend: Tut es, aber genießt es nicht! Wer ein
Objekt genießt, gerät in Gefahr, von der Lust zugrunde gerichtet zu werden und seine Mittel zu vergeuden. Die Selbstdisziplin stellte den Einzelnen also vor die Aufgabe, hart zu arbeiten, um etwas zu besitzen, stolz auf seinen Besitz zu sein, doch
ohne der Sinnlichkeit des Materiellen zu verfallen.
Die Selbstdisziplin, der sich eine autonome Person heutzutage
unterwirft, ist anders beschaffen. Autonomie erwächst aus dem
Selbstausdruck, nicht aus der Selbstverleugnung. Je mehr man
sein ganzes Selbst zum Ausdruck bringt, die eigenen Freuden
ebenso wie die eigenen Fähigkeiten, desto mehr nimmt man als
Person Gestalt an. Disziplin bedeutet für uns, die Vielfalt der
uns innewohnenden Vermögen so zu organisieren und zu
orchestrieren, daß sie ein *zusammenhängendes Ganzes* bilden.
Unsere Aufgabe besteht nicht darin, einen Teil unserer Psyche
zu zügeln, sondern darin, dem Ganzen eine Form zu geben.
Deshalb sind wir bereit, immer größere Bereiche unseres Lebens einer förmlichen Schulung zu unterwerfen. Sex-Hand-
bücher, Anleitungen zu selbstbewußtem Auftreten oder zu
einer effektiven Freizeitgestaltung kaufen wir nicht deshalb,
weil wir, wie die Viktorianer vielleicht vermutet hätten, der
Begierde, der Raserei oder dem Leichtsinn verfallen wären,

sondern weil wir unsere Fähigkeiten entfalten wollen. In sozialer Hinsicht hat diese Formung und Schulung des ganzen Selbst einen ganz bestimmten Zweck: Man wird eine Person, die anderen auffällt.

An diesem Punkt setzt die in der Rede des englischen Unternehmers verborgene List an. Er läßt die scheinbar schmeichelhafte Bemerkung einfließen, er verstehe nichts von den Feinheiten der Arbeit, die die meisten seiner Untergebenen verrichten. Ihrem Sachverstand zollt er seinen Respekt; er erkennt ihre Autonomie an.

Ob sie ihm glauben? Ich nehme an, seine Zuhörer würden seiner Schlußfolgerung zustimmen, daß Autonomie und gegenseitige Anerkennung Hand in Hand gehen. Aber sie würden wahrscheinlich bezweifeln, daß sie selbst sich in einer Weise entwickelt haben, die Beachtung verdient hätte. In Interviews, die Jonathan Cobb und ich für unser Buch *The Hidden Injuries of Class* durchgeführt haben, konnten wir feststellen, daß derartige Zweifel bei amerikanischen Arbeitern tief verwurzelt sind. Die Tatsache, daß sie lediglich mechanische oder körperliche Tätigkeiten verrichten, führen sie auf ihre Unfähigkeit zurück, sich »zusammenzunehmen« und »etwas aus sich zu machen«. Sie meinen, daß es ihnen nicht gelungen sei, sich zu formen, sich im modernen Sinne zu disziplinieren; deshalb sind sie »Nullen«, »bloß ein Rädchen im Getriebe«. Die von uns interviewten Familien versuchten dieses Gefühl, versagt zu haben, durch eine rigide Kontrolle der Kinder zu kompensieren – das gilt vor allem für die Väter aus der Arbeiterschicht. Den Kindern bleibt keine andere Wahl: Sie müssen mehr aus sich machen, als die Eltern sind. Der ungewöhnliche Roman eines englischen Arbeiters, *The Ragged-Trousered Philanthropists* von Robert Tressell, führt uns einen ähnlichen Zwiespalt zwischen dem Ideal und dem eigenen Selbst vor Augen. Die Arbeiter, die er beschreibt, scheuen sich, ihrem Vorgesetzten entgegenzutreten, weil sie sich für unvollständige Menschen halten, zu unfertig, um stark zu sein. Deshalb glauben sie, sie hätten nichts besseres verdient als das, was sie haben. Dieser Ansicht war auch jener Vertreter der ameri-

kanischen Lastwagenfahrer-Gewerkschaft, der die Korruption
innerhalb seiner Organisation vor einem Senatsausschuß mit
dem Argument zu erklären versuchte, er repräsentiere
schlichte, einfältige Leute:

> »Wir haben es hier mit einem Bereich zu tun, in dem keine
> großen Anforderungen gestellt werden. [...] man braucht
> nicht unbedingt viel Begabung, um einen Laster zu fahren,
> [...] beinahe jeder lernt irgendwann einmal Autofahren.«

Normal bedeutet unauffällig. Unauffällig bedeutet ununter-
scheidbar. Wo es keine Unterschiede gibt, gibt es nichts Cha-
rakteristisches, keine Form.

Es klingt seltsam, daß die Entfaltung eines kohärenten Selbst
andere stigmatisiert; doch genau dies ist die soziale Begleiter-
scheinung von Autonomie. Der Firmenchef erklärt, er respek-
tiere seine Arbeiter wegen ihrer Autonomie. Betrachten wir
seine Erklärung von der anderen Seite: Wenn sie über diese Autonomie gar nicht verfügen, wenn sie das als verständige Erwachsene selbst spüren, wenn er bemerkt, daß sie sich tatsächlich durch nichts auszeichnen, dann wird er ihnen auch keine
besondere Beachtung schenken. Diese Gleichgültigkeit, die jene
stigmatisiert, denen es in den Augen anderer an Autonomie ge-
bricht, bekundet sich auch in der von tiefer Verachtung gepräg-
ten Äußerung des oben zitierten Gewerkschaftsvertreters. Ein
gebildeter, selbstsicherer Mensch kann selbst für sich sorgen, er
ist unabhängig und sticht aus der Menge hervor; der amerikanische Slang faßt alle diese Vorstellungen zusammen, wenn er von
solchen Menschen sagt, sie hätten *class,* »Klasse«. Sie sind es, die
man beachtet. Mit der Masse dagegen verbindet sich die Vorstellung von Menschen, deren Charakter so wenig bemerkens-
wert, so unentwickelt ist, daß sie keine Aufmerksamkeit finden.
Sie stehen im Schatten.

Die oben erwähnten Meinungsumfragen über das Prestige
einzelner Berufe in den Vereinigten Staaten, in Italien und
Großbritannien bezeugen, daß diese Slang-Bedeutung von
»Klasse« nicht zufällig ist. Im Hinblick auf ihren Beruf werden
in der Tat nur verhältnismäßig wenige Menschen als autonom

wahrgenommen. Es gibt aber noch einen anderen interessanten
Zusammenhang zwischen Autonomie und bestimmten de-
vianten Formen, aus der Menge hervorzustechen. In seinem
Buch *Überwachen und Strafen* schreibt Michel Foucault:

> »In einem Disziplinarsystem wird das Kind mehr individua-
> lisiert als der Erwachsene, der Kranke mehr als der Gesunde,
> der Wahnsinnige und der Delinquent mehr als der Normale.
> Es sind jedenfalls immer die ersteren, auf die unsere Zivilisa-
> tion alle Individualisierungsmechanismen ansetzt; und wenn
> man den gesunden, normalen, gesetzestreuen Erwachsenen
> individualisieren will, so befragt man ihn immer danach,
> was er noch vom Kind in sich hat, welcher geheime Irrsinn
> in ihm steckt, welches tiefe Verbrechen er eigentlich bege-
> hen wollte.«

Individualität besitzt nach Foucaults Auffassung derjenige, der
hervorsticht, weil er einen Fehler hat, der nicht »normal« ist.
Autonomie kommt demjenigen zu, der eine besondere Bega-
bung, eine besondere Persönlichkeit oder einen Stil entwickelt
hat, der ebenfalls nicht normal ist – oder vielleicht sollte man
sagen: der nicht »gewöhnlich« ist. Denn das Wort »gewöhnlich« verweist auf eine formlose, unauffällige, ausdruckslose
Lebensweise, auf eine amorphe Existenz.
Jemand, der seine Fähigkeiten geordnet und arrangiert hat, der
deshalb über Selbstbeherrschung verfügt – diese autonome
Person kann andere dadurch disziplinieren, daß sie ihnen
Schamgefühle einflößt. Gleichgültigkeit gegenüber »gewöhnlichen Menschen« hat natürlich eine beschämende Wirkung; sie
läßt sie spüren, daß es auf sie nicht ankommt. Der englische
Industrielle hat das in einem anderen Teil seiner Rede sehr
prägnant formuliert:

> »Wir können in dieser Firma keine Zeit damit verschwen-
> den, daß wir uns um die Launen jedes Einzelnen kümmern.
> Wenn wir von unseren Konkurrenten nicht so sehr bedrängt
> würden, würde ich eine Anstrengung unternehmen, eine
> große Anstrengung, hier einen Ort zu schaffen, an dem jeder

die Aufgabe hat, die am besten zu ihm paßt. Aber es bereitet
mir schon große Mühe, uns überhaupt konkurrenzfähig zu
halten, und wenn Sie eine Sonderbehandlung wollen, was
Aufgabenbereiche, Überstundenzuschläge und dergleichen
angeht, dann müssen Sie durch Ihre eigenen Leistungen
dorthin gelangen. Anderenfalls müssen Sie die Dinge so
nehmen, wie die Firmenleitung sie entschieden hat.«

Aber wie erlangt man durch Beschämung anderer Menschen
jene konsequente Kontrolle über sie, die in dem Begriff »Disziplin« angedeutet ist? Um das zu begreifen, müssen wir uns vor
Augen führen, wie das Schamgefühl die Gewalt als alltägliches
Disziplinierungsmittel in den westlichen Gesellschaften all-
mählich verdrängt hat.

Ich habe mich zuweilen gefragt, wie ein Zeitgenosse reagierte,
der in einen Haushalt mit Dienstpersonal aus der Zeit des
18. Jahrhunderts oder in eine Fabrik des frühen 19. Jahrhunderts
zurückversetzt würde: Der Schock, zu sehen, wie die Mächtigen ihre Überlegenheit durch körperliche Mißhandlung ihrer
Bediensteten oder ihrer Arbeiter demonstrierten, wäre für uns
niederschmetternd. In den Häusern des Ancien Régime wurden die Bediensteten geohrfeigt und getreten, die Frauen nicht
anders als die Männer; in einer Fabrik des 19. Jahrhunderts
dachte sich der Vorarbeiter nichts dabei, wenn er es mit einem
Arbeiter, der irgend etwas vermurkst hatte, genauso machte,
und der Arbeiter oder der Bedienstete dachte sich ebenfalls
nichts dabei. Es war selbstverständlich.

Im Laufe des 19. Jahrhunderts veränderte sich die Art, wie die
Mächtigen Mißhandlung einsetzten. Körperverletzung – also
der Angriff auf den Körper eines anderen Menschen – galt nun
zusehends als unzivilisiert. Die Peitsche, im Haushalt des Ancien Régime ein gebräuchliches Instrument zur Disziplinierung
von Dienstboten und Kindern, wurde durch den *palmato* er-
setzt, eine in Südeuropa und in den amerikanischen Südstaaten
gebräuchliche hölzerne »Klatsche«, mit der man den Kindern
auf die Innenfläche der Hände schlug. Und wenn Erwachsene
anderen Erwachsenen Gewalt zufügten, dann mit dem Stiefel

oder mit der Faust. Den Reformern, die im 19. Jahrhundert als
erste gegen die Prügelstrafe in England protestierten, erschien
diese in den Schulen weit verbreitete Praxis nicht vor allem
deshalb barbarisch, weil sie große Schmerzen verursachte,
sondern weil sie unhygienisch war; die Wunden, die die Kinder
davontrugen, konnten sich leicht entzünden. Aber die Verbindung zwischen der Macht und der Möglichkeit, anderen Menschen körperliche Gewalt anzutun, blieb stark. Ein Reicher, der
vor hundert Jahren in seinem Wagen durch die Straßen von
New York oder Paris fuhr, scherte sich nicht darum, ob er
einen Fußgänger mit Schlamm und Kot von der Straße be-
spritzte. Auf solche Erfahrungen läßt sich der Ausdruck »wie
Dreck behandelt werden« zurückführen – man war zu arm,
um sich einen Wagen leisten zu können, und mußte zu Fuß
gehen.

In seinem Buch *Über den Prozeß der Zivilisation* hat Norbert
Elias als erster die Auffassung vertreten, daß das Schamgefühl
innerhalb der modernen Gesellschaft in dem Maße an Bedeutung gewann, in dem die Anwendung physischer Gewalt
zurückging. So stellt er z. B. fest, daß die Viktorianer sich
schämten, ihren Körper zu entblößen; die Frauen deformierten
sogar ihre Körpergestalt mit Hilfe von Miedern und Korsetts,
die Männer neutralisierten ihr Äußeres mit Hilfe des allgegen-
wärtigen schwarzen Anzugs, der Beine, Arme und Oberkörper
in Säcke aus einem undefinierbaren Material hüllte. Elias stellt
dieses Schamgefühl angesichts des eigenen Körpers in einen
Zusammenhang mit der Entblößung eines anderen zu dem
Zweck, ihn zu bestrafen; auch dies wurde nun als peinlich
empfunden. Einem Kind konnte man, ohne daß es peinlich
war, die Hose herunterziehen und ihm eine Tracht Prügel
geben, aber Erwachsene züchtigte man jetzt nur noch äußerlich, ohne sie zu entblößen, so als scheue man vor dem Anblick
dessen, was sich unter ihrer Kleidung befand, zurück. In man-
cher Hinsicht ist diese Erklärung unbefriedigend. Sie läßt die
politischen und ideologischen Veränderungen unberücksich-
tigt, die im 18. Jahrhundert mit der Abhandlung *Über Ver-
brechen und Strafen* von Cesare Beccaria einsetzen, der in der

Unverletzlichkeit des Körpers ein wesentliches Element der
Menschenwürde erkannte. Aber Elias' Theorie weist auf eine
sehr wichtige Tatsache hin. Der Rückgang der Anwendung
von körperlicher Gewalt im vergangenen Jahrhundert ist kein
Beweis für die Abnahme der Ausübung von Zwang. Er ist nur
ein Zeichen dafür, daß neuartige Zwänge, etwa das Schamgefühl, in Erscheinung treten, Zwänge, die weniger unvermittelt
sind als körperlicher Schmerz, diesem jedoch in ihrer erniedri-
genden Wirkung nicht nachstehen.

Autorität beruht zum Teil auf der Angst vor einer Person, die
mächtiger ist, und das Zufügen von Schmerz ist eine konkrete
Grundlage für diese Macht. Gewalt, heißt das, kann außer in
körperlichem Schmerz auch auf andere Weise greifbare Gestalt
annehmen. Wenn du mir nicht gehorchst, werfe ich dich
hinaus. Doch selbst diese materielle Drohung verliert in der
modernen Gesellschaft an Boden. Wenn ich spontan oder mit
meiner Gewerkschaft in den Streik trete, kannst du mich nicht
hinauswerfen; in den meisten westlichen Ländern ist mein
Recht, dir auf diese Weise den Gehorsam zu verweigern,
gesetzlich geschützt. Was wird nun aus der Autorität, wenn die
von der Gesellschaft zugelassenen Bestrafungsformen einge-
schränkt werden; wenn weder die Peitsche noch das Hungern-
lassen, noch die Kündigung erlaubt sind?

Als *alltägliche* Form von Bestrafung hat das Schamgefühl in den
westlichen Gesellschaften den Platz der Gewalt eingenommen.
Der Grund hierfür ist einfach und kompliziert zugleich. Das
Schamgefühl, das eine Person, die über Autonomie verfügt, bei
Unterlegenen hervorrufen kann, ist eine stillschweigende Kon-
trolle. Der Arbeitgeber braucht nicht ausdrücklich zu sagen:
»Du bist Dreck« oder »Schau, wieviel besser ich bin«, er
braucht nur seine Arbeit zu tun – seine Fertigkeiten, seine
Gelassenheit, seine Teilnahmslosigkeit ins Spiel zu bringen.
Seine Fähigkeiten sind mit seiner Position fest verbunden, sie
sind statische Attribute, Eigenschaften dessen, was er ist. Nicht
plötzliche Augenblicke, in denen er seine Untergebenen demü-
tigt, befestigen seinen Machtanspruch, sondern vor allem die
Art und Weise, wie er sie Monat für Monat mißachtet, sie nicht

ernst nimmt. Was er von ihnen hält und sie von ihm, muß nicht ausgesprochen werden. Das Abschleifen des Selbstwertgefühls bei seinen Angestellten kommt zwischen ihm und ihnen nicht zur Sprache, es geht lautlos vor sich. Dadurch – und nicht durch offene Züchtigung – zwingt er ihnen seinen Willen auf. Wenn das Schamgefühl lautlos, stillschweigend seine Wirkung tut, wird es zu einem idealen Werkzeug, um Menschen gefügig zu machen.

In totalitären Gesellschaften führt die Angst vor der Gewalt dazu, daß die Gleichgültigkeit der Autoritäten äußerst wünschenswert erscheint. Eine tschechoslowakische Kollegin erzählte mir gelegentlich die folgende Geschichte, und es lohnt sich, sie vollständig wiederzugeben:

Sie waren in ihr Büro gekommen, auf der Suche nach subversiver Literatur, und sie hatte ihnen alles gezeigt, was in ihrem Schreibtisch war, alles, was sie in ihrer Handtasche hatte. Doch ironisch war sie ihnen gegenüber nicht. Erst später, als sie im Café einem Freund von der Durchsuchung berichtete, konnte sie es sich erlauben, zu sagen, der Staatssicherheitsdienst habe sie mit einem Besuch beehrt, aber sie sei leider nicht in der Lage gewesen, den Leuten bei der Erfüllung ihrer Pflichten behilflich zu sein. Sie war keine Dissidentin. An die Jahre, bevor sie an die Macht kamen, konnte sie sich kaum erinnern, aber ihre Eltern erinnerten sich nur zu gut; die Grundnahrungsmittel ausgenommen, mußte man alles auf dem Schwarzmarkt kaufen; an den schlimmsten Wintertagen mußten sie Möbel verheizen, um es ein bißchen warm zu haben. In späteren Jahren hatte sie auf Lebensmittelkarten gelebt, aber die wurden immerhin eingelöst. An einem bestimmten Punkt jedoch wurde ihr zweierlei klar. Die erste Erkenntnis: die Dissidenten verschwanden. Sie lebte in einem neuzeitlichen Staat, das heißt, Dissidenten wurden selten öffentlich angeprangert; eines Tages waren sie einfach nicht mehr da, wie Figuren, die uns in einem Traum sehr real erscheinen und dann mit dem Licht verblassen. Die andere Erkenntnis lautete, daß diejeni-

gen, die fest an das Regime glaubten oder sich ganz besonders um seinen Beifall bemühten, ebenfalls in großer Gefahr
schwebten. Sie erinnerte sich an einen Jungen auf der Ver-
waltungsfachschule, der jeden zu überreden versuchte, eine
Woche im Monat auf die Lebensmittelkarten für Fleisch zu
verzichten, damit den Revolutionären in Angola Nahrungs-
mittel geschickt werden konnten. Auch er war eines Tages
nicht mehr da. Im Laufe der Zeit erkannte sie einen Zusammenhang zwischen diesen beiden Tatsachen.

Unauffällig sein heißt überleben. Die eigene Normalität als
Maske tragen, die Gleichgültigkeit der Autoritäten, der Behörden anstreben – das führt zu einer Selbstdisziplinierung, wie sie
sich die Viktorianer so streng nicht hätten denken können. Das
erschütterndste Beispiel totalitärer Selbstdisziplin, das ich
kenne, lieferte ein Exil-Russe, der einem Wissenschaftler der
Columbia University erläuterte, warum er sich dazu gezwungen hatte, Pfeife zu rauchen:

»Beim Pfeiferauchen offenbart das Gesicht nicht so viel.
Sehen Sie, wir lernten das in der Sowjet-Ära. Vor den
Revolutionen pflegten wir zu sagen: ›Die Augen sind der
Spiegel der Seele‹. Aber die Augen können lügen – und wie!
Mit den Augen kann man eine Aufmerksamkeit ausdrücken,
die man in Wirklichkeit gar nicht empfindet. Man kann
Heiterkeit oder Überraschung ausdrücken. Viel schwieriger
ist es, den Ausdruck des Mundes zu beherrschen. Bevor ich
zu Versammlungen oder Demonstrationen ging, betrachtete
ich oft mein Gesicht im Spiegel, und ich sah . . . plötzlich
bemerkte ich, daß sich schon bei der bloßen Erinnerung an
eine Enttäuschung meine Lippen schlossen. Deshalb gibt es
einem mehr Sicherheit, wenn man eine schwere Pfeife
raucht. Durch das Gewicht der Pfeife werden die Lippen
verformt und können nicht spontan reagieren.«

Für uns ist das alles anders: die Definition von Gewalt, Strafe,
Disziplin. Wenn wir in eine andere Stadt oder ein anderes

Viertel ziehen, lautet unser erster Gedanke nicht: »Wie kann ich mich verkleiden?« Wir brauchen auch nicht monatelang vorsichtig Signale auszutauschen, die auf unseren Geschmack, unser Empfinden, unsere Wahrnehmung schließen lassen, um dann endlich Vertrauen zu fassen und den Schleier der Neutralität abzustreifen. Diese Art von Überlebensstrategie hat für unser Dasein bei weitem nicht so viel Gewicht wie etwas anderes, das unsere Freiheit erst ermöglicht, sie gleichzeitig freilich zu einem Problem macht: Wir stehen unter dem Druck, aus einem Zustand herauszutreten, der uns beschämend erscheint, dem Zustand der Unauffälligkeit. Ich vermute, aus der Perspektive dieses Russen wäre der Wunsch nach besonderer Beachtung die reine Torheit. Aus unserem Blickwinkel jedoch ist er nicht Torheit, sondern gehört zu dem Versuch, etwas zu erlangen, woran in der fortgeschrittenen kapitalistischen Gesellschaft Mangel herrscht: das Gefühl, von anderen respektiert und erkannt zu werden, obschon man ein »gewöhnliches Leben« führt. Die Selbstbehauptung hat für uns moralisches Gewicht, und beachtet zu werden bedeutet etwas für unseren Platz in der sozialen Hierarchie. Daher bemühen wir uns, die Fesseln der Disziplin abzustreifen, und damit die Unterlegenheit, die uns zu etwas macht, das der Beachtung nicht wert ist.

Ich möchte nun zeigen, wie die komplexe Form von Autonomie in der Realität dennoch eine Bindung zwischen dem Vorgesetzten und dem Untergebenen schaffen kann. In dieser Bindung empfindet der Untergeordnete eine Art Grauen vor der Autonomie, die in der Haltung seines Vorgesetzten zum Ausdruck kommt; er spürt jene Mischung aus Furcht und Ehrfurcht, die das wichtigste Element von Autorität ist. In dem Fall, den ich hier erörtern will, gibt es einen Augenblick, in dem der Rahmen der Disziplin durchbrochen wird. Der Untergeordnete reagiert explosiv auf seinen Vorgesetzten, gerät dabei aber in immer größere Abhängigkeit. Der Fall erinnert in seiner Struktur an Miss Bowens ungehorsame Abhängigkeit. Er veranschaulicht zugleich bestimmte, in modernen bürokratischen Ideologien anzutreffende Vorstellungen, wie autonome

Autoritätsgestalten andere manipulieren können, um ihre diszi-
plinierende Überlegenheit zu bewahren oder wiederzuerlan-
gen.

Bindung durch Autonomie

Die folgende Fallstudie erschien im Juni 1965 in der *Harvard
Business Review*. In Management-Kreisen hat man sie oft als
Beispiel dafür angeführt, wie ein Arbeitgeber mit einem Ange-
stellten, der Ansprüche stellt, umgehen soll.

> Dr. Richard Dodds, Mitarbeiter eines physikalischen For-
> schungsinstituts, betritt das Büro seines Vorgesetzten Dr.
> Blackman und zeigt ihm einen Brief, in dem ihm von einem
> anderen Institut eine Arbeitsstelle angeboten wird. Black-
> man liest.
> *Dodds*: »Was halten Sie davon?«
> *Blackman*: »Ich wußte, daß er kommen würde. Er [der Leiter
> des anderen Instituts] hat mich gefragt, ob es in Ordnung
> sei, wenn er Ihnen schreibt. Ich habe ihm gesagt, er solle es
> ruhig tun, wenn er will.«
> *Dodds*: »Damit habe ich nicht gerechnet, vor allem nicht
> nach dem, was Sie mir beim letzten Mal sagten. [Pause] Ich
> fühle mich hier wirklich sehr wohl. Sie dürfen nicht glauben,
> daß ich vorhabe wegzugehen. Aber ich habe mir gedacht,
> ich sollte hinfahren und ihn besuchen – ich glaube, er
> erwartet das –, und Ihnen wollte ich zu verstehen geben, daß
> ich, bloß weil ich dorthin fahren will, nicht etwa vorhabe,
> von hier wegzugehen, außer natürlich, er bietet mir etwas
> Besonderes.«
> *Blackman*: »Warum erzählen Sie mir das alles?«
> *Dodds*: »Weil ich nicht möchte, daß Sie von anderen hören,
> ich hätte vor, wegzugehen, während ich mir bloß einmal ein
> anderes Institut ansehen will. Ich habe wirklich nicht die
> Absicht, von hier wegzugehen, wissen Sie, außer, er bietet
> mir etwas ganz Besonderes an, etwas, das ich einfach nicht

ablehnen kann. Ich glaube, das sage ich ihm – daß ich bereit bin, mir sein Laboratorium anzusehen, aber wenn es da nicht etwas Besonderes für mich gibt, habe ich nicht vor, hier wegzugehen.«

Blackman: »Sie müssen es wissen.«

Dodds: »Was meinen Sie dazu?«

Blackman: »Wie? Wozu? *Sie* müssen eine Entscheidung treffen.«

Dodds: »Ich nehme das Angebot nicht sonderlich ernst. Er bietet eigentlich nichts Besonderes. Aber mich interessiert doch, was er zu sagen hat. Ich würde mir sein Labor gern einmal ansehen.«

Blackman: »Früher oder später werden Sie sich entscheiden müssen, wo Sie arbeiten wollen.«

Dodds (in scharfem Ton): »Das hängt doch von den Angeboten ab, oder nicht?«

Blackman: »Nein, eigentlich nicht; ein guter Mann bekommt immer Angebote. Sie bekommen ein gutes Angebot und wechseln, und sobald Sie gewechselt haben, bekommen Sie andere gute Angebote. Es würde einen doch völlig durcheinander bringen, wenn man alle guten Angebote, die man bekommt, ernsthaft prüfen würde. Kommt es denn nicht auch darauf an, wie verläßlich man sein will?«

Dodds: »Mit Unzuverlässigkeit hat das gar nichts zu tun. Ich habe es Ihnen doch gesagt. *Er* hat mir den Brief geschickt, ich habe ihn nicht darum gebeten. Ich habe nur gesagt, daß ich ihn besuchen werde, und Sie halten mich deshalb für unzuverlässig.«

Blackman: »Na ja, Sie können natürlich ihr Engagement hier aufgeben, wenn er Ihnen etwas Besseres bietet. Ich sage nur, daß Sie damit nicht um die Frage herumkommen, ob Sie irgendwo auf Dauer bleiben wollen und wo das sein soll.«

Das Gespräch wendet sich der Frage zu, wie es aussähe, wenn Dodds zu diesem Zeitpunkt die Stelle wechselte, und schließlich meint Dodds:

Dodds: »Hören Sie, ich bin hierhergekommen und wollte offen mit Ihnen reden, aber Sie gehen hin und machen mir ein schlechtes Gewissen, das gefällt mir nicht.«

Blackman: »Sie sind so offen, wie man es nur sein kann.«

Dodds: »Ich bin nicht gekommen, um mit Ihnen zu streiten. Ich will Ihnen keinen Ärger machen.«

Blackman: »Ich ärgere mich gar nicht. Wenn Sie glauben, es sei das Beste für Sie, anderswohin zu gehen – mir soll es recht sein.«

Wieder kommt es zu einem langen Wortwechsel darüber, was Dodds wirklich will und wie sein Weggang von anderen aufgefaßt würde. Schließlich platzt Dodds heraus:

Dodds: »Ich verstehe Sie nicht. Ich bin hergekommen, um offen mit Ihnen zu reden, und Sie machen mir ein schlechtes Gewissen. Ich wollte nichts weiter, als Ihnen diesen Brief zeigen und Ihnen mitteilen, was ich tun werde. Was hätte ich Ihnen denn sagen sollen?«

Blackman: »Daß Sie den Brief gelesen haben und daß Sie es unter den gegebenen Umständen für notwendig halten, dem Professor einen Besuch zu machen, daß Sie sich aber hier wohlfühlen und zumindest so lange bleiben wollen, bis Sie ein Projekt abgeschlossen haben.«

Dodds: »Ich begreife es nicht. Glauben Sie denn, ich würde nirgendwo auf der Welt lieber sein als hier in diesem Labor . . .?«

Der Zweck dieses Gesprächs scheint offenkundig. Jemand berichtet seinem Chef, daß ihm eine andere Stelle angeboten worden ist. Insgeheim hofft er wahrscheinlich, der Chef werde ihm sagen, daß seine Firma bei jedem Angebot von außen mithalten wird. Im Laufe des Gesprächs reagiert der Chef jedoch so, daß sich der Angestellte schon allein deshalb, weil er eine Kündigung in Erwägung gezogen hat, illoyal vorkommt und schuldig fühlt. Am Ende der Besprechung ist Dr. Dodds psychisch nicht mehr in der Lage, einen nüchternen Entschluß im Hinblick auf seine Karriere zu fassen.

In einem Punkt erinnert sein Arbeitgeber an George Pullman. Als Dr. Dodds den Brief mit dem Angebot zur Sprache bringt, entgegnet ihm Blackman: »Ich wußte, daß er kommen würde. Er hat mich gefragt, ob es in Ordnung sei, wenn er Ihnen schreibt. Ich habe ihm gesagt, er solle es ruhig tun, wenn er will.« Tatsächlich hat Blackman das fremde Angebot also sogar genehmigt; ihm, Blackman, hat es der Angestellte zu verdanken, wenn sich ihm überhaupt eine Chance bietet.

Der Vorgesetzte kontrolliert die Realität, nicht nur die materielle, auch die psychologische. Im Laufe des Gesprächs beklagt sich Dodds, Blackman mache ihm ein schlechtes Gewissen, worauf dieser entgegnet: »Sie sind so offen, wie man es nur sein kann.« Wenn einer sagt, er habe ein schlechtes Gewissen, und der andere darauf mit der Feststellung reagiert, er sei so offen, wie er sein könne, dann befinden sich die beiden Sprecher auf zwei verschiedenen emotionalen Ebenen. Die Bemerkung des ersten, des Untergebenen, gilt den Gefühlsregungen, die ein bestimmtes Gespräch in ihm auslöst; auf der zweiten Ebene, der des Vorgesetzten, geht es hingegen um ein Gesamturteil über den moralischen Charakter seines Gegenübers. Auf den ersten Blick wirkt dieses Urteil wie ein Kompliment. Doch die Anerkennung eines Menschen, der über den Augenblick hinaussieht, um ein Gesamturteil über den anderen zu gewinnen, hat etwas Einschüchterndes, Überwältigendes. Das zeigt sich in den nun folgenden Sätzen des Untergebenen: »Ich bin nicht gekommen, um mit Ihnen zu streiten. Ich will Ihnen keinen Ärger machen.«

Pullman übte eine totale Kontrolle über die Realität seiner Arbeiter aus – über ihr Wohnen, ihr Rauchen, ihre Geselligkeit und, natürlich, über ihren Arbeitsplatz. Er glaubte, diese Lebensbereiche besser kontrollieren zu können, als es die Arbeiter selbst könnten. Auch in der Unterredung zwischen Dodds und Blackman gibt der Chef zu verstehen, daß er eine Realität kennt und kontrolliert, die dem Untergebenen unzugänglich ist: im direkten Sinne, insofern er das Stellenangebot zugelassen hat, und psychologisch, indem er auf die situationsgebundenen Gefühlsregungen des Untergebenen mit Gesamturteilen über seinen Charakter reagiert.

Dennoch besteht ein großer Unterschied zwischen diesem Arbeitgeber und dem paternalistischen Chef alten Stils. Mit allem, was Pullman tat, lenkte er die Aufmerksamkeit auf sich; jeder Arbeiter in der Stadt sollte wissen, wem er sein Glück zu verdanken hatte. In der Unterredung zwischen Dodds und Blackman dagegen lenkt der Arbeitgeber die Aufmerksamkeit durchaus nicht auf sich. Er verweist den Angestellten immer wieder auf dessen eigene Reaktionen, Bestrebungen und Emp-findungen zurück. Er vermeidet den Austausch von gleich zu gleich, indem er sich eines Mittels bedient, das ich als Um-kehrreaktion bezeichnen möchte.

Schon zu Beginn des Gesprächs stoßen wir auf solche Um-kehrreaktionen. Dodds erklärt, er fühle sich in seiner jetzigen Position wohl, wolle aber weggehen, wenn ihm etwas Beson-deres geboten werde. Statt nun hierauf direkt zu reagieren, etwa indem er sagt: »Natürlich« oder »Gehen Sie nicht« oder »Was meinen Sie mit ›etwas Besonderes‹«, entgegnet Black-man: »Warum erzählen Sie mir das alles?« und drängt den Angestellten damit in eine Position, in der er sich rechtfertigen muß. Dodds versucht das auch. Er antwortet: »Weil ich nicht möchte, daß Sie von anderen hören, ich hätte vor, wegzuge-hen, während ich mir bloß einmal ein anderes Institut ansehen will.« Jetzt hat der Vorgesetzte die Gesprächssituation unter seiner Kontrolle. Er sichert sich seine Überlegenheit, indem er eine direkte Reaktion vermeidet; er macht Dodds nicht etwa ein Gegenangebot. Vielmehr dreht sich das Gespräch nun um die Frage, ob sich Dodds loyal verhält.

Auf solche Umkehrreaktionen stoßen wir immer dann, wenn ein Appell oder eine Forderung an den Vorgesetzten gerichtet wird. Als Dodds noch einmal wiederholt, er werde nur dann gehen, wenn ihm eine besondere Stelle angeboten wird, ent-gegnet Blackman: »Sie müssen es wissen.« Und als Dodds später pathetisch verkündet: »Ich will Ihnen keinen Ärger machen«, gibt ihm sein Chef eine Antwort, wie sie neutraler nicht sein könnte: »Ich ärgere mich gar nicht. Wenn Sie glauben, es sei das Beste für Sie, anderswohin zu gehen – mir soll es recht sein.«

Man könnte versucht sein, in dieser Aussage ein Paradebeispiel bürokratischer Unpersönlichkeit zu sehen – aber den Untergebenen bewegen diese Umkehrreaktionen beträchtlich. Je mehr sich Dodds auf das Gespräch einläßt, desto mehr regt er sich auf – über diesen Ratgeber, der die Probleme immer wieder an seine, Dodds', Entscheidungsfreiheit und seine persönliche Einstellung zurückverweist und nie zu erkennen gibt, daß ihn selbst all das betrifft. Weil der Chef von sich nichts preisgibt, ist es der Angestellte, der hier seine Loyalität selbst testet. Der Chef steuert nur die hilfreiche Bemerkung bei: »Wir sprechen über Sie, nicht über mich.«

Am nachhaltigsten wirken sich solche Umkehrreaktionen auf die Idee des Gesprächs selbst aus. Sie stellen gleichsam in Abrede, daß die Aussagen des anderen aus sich heraus bedeutungsvoll sind. Wenn ein Vorgesetzter auf den Bericht eines Angestellten über seine neuen beruflichen Aussichten mit der Frage reagiert: »Warum erzählen Sie mir das alles?« – obwohl die Gründe hierfür offenkundig sind –, dann gibt er ihm damit zu verstehen, daß seine wahren Absichten in dem, was er sagt, nicht zum Ausdruck kommen – die eigentliche Bedeutung muß darin versteckt sein. So führt Blackman das ganze Gespräch. Der Arbeitgeber hilft seinem Angestellten, an sich selbst etwas zu verstehen, das er bislang nicht erfaßt hatte. Dadurch, daß Blackman sich weigert, den Erklärungen des Untergebenen eine eigenständige Bedeutung beizumessen, kann er Dodds' Aufmerksamkeit schließlich darauf lenken, daß seine, Dodds', Gefühle nicht im Einklang stehen mit seiner beruflichen Situation: Diese Gefühle, wenngleich nicht scharf umrissen, werden zu einer immer größeren Belastung. Infolgedessen gerät Dodds zunehmend aus der Fassung: Er verlangt von seinem Arbeitgeber nicht etwa, er solle dem fremden Angebot eine eigene Offerte entgegensetzen – am Ende will er von ihm wissen, wie er ihm denn hätte mitteilen sollen, daß er einen Brief bekommen hat, von dem der Arbeitgeber schon wußte.

Die Umkehrreaktion, wie sie dieser Arbeitgeber einsetzt, dient mehreren Zwecken. Zunächst einmal definiert sie die Rahmenbedingungen für einen Kampf um Anerkennung. Der Angestellte will, daß sich der Chef auf sein Problem – die Möglichkeit eines Stellenwechsels – direkt einläßt. Aber der Chef reagiert nicht, indem er ihm vor Augen führt, daß seine jetzige Stellung besser ist als die in Aussicht stehende, oder indem er ihm ein Gegenangebot macht. Statt dessen sichert er sich seine Überlegenheit dadurch, daß er sich gleichgültig gibt. »Wenn Sie glauben, es sei das Beste für Sie, anderswohin zu gehen – mir soll es recht sein.« Eine seltsame Feststellung – denn kurz zuvor hatte er demselben Angestellten noch versichert, er sei so begabt, daß er in Zukunft wahrscheinlich noch viele Angebote bekommen werde. Während der Angestellte zusehends aus der Fassung gerät, behält der Chef einen kühlen Kopf. Angesichts eines wütenden Gegenübers die Ruhe zu bewahren ist stets ein Mittel, um in einem Konflikt die Oberhand zu behalten. Bei diesem Gespräch freilich, das zunächst freundlich begann, gerät die eine Seite nur deshalb in Hitze, weil es auf der anderen zu keiner direkten Reaktion kommt. Mehr noch, es zeigt sich, daß der Angestellte gerade aufgrund der Umkehrreaktionen in eine emotionale Abhängigkeit von seinem Arbeitgeber gerät. Ein merkwürdiger Augenblick:

> »Ich verstehe Sie nicht. Ich bin hergekommen, um offen mit Ihnen zu reden, und Sie machen mir ein schlechtes Gewissen. Ich wollte nichts weiter, als Ihnen diesen Brief zeigen und Ihnen mitteilen, was ich tun werde. Was hätte ich Ihnen denn sagen sollen?«

Und nun erklärt ihm der Chef, wie er es hätte besser machen können. Hätte er es so gemacht, dann wäre er nicht aus der Fassung geraten. Der Chef bleibt gleichgültig gegenüber dem, was ihm der Angestellte deutlich zu verstehen gibt: daß nämlich er, der Chef, durch sein Verhalten den Angestellten aus der Fassung gebracht hat. Statt dessen belehrt er ihn darüber, wie er sich selbst besser verstehen kann.

Das alles erinnert an Foucaults Gedanken: »Wenn man den

gesunden, normalen, gesetzestreuen Erwachsenen individuali-
sieren will, so befragt man ihn immer danach, was er noch vom
Kind in sich hat, welcher geheime Irrsinn in ihm steckt ...«
Dieser gelassene Arbeitgeber hat seinen Angestellten einfach
dadurch, daß er sich reserviert und erwachsen gab, in eine
infantile Wut versetzt. Was haben Sie denn? Diese Frage indivi-
dualisiert; sie verweist den anderen auf sich selbst, nötigt ihn,
sich zu erklären und zu rechtfertigen. Der Arbeitgeber dagegen
hat von sich nichts preisgegeben; er reagiert nicht auf Einflüsse,
er übt sie aus. Auf diesem Ungleichgewicht beruht Autonomie.

Die Bindung zwischen diesen beiden Personen erwächst aus
diesem Ungleichgewicht. Als Dodds anfangs die Frage stellt:
Werden Sie dafür sorgen, daß es sich für mich lohnt, hier zu
bleiben? lautet die Antwort Blackmans: Wenn es Ihnen
schwerfällt, loyal zu sein, dann liegt das an Ihnen selbst, daran,
daß Sie nicht verläßlich sind, daß Sie jeder sich bietenden
Gelegenheit nachlaufen. Sobald die Umkehrreaktion eingera-
stet ist, fragt sich der Untergebene: Bin ich loyal? und nicht:
Sind dieser Mann und diese Stelle meine Loyalität wert?

Im Fall der ungehorsamen Abhängigkeit Miss Bowens wurde
der Knoten zwischen ihr und ihrem Vater fester gezogen, als
sie sich seinen Wünschen widersetzte. In der Unterredung
zwischen Dodds und Blackman empört sich der Untergebene
über seinen Vorgesetzten, weil dieser seine Loyalität anzweifelt, beendet das Gespräch jedoch damit, daß er seine Illoyalität
offen ausspricht – »Glauben Sie denn, ich würde nirgendwo auf
der Welt lieber sein als hier in diesem Labor?« –, und befindet
sich dennoch emotional ganz in der Gewalt dieses Vorgesetzten. Er wirbt um Anerkennung; er will seinen Vorgesetzten aus
der Reserve locken, will von ihm als Person gesehen werden.
Dieses Wechselspiel zwischen dem Streben des einen nach
Anerkennung und der Teilnahmslosigkeit des anderen zurrt
den Knoten fester. Der Überlegene behält die Kontrolle über
den Mechanismus der Anerkennung; eine Trennung würde
den anderen die ersehnte Anerkennung kosten. Innerhalb dieses Rahmens führt Negation nicht zu größerer Freiheit. Ich

habe die Niederschrift des Gesprächs zwischen Dodds und
Blackman einmal meiner tschechoslowakischen Kollegin gezeigt und sie gefragt, was sie von der Art und Weise halte, mit
der der Arbeitgeber immer wieder zu verstehen gibt: Machen
Sie, was Sie wollen, mir ist es egal. »Mir kommt das wie ein
ungeheurer Luxus vor«, erwiderte sie, »aber ich habe noch nie
mit jemandem zu tun gehabt, der es nötig hatte, solche Spiel-
chen zu spielen.«

Und doch wäre es falsch, anzunehmen, der Arbeitgeber ver-
halte sich hier bewußt machiavellistisch. Um ein solches Gespräch vorab zu planen und diesen Plan dann auszuführen,
müßte Blackman fraglos ein exzellenter Schauspieler sein. Er
hält sich in seinem Spiel vielmehr an eine Reihe von Regeln
und Grundsätzen, wie man mit Drohungen »von unten« umgehen soll. Einer dieser Grundsätze besagt, daß es eine wir-
kungsvollere Reaktion als die Gegendrohung gibt; ohnehin
käme der Rückgriff auf körperliche Gewalt, anders als in der
Fabrik des 18. Jahrhunderts, nicht mehr in Betracht. Dieser
Arbeitgeber macht sich die gleichen Regeln zunutze, die andere
Menschen dazu veranlassen, Ärzte und Naturwissenschaftler
zu idealisieren und ihnen einen »höheren« Rang in der Gesellschaft einzuräumen als etwa den Managern eines Großunter-
nehmens. Es sind die gleichen Regeln, die bei Arbeitern, denen
ihr eigenes Innenleben weniger entwickelt scheint als das der
über ihnen Stehenden, jene Ambivalenz hervorruft, die sie
zögern läßt, ihre Forderungen zum Ausdruck zu bringen. Der
Arbeitgeber, der über autonome Autorität verfügt, übt Einfluß
aus, einen Einfluß, der seinen ungehorsamen Angestellten an
ihn, den Starken, dessen Anerkennung es zu gewinnen gilt,
bindet.

Im vorigen Kapitel haben wir den Paternalismus als Bekun-
dung einer vorgetäuschten Anteilnahme bezeichnet. Hier nun
gilt es zu verstehen, daß auch die Autonomie einer, wenn auch
andersgearteten, Täuschung Vorschub leistet: Sie verhüllt die
Macht, so daß sie aus dem Nirgendwo zu kommen scheint,
ganz und gar unpersönlich wirkt – das Wort »Einfluß« ist eine
solche Hülle.

Einfluß

Um zu verstehen, wie diese Verhüllung zustande kommt, müssen wir uns zunächst eine wichtige historische Tatsache vergegenwärtigen. Im Ancien Régime ging man davon aus, daß die Art, wie die Volksmassen ihren Lebensunterhalt bestritten, mit der Grundlage der Autorität in der Gesellschaft und den Inhabern dieser Autorität kaum etwas zu tun hatte. Die Arbeitswelt rückte man in die Nähe der Tierwelt. Montesquieu formuliert seine Grundsätze der gerechten und der ungerechten Autorität, ohne die Arbeit, die von Menschen verrichtet wird, zu berücksichtigen, und selbst Rousseau tut dies nicht. In den Briefen der Madame de Sévigné kommt körperliche Arbeit nicht vor. Erst gegen Ende des 18. Jahrhunderts, in Diderots *Encyclopédie,* kündigt sich ein Bewußtsein von der Bedeutung der Arbeit für ein umfassenderes Verständnis der Gesellschaft an, und in den Schriften von Marx und Engels gelangt dieses Bewußtsein zu voller Blüte. Innerhalb der Gesellschaft beruht Autorität darauf, wie die Menschen ihre Arbeit, ihre Vorgesetzten und sich selbst wahrnehmen.

Die Ideologien des Paternalismus im 19. Jahrhundert entsprangen der Erkenntnis, daß die Mühsal des Arbeitslebens vor denen, die sich für andere abrackerten, gerechtfertigt werden müsse. Um die Zeit des Ersten Weltkriegs war diese Rechtfertigung allerdings ebenso fadenscheinig geworden wie die Marktideologie selbst, die einmal versprochen hatte, immer mehr Menschen zu Nutznießern des Marktes zu machen. Diese Einbuße an Überzeugungskraft ließ sich sogar messen. In den zwanziger Jahren begannen amerikanische, deutsche und britische Unternehmer, statistische Daten zu sammeln, die belegten, daß die Produktivität ihrer Arbeiter, verglichen mit der der älteren Arbeitergeneration, rückläufig war. Die Beschwörung der ruhmreichen Perioden des Konkurrenzkapitalismus richtete da ebensowenig aus wie die Beteuerung, man wolle nun mehr denn je auf das Wohl der Arbeiter bedacht sein.

Inzwischen weiß man eine ganze Menge über den Zusammenhang zwischen Arbeitsmotivation und Produktivität. Es besteht zwischen diesen beiden Faktoren keine direkte, positive Korrelation. So kam z. B. eine nach dem Zweiten Weltkrieg in amerikanischen Industriebetrieben durchgeführte Untersuchung zu dem Ergebnis, daß »entfremdete« Arbeiter äußerst produktiv sein können; sie tun einfach ihre Arbeit, ohne darüber nachzudenken, und wollen den Tag so reibungslos wie möglich hinter sich bringen, weil sie zu dem, was sie tun, keine Beziehung haben. Man weiß auch, daß es viele Arbeitssituationen gibt, in denen die Produktivität zurückgeht, sobald sich die Beschäftigten für die Arbeit zu interessieren beginnen; sie finden Gefallen an dem, was sie tun, und tun es deshalb langsamer, oder statt zu tun, was man ihnen sagt, fangen sie an, Fragen zu stellen, warum die Arbeit so und nicht anders organisiert sei.

Auch die Arbeitsmotivation unterliegt langfristigen Schwankungen; sie hängt von einem ganzen Komplex ökonomischer, demographischer und kultureller Faktoren ab. Zur Zeit erleben Nordamerika und viele europäische Länder eine »Krise« der Arbeitsmotivation, die sich mit der in den zwanziger Jahren vergleichen läßt. Sehr anschaulich sind die Anzeichen einer tiefsitzenden Unzufriedenheit in dem Buch *Political Alienation in Contemporary America* von Robert S. Gilmour und Robert G. Lamb beschrieben, das einige alarmierende statistische Angaben über die Unzufriedenheit der abhängig Beschäftigten mit ihrer Tätigkeit und über das Mißtrauen, das sie ihren Vorgesetzten entgegenbringen, enthält. Nur zehn Prozent der Angehörigen freier Berufe, aber vierzig Prozent der im Dienstleistungsbereich Tätigen und ein Drittel der Industriearbeiter waren nach dieser Untersuchung mit ihrer Arbeit sehr unzufrieden und von starkem Mißtrauen gegenüber ihren Vorgesetzten erfüllt. Menschen, die unzufrieden sind, können dies auf verschiedene Weise zum Ausdruck bringen. Der Widerstand von Arbeitern, die mit der Befehlshierarchie, in der sie stehen, nicht einverstanden sind, nimmt heute oft Formen an, die mit organisiertem Protest wenig zu tun haben. Die Gewerkschaften, heute selbst große bürokratische Gebilde, wer-

den in zunehmendem Maße als ferne, mit dem Gegner kollabo-
rierende Organisationen wahrgenommen. Die Unzufriedenheit tritt eher in spontanen, vereinzelten, vielleicht auch in
gefühlsbetonten Handlungen zutage, die die Arbeitsprodukti-
vität beeinträchtigen.

So ist das absichtliche Fernbleiben vom Arbeitsplatz für öffentliche und private Bürokratien zu einer erheblichen Belastung
geworden. Nicht allein, daß die Beschäftigten eine Krankheit
vortäuschen, um bezahlten Krankenurlaub zu nehmen, immer
häufiger kommt es im Angestelltensektor auch vor, daß Leute
von ihrem Arbeitsplatz einfach verschwinden oder vorgeben,
sie müßten in der Stadt dringliche Geschäfte erledigen. Mit der
Ausbreitung dieses Absentismus hat sich seine Wahrnehmung
verändert. Die Fachleute in den Personalabteilungen sehen in
ihm nicht mehr eine einfache Pflichtverletzung, sondern eine
Widerstandstaktik. Auch wilde Streiks haben im letzten Jahr-
zehnt beträchtlich zugenommen, und diese Streiks – etwa die
der amerikanischen Bergarbeiter und der Arbeiter in der britischen Automobilindustrie – richten sich oft ebensosehr gegen
die Gewerkschaftsführung wie gegen die Unternehmensbüro-
kratie. Solche »Risse« in der Arbeitsdisziplin, wie die Sozialisten es genannt haben, zeigen sich in England, Italien und
Frankreich genauso wie in Nordamerika.

Zwischen solchen Äußerungen von Unmut und Unzufriedenheit und der Autoritätsproblematik besteht ein Zusammenhang, weil die Frage nach der *Qualität* der Erfahrungen,
die der Arbeitnehmer an seinem Arbeitsplatz macht, heute
immer mehr Bedeutung erlangt, und im Mittelpunkt dieser
Erfahrungen steht die menschliche Beziehung zwischen den
Arbeitnehmern und ihren Vorgesetzten. Eine neuere Studie
über die Unzufriedenheit italienischer Büroangestellter führt,
geordnet nach der Häufigkeit, mit der sie vorgebracht wurden, die folgenden Beschwerden auf: Die Vorgesetzten schir-
men uns gegenüber dem Druck von außen nicht so ab, wie
sie es eigentlich sollten; sie verteilen die Arbeit nicht gerecht;
es fehlt ihnen an Initiative; im Büro gibt es zuviel unnütze
Doppelarbeit; Papierkrieg ist sinnlos; gemessen an der

Schwierigkeit der Arbeit, ist der Lohn zu niedrig. Eine noch
nicht abgeschlossene Untersuchung unter deutschen Druk-
kern ermittelte, ebenfalls geordnet nach der Häufigkeit, mit
der sie vorgebracht wurden, die folgenden Beschwerden:
Den Vorgesetzten mangelt es an Entschlossenheit; die Arbeit
ist zu eintönig; den Vorgesetzten ist die Qualität des fertigen
Produkts gleichgültig; es gibt zuviel bürokratisches Gerangel;
die Sozialleistungen sind unzureichend; es gibt im Betrieb
zuviel Neid und Mißgunst. Amerikanische Studien weisen
der persönlichen Zufriedenheit in den Beziehungen zwischen
Vorgesetzten und Untergebenen einen höheren Stellenwert
zu. Bei englischen und französischen Arbeitern ist das ökonomische Bewußtsein besonders ausgeprägt, doch auch in
diesen Ländern wird im allgemeinen der Vorgesetzte persönlich für das verantwortlich gemacht, was seine Untergebenen
zu bemängeln haben.
In Gesellschaften mit ökonomischem Massenelend, etwa der
englischen Gesellschaft um die Mitte des 19. Jahrhunderts, oder
in Gesellschaften, in denen einer großen Zahl von guten Stellen
eine noch viel größere Zahl Arbeitswilliger gegenübersteht,
wie dies um die gleiche Zeit in den Vereinigten Staaten der Fall
war, ist die Frage nach der Qualität des Arbeitslebens von
untergeordneter Bedeutung. Wenn man essen will, findet man
sich auch mit unfähigen, dummen oder unfreundlichen Arbeit-
gebern ab. Die moderne Industriegesellschaft hat die materiellen Nöte der Massen gelindert; sie hat das Arbeitsverhältnis zu
einer stabileren, geregelten Beziehung gemacht; jetzt wird es
möglich, über die Qualität dessen nachzudenken, was man in
jenen acht Stunden tut. Als eine Studie im Auftrag der amerikanischen Regierung – breiter angelegt, aber weniger sorgfältig
durchgeführt als die von Gilmour und Lamb – vor einiger Zeit
aufdeckte, daß die nicht in leitenden Stellungen Beschäftigten
in der Mehrzahl sehr unzufrieden damit sind, wie sie ihre
Arbeitszeit zubringen, äußerte ein prominenter Vertreter der
Wirtschaft, die Regierung habe hier den Gipfel des Luxus
untersucht: die Frage nämlich, ob die Arbeit, die man tut, auch
Spaß mache. Diese Bemerkung geht sowohl an der histori-

schen wie an der praktischen Realität vorbei. Paradoxerweise hat nämlich der moderne Kapitalismus selbst die materiellen Voraussetzungen dafür geschaffen, daß sich die Arbeiter klarmachen können, was es bedeutet, während des größten Teils ihrer wachen Zeit unter Anspannung oder Langeweile zu leiden. In der Praxis führt diese Bewußtwerdung dazu, daß die Produktivität und die Disziplin des Systems durch absichtliches Fernbleiben vom Arbeitsplatz, wilde Streiks usw. beeinträchtigt werden.

Eine Erklärung für die neue Unzufriedenheit mit der Arbeit lautet, die »Arbeitsethik« gerate zusehends in Verfall. Diese These beruht auf einem Gedanken Max Webers; ihm zufolge wollen die Menschen schwer arbeiten, gleichgültig, welchem Druck sie dabei ausgesetzt sind, und zwar deshalb, weil ihnen die mit der Arbeit verbundene Selbstdisziplin ein Gefühl moralischer Würde verschafft. Darin besteht der Sinn der protestantischen Ethik für diejenigen, die keine Kapitalisten sind. Die These, diese Ethik gerate zusehends in Mißkredit, ist aber in ihrer Abstraktheit keinesfalls zutreffend. Zahlreiche Untersuchungen belegen, daß Menschen aller Altersgruppen, aller Rassen und Klassen nach wie vor vom moralischen Wert der Arbeit überzeugt sind. Die Bedeutung dieses moralischen Wertes hat sich allerdings verschoben. Für viele Arbeitnehmer ist schwere Arbeit nicht mehr ein moralischer Wert an sich, sondern Mittel zu einem anderen Zweck: zur Entfaltung der eigenen Persönlichkeit.

In einem bedenkenswerten Beitrag zu dem Aufsatzband *Work in America* hat Daniel Yankelovich den Zusammenhang zwischen dieser neuen Moral und der Art, wie Arbeiter oder Angestellte die Autorität ihrer Vorgesetzten wahrnehmen, sehr genau beschrieben. Seine These lautet, daß sich die Interessen und die Wahrnehmungsfähigkeit des Arbeitnehmers nicht in einem abstrakten Raum entwickeln – die Erfahrungen, die er macht, während er Akten bearbeitet oder Maschinen baut, bezieht er in seinem Bewußtsein auf die Eigenart seines Chefs. Zur Begründung führt Yankelovich eine Reihe von Forschun-

gen an, darunter auch eigene Befragungen, und kommt zu dem
Schluß:

> »Wenn sie eine neue Stelle annehmen, sind die Arbeiter
> dieser ›neuen Generation‹ oft bereit, hart zu arbeiten und
> produktiv zu sein. Aber wenn die Arbeit ihren Erwartungen
> nicht entspricht – wenn sie ihnen nicht die Anregung gibt,
> nach der sie suchen –, dann verlieren sie das Interesse an ihr.
> Sie wird dann zum bloßen Mittel, mit dem sie sich verschaf-
> fen, was sie zum Leben brauchen, aber ihre Gegenleistung ist
> gering. Weil die neue Arbeitnehmergeneration das eigene
> Selbst so sehr in den Vordergrund rückt, stellt sich dem
> Arbeitgeber die Aufgabe, [emotionale] Anreize für harte
> Arbeit zu schaffen, sehr viel direkter, als dies unter dem alten
> Wertesystem der Fall war.«

Darin besteht das Problem: Wenn die Arbeit qualitativ und
emotional befriedigend sein soll, wie es immer mehr Arbeitnehmer verlangen, dann wird die Persönlichkeit des Chefs
ganz besonders wichtig. Er verleiht der Arbeit einen Teil ihrer
emotionalen Bedeutung, sofern er es als Person wert ist, daß
man für ihn arbeitet. So kommt eine Verbindung zwischen
Persönlichkeit und Funktion zustande. Ein klassischer Marxist
würde sagen, daß ein Chef in dieser Hinsicht niemals zufrie-
denstellen kann; neu ist jedoch, daß die Arbeitnehmer eine
Vorstellung davon entwickeln, wie die Vorgesetzten sein sollen.
Aus diesen Gründen haben sich Manager seit den zwanziger
Jahren der Psychologie und den Psychologen zugewendet, um
neue Wege zu finden, wie Arbeitnehmer, an denen die Losun-
gen des Hochkapitalismus abprallen, motiviert werden können. Unter diesen Psychologen ist Frederick Winslow Taylor
der bekannteste, ein Behaviorist, der mit seinen Ideen an die
Arbeiten von Pawlow und Watson anknüpfte. Taylor machte
sich daran, Arbeitsabläufe »wissenschaftlich« zu planen und die
Produktivität mittels eines ausgeklügelten Systems von Belohnungen zu erhöhen. Sowohl an den amerikanischen Wirtschaftsfakultäten, deren Unterricht sich früher auf technische

Fächer wie Buchführung und Investition beschränkt hatte, als auch an europäischen Institutionen, etwa der Ecole Nationale d'Administration in Frankreich, die sich früher auf Diplomatie und Verwaltung konzentriert hatte, führte der Taylorismus zu einer Erweiterung des Horizonts. Obwohl die Ansprüche des Taylorismus auf Wissenschaftlichkeit heute kaum noch ernst-genommen werden, haben seine strategischen Ziele in der Managerausbildung und in der Unternehmensführung wach-sende Verbreitung gefunden.

Das wichtigste Ziel besteht darin, ein neues Bild von der Autorität des Arbeitgebers zu schaffen. Grundlage dieses Bil-des ist nicht die Bedrohung, sondern die psychologische Grati-fikation des Arbeitnehmers. Der Arbeitgeber erscheint als je-mand, der die Anonymität des Betriebs erträglicher macht, der Arbeitsaufgaben koordiniert usw.; er befiehlt nicht, sondern beeinflußt. Vor einigen Jahren hat Daniel Bell diesen Wandel in seinem Aufsatz »Work and Its Discontents« anschaulich be-schrieben:

> »[. . .] in dem offensichtlichen Bemühen um Verständigung, Kommunikation und Partizipation stoßen wir auf einen Wandel im Erscheinungsbild des Managements, wie er sich ähnlich in der Kultur als ganzer mit dem Übergang von der Autorität zur Manipulation als neuer Herrschaftstechnik vollzogen hat. Die Unternehmensziele bleiben die gleichen, aber die Mittel haben sich gewandelt, und die älteren For-men direkten Zwangs haben heute einer psychologischen Überredungskunst Platz gemacht. An die Stelle des harten, brutalen Vorarbeiters, der mit rauher Stimme seine Befehle gibt, ist die sanfte Stimme des an *Human Relations* orientier-ten Aufsehers getreten.«

In diesen Versuchen, das Bild der Arbeit und des Arbeitgebers neu zu bestimmen, klingt, in einem erweiterten Sinne, die Beziehung zwischen Dodds und Blackman an. Die neue Ideo-logie der Arbeit konzentriert sich auf das, was der Arbeiter empfindet; was er zu empfinden vermag, hängt wiederum von seiner inneren Entwicklung und seiner Disziplin ab; der Chef, der zum »Einfluß« wird, verflüchtigt sich als Person. Der Einfluß scheint aus dem Nirgendwo zu kommen, doch den Arbeiter bewegt er nachhaltig.

Heute haben sich drei Denkrichtungen herauskristallisiert, die sich mit der psychologischen Beeinflussung von Arbeitern und Angestellten befassen. Der erste Ansatz ist der nächstliegende. Er will die Arbeit zu einer aus und in sich befriedigenden Erfahrung machen; der Arbeitgeber unterstellt dabei, daß jemand, der sich an seinem Arbeitsplatz wohlfühlt, auch gute Arbeit leistet. Wo Unternehmensleitungen in der Vergangenheit bestrebt waren, die Arbeit als solche befriedigender zu gestalten, haben sie Montagebänder mit variabler Geschwindigkeit eingesetzt, so daß die Arbeiter und Arbeiterinnen, etwa in der amerikanischen Elektronikindustrie, ihr Arbeitstempo selbst bestimmen können; bei den Volvo-Werken in Schweden hat man mit der Stellenrotation experimentiert, um Arbeiter und Angestellte durch häufigen Wechsel ihrer Aufgabenbereiche von der Monotonie der Arbeit zu befreien. Experten für Arbeitszufriedenheit haben sich Gedanken gemacht, wie man ein Büro am besten beleuchtet und wann es an der Zeit ist, in der Werkshalle aufmunternde Musik erklingen zu lassen. Vor nicht allzu langer Zeit haben sich ihre Vorschläge allerdings eigenartig vergeistigt – sie sprechen jetzt von der »Selbstverwirklichung« am Fließband und nennen die Kantine ein »intimes Forum«.

Die zweite Denkrichtung beruht auf dem, was man unter Fachleuten als die »Theorie X« bezeichnet: auf einer betriebswirtschaftlichen Version der Psychologie Skinners. Diesem Ansatz zufolge brauchen sich die Manager nicht darum zu kümmern, ob eine bestimmte Tätigkeit befriedigend ist oder nicht; sie sollen statt dessen ein System der Belohnung guter Leistungen entwickeln. Arbeiter, die wenig leisten, sollen durch Nichtbeachtung gestraft werden. Der Theorie X liegt ein ziemlich düsteres Menschenbild zugrunde: Sie nimmt an, daß den Menschen die Erfahrungen, die sie bei ihrer Arbeit machen, einigermaßen gleichgültig sind. Douglas McGregor, ein kluger Kritiker der skinnerschen Betriebsführung, hat dar-

auf hingewiesen, daß die Vertreter der Theorie X außerdem
davon überzeugt sind, die meisten Menschen seien im Grunde
schwach oder dumm und verfügten deshalb nur über eine
begrenzte Fähigkeit, sich Belohnungen zu verschaffen, so sehr
ihnen auch daran gelegen sein mag. Deshalb muß der Verfechter der Theorie X ein System von Belohnungen einführen, die
der »normale« Arbeitsmarkt den Massen nicht zu bieten vermag. Und so haben die Anhänger dieser Theorie das Naheliegende getan und die Löhne für die Tage oder Stunden erhöht,
während denen ein Arbeiter besonders produktiv ist. Unter
den anderen Arbeitern erzeugt diese Maßnahme jedoch so viel
Unwillen, daß sie letztlich kontraproduktiv ist. Man hat sich
deshalb nach anderen, weniger direkten Formen der Belohnung umgesehen und z. B. mit der Idee einer *reward clock,* einer
»Belohnungsuhr«, experimentiert: Wenn ein Arbeiter eine bestimmte Aufgabe, die zu erfüllen normalerweise zehn Minuten
beansprucht, in fünf Minuten erledigt, bekommt er fünf Minuten bezahlter Pause; wenn er die gleiche Aufgabe in drei
Minuten erledigt, bekommt er einen Bonus – nicht sieben,
sondern acht Minuten bezahlter Pause, und so weiter.
Am populärsten ist zur Zeit der dritte Ansatz. Er stellt die Idee
der Kooperation in den Mittelpunkt. Die reale Leistungsfähig-
keit und Produktivität eines Betriebes hängen den Verfechtern
dieser Theorie zufolge davon ab, wie in ihm Ziele bestimmt
und Aufgaben definiert werden. Sofern die Arbeiter an diesen
Entscheidungen partizipieren, werden sie sich anstrengen, auch
wenn die Arbeit nicht nach ihrem Geschmack ist, ja sogar
dann, wenn die externe Belohnung nicht hoch ist. Der Grund
hierfür ist, daß sie sich jetzt für das, was sie tun, verantwortlich
fühlen. In der Praxis verfängt sich dieser Ansatz jedoch in den
Fallstricken der kapitalistischen Realität. Kapitalistische Großunternehmen lassen sich auf kooperative Praktiken ein, weil sie
in ihnen ein Mittel zu anderen Zwecken, etwa zur Steigerung
der Produktivität, sehen. Wirklich sozialistische Experimente
mit kooperativen Unternehmensformen hingegen – darauf
hat der jugoslawische Soziologe Rudi Supek hingewiesen –
nehmen die Kooperation für einen Zweck an sich, der so

wichtig ist, daß ihm gegebenenfalls sogar die Produktivität geopfert werden sollte. Außerdem findet die Kooperation im kapitalistischen Großunternehmen zwischen Ungleichen statt. Experimente zur kooperativen Entscheidungsfindung verwenden Fragebogen, um herauszufinden, wie die Beschäftigten ihre Arbeit tun wollen, oder man veranstaltet Besprechungen mit den Beschäftigten an ihrem Arbeitsplatz. Mit diesen Techniken soll ein Gefühl der Zusammengehörigkeit und des guten Willens zwischen denen, die letztlich Einfluß ausüben, und denen, die diesem Einfluß ausgesetzt sind, erzeugt werden.

Das psychologische Ziel dieser drei Ansätze ist die Stimulation, nicht die Autonomie des Arbeiters. Diejenigen, die die Arbeitszufriedenheit in den Vordergrund rücken, sind kaum bereit, zuzulassen, daß der Arbeiter selbst die Aufgabenbereiche gestaltet, die ihn am meisten interessieren; sie sehen hierin ein äußerst kostspieliges Unterfangen ohne jede Garantie dafür, daß der Arbeiter seinen Aufgabenbereich in einer Weise gestaltet, die der Bürokratie von Nutzen wäre. Die Rahmenbedingungen werden von den Autoritäten gesetzt; unter Verwendung von Tests und Befragungen legen sie fest, was den Arbeiter wahrscheinlich am meisten interessiert. Die Vertreter der Theorie X geben dem Arbeiter bei der Planung seiner eigenen Konditionierung keine Stimme; Belohnungen und Strafen werden von anderen festgelegt, weil die Anhänger der Theorie X unterstellen, daß niemand »fair spielt«, wenn es darum geht, sich selbst zu bestrafen. Wie die realen Machtverhältnisse dort aussehen, wo der dritte, der »kooperative« Ansatz praktiziert wird, hat ein Psychologe, der für ein großes Chemieunternehmen arbeitet, einigermaßen kleinlaut so beschrieben:

»Zu oft fragen wir die Beschäftigten in allen Einzelheiten nach ihren Ansichten und Meinungen, aber wenn wir die Daten dann haben, geschieht in den meisten Fällen nichts. Das liegt daran, daß die Beschäftigten dem Management Dinge erzählen, die es nicht hören will, und deshalb beachtet das Management die Ergebnisse nicht. Und am Ende fragt man sich, warum wir immer noch Unzufriedenheit, Beschwerden und Streiks haben. Es wäre besser, die Beschäftigten nicht nach ihren Ansichten und Überzeugungen zu fragen, als sie danach zu fragen und dann nichts zu tun.«

All diesen Ansätzen war kein eindeutiger Erfolg beschieden. Doch trotz ihrer zweifelhaften Effizienz hat man an ihnen festgehalten, weil sie die Atmosphäre innerhalb von Großunternehmen zu bessern versprechen. Im Grunde genommen verdeckt diese Art der Humanisierung bloß eine Befehlsstruktur. Die Beschäftigten sollen in hierarchischen Strukturen arbeiten, weil dies letztlich ihrer eigenen Zufriedenheit zugute kommt. Macht wird wahrgenommen als die Fähigkeit, andere auf eine Weise zu beeinflussen, die ihnen schließlich befriedigend erscheinen wird. Man analysiert die Beschäftigten, die Objekte dieser Macht, sorgfältig, um herauszufinden, wie sie beeinflußt werden können; das Subjekt, das diesen Einfluß dann ausübt, betrachtet man als neutral. Der Vorgesetzte von Dr. Dodds ist ein solcher Einfluß.

Am anschaulichsten wird dieses Konzept von Einfluß in den Schriften von Herbert Simon, dem Begründer der Organisationstheorie. Die Hauptwerke von Herbert Simon sind *Administrative Behavior* (dt. *Entscheidungsverhalten in Organisationen*) und *Models of Man*. In beiden Büchern geht es ihm darum, zu zeigen, daß die Entscheidungen von Wirtschaftsunternehmen nicht nur von den äußeren Marktverhältnissen, sondern ebenso von der inneren Organisation abhängig sind. Diese innere Organisation begreift er als ein Geflecht von Einflüssen, wobei der Einfluß des Einzelnen von seiner Position und Funktion innerhalb des Unternehmens abhängt. In den Werken Herbert Simons ist das Konzept von Einfluß moralisch neutral; Manipulation, Täuschung und das Streben, die eigene Position zu sichern, scheinen bei der Beeinflussung anderer und bei der Entscheidungsfindung allenfalls eine untergeordnete Rolle zu spielen.

Während seiner Laufbahn hat sich Simon immer wieder mit
der Frage beschäftigt, wie man die innerhalb von Organisationen wirksamen Einflüsse in »Modellen« darstellen kann. Man
sollte annehmen, daß die Struktur dieser Einflüsse etwas mit
den Aufgaben zu tun hat, die eine bestimmte Organisation
erfüllt, und daß man Modelle für das Verhalten in Organisationen auf die Probleme beziehen muß, die sich einem Unternehmen stellen, wenn es seine Wirtschaftsmacht zu erweitern und
Geld zu verdienen versucht. In Simons Arbeiten jedoch ist das
Unternehmen eine Welt für sich. Er hat sich bemüht, die Art,
wie Entscheidungen zustande kommen, von ihrem Inhalt –
Wettbewerb, Kapital, Expansion, Fusionierung usw. – zu trennen. Dieser Versuch ist an sich nicht unvernünftig. Ursprüng-
lich war es sein Ziel, zu zeigen, daß bürokratisches Handeln
innerhalb von Wirtschaftsunternehmen nicht bloß ein Reagieren auf Außeneinflüsse des Marktes ist. Auf dem Papier läßt
sich ein Unternehmen als übersichtliche Befehlshierarchie darstellen, in Wirklichkeit jedoch ist es ein Labyrinth von Kom-
munikationssträngen, in dem die meisten Beteiligten vielen,
einander widerstreitenden Zwängen ausgesetzt sind. Dieser
zunächst vernünftig erscheinende Ansatz birgt allerdings ein
Problem in sich: Simon wollte nicht den Fehler machen, die
Entscheidungsprozesse in Wirtschaftsunternehmen als ganz
und gar vom Markt determiniert zu beschreiben; er ist dabei
aber in das andere Extrem verfallen und hat das Unternehmen
von der Außenwelt völlig abgetrennt. So wird der »Einfluß«
niemals von der rauhen Wirklichkeit des Lebens angetastet
oder befleckt.

Trotz seiner theoretischen Mängel offenbart dieses Konzept
von Einfluß eine bestimmte Grundhaltung, die Organisations-
fachleute und Organisationstheoretiker gegenüber der Autorität einnehmen. Im allgemeinen ist Autorität ein Element, das
dazu dient, Befehls- und Gehorsamsbeziehungen mit einer
bestimmten Bedeutung zu erfüllen; in diesem System dagegen
kommen der Autorität alle möglichen Bedeutungen gleichzeitig zu, so daß sie am Ende gar keine Bedeutung mehr hat. Ein
bekanntes Lehrbuch für Studenten der Betriebswirtschaft,

Effective Managerial Leadership von James J. Cribbin, beschreibt den guten, »kooperativen« Manager so:

»Er zögert nicht, entschieden aufzutreten, wenn die Umstände es erfordern, aber er pocht nicht ständig auf seine Weisungsbefugnis. Er bewertet die Selbstdisziplin höher als die von außen auferlegte Disziplin und konstruktive Vorschläge höher als unterwürfige Konformität. Ein solcher Manager, für den Autorität auf Kompetenz und nicht auf seiner Position beruht, interagiert mit seinen Mitarbeitern auf der Basis gegenseitiger Beeinflussung. Wenn er ein Team zusammenstellt, ist ihm klar, daß sein Ziel darin besteht, den Beschäftigten zu helfen, bestimmte persönliche Interessen zu befriedigen und dabei gleichzeitig die Ziele der Gruppe oder des Unternehmens zu erreichen. Der Kommunikationsfluß ist frei, konstruktiv und auf die Zwecke gerichtet, um derentwillen die Gruppe besteht. Konflikte schließlich werden, wenn möglich, durch Synthese der widerstreitenden Ansichten gelöst.«

Weil »Einfluß« ein in sich geschlossenes, auf sich selbst bezogenes System ist, muß der gute Manager überall sein, und er muß alles sein. Und weil »Einfluß« moralisch neutral ist, muß er immer und in allem, was er tut, für das Wohl derer wirken, die er beeinflußt. Die gleiche Vorstellung von Einfluß als einem freischwebenden Phänomen begegnet uns, scheinbar auf höherem Niveau, in den Argumenten von Chris Argyris, Professor für Betriebswirtschaft an der Yale University:

»Die Verantwortung jedes leitenden Angestellten innerhalb einer Organisation besteht darin, seine Kompetenz im Umgang mit verschiedenen Führungsstilen so zu erweitern, daß er mit einem Minimum an Ambivalenz und persönlicher Unsicherheit von einem zum anderen überwechseln kann. Der leitende Angestellte muß diese Führungsphilosophie vollständig internalisiert haben. Ein operationales Kriterium für die angemessene Internalisierung besteht darin, daß sein Vertrauen in die realitätszentrierte Leitung so groß ist, daß er

sich nicht verunsichert oder schuldig fühlt, wenn seine Ver-
haltensänderung, etwa der Übergang von einem direktiven
zu einem eher partizipativen Führungsstil, von anderen in
Frage gestellt wird.«

Alle diese Beeinflussungsideologien gehen davon aus, daß
sich der effektive Manager nie bindet, daß er nie Stellung
bezieht. Gerade dadurch bewahre er sich seine Autonomie.
Der Sachverstand dessen, der »koordiniert« und »Probleme
ausräumt«, besteht darin, sich nie festlegen zu lassen. Das ist
es, was der Vorgesetzte von Dr. Dodds so erfolgreich praktiziert – mit seinen Umkehrreaktionen erspart er es sich, Stellung zu nehmen und zu erklären, wie er sich gegenüber dem
Angebot der anderen Firma verhalten wird. Wahrscheinlich
wird er sich erst äußern, nachdem er einen Personalausschuß,
wie er auch der oben beschriebenen Chefin der Buchhaltungsabteilung zur Verfügung stand, einberufen hat, und damit wird die letzte Entscheidung noch weniger seine persönliche sein. Im allgemeinen glauben wir, gute Manager seien
entscheidungsfreudig; der wirklich effektive Manager ist indessen derjenige, der sich niemals eine Blöße gibt. Das läßt
sich auch freundlicher umschreiben: Er bewahrt sich seine
Einflußmöglichkeiten, er ist flexibel, oder er ist, wie es Argyris treffend ausdrückt, imstande, »mit einem Minimum an
Ambivalenz und persönlicher Unsicherheit« seine Position zu
wechseln.
Die Idee des Einflusses ist daher letzter Ausdruck der Autonomie. Die Wirkung des Einflusses besteht darin, zu verschleiern,
was der Chef will und wofür er einsteht. Einfluß, der darauf
abzielt, die Zufriedenheit der Beschäftigten mit ihrer Arbeit zu
erhöhen, verweigert diesen die Freiheit, in diesem Sinne selbst
aktiv zu werden; das, was sie zufrieden machen soll, wird von
anderen für sie entworfen. Vergnügen an der Arbeit soll Konfrontation abbauen. Aber die Beeinflusser sagen nicht, wer sie
sind, was sie repräsentieren oder was sie erwarten; ihr Einfluß
setzt keine Regeln, er stimuliert. Es bleibt dem Untergebenen
überlassen, das Schema herauszufinden, nach dem all das vor

sich geht – ein extremes Beispiel für Hegels Satz, die größte Ungerechtigkeit der Gesellschaft sei es, daß der Unterlegene begreifen muß, was Macht ist.

Autonomie und Freiheit

Autonomie weckt nicht zuletzt deshalb so kräftige Gefühle, weil viele Menschen zu der Ansicht neigen, autonom sein bedeute frei sein. »Solange sie einen herumstoßen können«, erklärte mir einmal ein Arbeiter in Boston, »ist man nichts.« Gewöhnliche Leute sehen in der Beeinflussung anderer nicht so sehr die Möglichkeit, den eigenen Machtgelüsten zu frönen, als vielmehr die Chance, sein eigener Herr zu sein. Die Autonomie errichtet eine Barriere gegen die Welt; sobald man sich abgeschirmt hat, kann man so leben, wie man selbst es will.

Im zweiten Band seines Werkes *Über die Demokratie in Amerika* hat Tocqueville als erster diesen Glauben an den Zusammenhang zwischen Autonomie und Freiheit aufgedeckt, und deshalb wirkt seine Beschreibung Amerikas in der Ära Andrew Jacksons auf den heutigen Leser nicht wie ein Bild der Vergangenheit, sondern führt ihm diese Vergangenheit als Keimzelle unserer eigenen Gegenwart vor Augen. Tocqueville bedient sich der Terminologie seiner Epoche, um diesen Glauben zu charakterisieren; er bezeichnet die Freiheit als das Ziel des »Individualismus« – aber unter »Individualismus« versteht er etwas anderes als seine Zeitgenossen. In einem bekannten Passus des zweiten Bandes, zu Beginn des zweiten Abschnitts, erläutert er den Unterschied zwischen Selbstsucht und Individualismus:

> »Die Selbstsucht ist eine leidenschaftliche und übersteigerte Liebe zu sich selber, die den Menschen dazu treibt, alles nur auf sich zu beziehen und sich selbst vor allem den Vorzug zu geben.«

Der Individualismus dagegen

»ist ein überlegendes und friedfertiges Gefühl, das jeden
Bürger drängt, sich von der Masse der Mitmenschen fernzu-
halten und sich mit seiner Familie und seinen Freunden
abzusondern; nachdem er sich eine kleine Gesellschaft für
seinen Bedarf geschaffen hat, überläßt er die große Gesellschaft gern sich selbst«.

Es ist dies nicht der Individualismus der Sozialdarwinisten,
nicht die streitsüchtige, unnachgiebige Kraft im Kampf ums
Überleben; ganz im Gegenteil. Es ist dies auch nicht der
Individualismus, den Jacob Burckhardt in der italienischen
Renaissance entstehen und in der Neuzeit erstarken sah.
Burckhardt zeigt uns Männer und Frauen, die kämpfen, um
einander Ruhm abzugewinnen, die um ihrer besonderen Ei-
genschaften willen als Individuen anerkannt werden wollen.
Diese Zurschaustellung von *virtù* setzt ein fest ausgeprägtes
Gemeinschaftsgefühl voraus, ein heftiges Verlangen nach
Kontakten zu anderen. Tocqueville hingegen zeigt uns Män-
ner und Frauen, deren Wunsch es ist, in Ruhe gelassen zu
werden. Weder habgierige Unternehmer noch heroische,
Beifall heischende Charaktere, wollen sie für sich bleiben,
um ihre Interessen, ihre Vorlieben, ihre Innerlichkeit entfalten zu können.
Tocqueville zeichnet ein einfühlsames Bild von diesen Indivi-
dualisten, von den sanften Regungen der einfachen Leute.
Aber deren Träume von individueller Entfaltung gehen zu
Bruch, wenn ein Stärkerer in den geheiligten Bezirk des
Selbst eindringt, so wie ein lautes Geräusch auf der Straße
einen daran hindern kann, den Gedanken fortzuspinnen, dem
man gerade nachhing. Deshalb wird dieses Individuum von
einem heftigen Wunsch erfaßt. Er richtet sich vor allem darauf, die Macht innerhalb der Gesellschaft gleichmäßig zu verteilen, so daß niemand stark genug ist, bei anderen einzu-
dringen. Wenn alle gleich sind, kann jeder seine eigenen
Wege gehen. Tocqueville bezeichnet dies als das Grundprinzip des »demokratischen Individualismus«, wobei er, wie
sein amerikanischer Biograph George Pierson feststellt, »de-

mokratisch« hier im Sinne von »gleich« oder »gleichberechtigt« verwendet.

Wenn allerdings die gesellschaftlichen Verhältnisse eine solche Gleichheit nicht zulassen, dann gibt es noch eine zweite Verteidigungslinie: Gleichgültigkeit, Abkehr von den anderen, bewußte Teilnahmslosigkeit. Wer sich so verhält, den können die anderen emotional nicht erreichen. In der Außenwelt ein Gefangener, kann er doch im Innern seinen eigenen Weg gehen. An dieser zweiten Verteidigungslinie wird Autonomie für die, die von anderen abhängig sind, zum Freiheitsideal.

Der ganze zweite Band von Tocquevilles *Demokratie in Amerika* untersucht die tragischen Konsequenzen dieses Ideals. Sie sind sowohl psychologischer als auch politischer Natur. Die psychologische Konsequenz besteht darin, daß man unablässig im eigenen Innern nach Erfüllung sucht, als sei das Selbst ein Warenhaus voller Genüsse und als hätten einen die Mitmenschen bisher daran gehindert, es zu erkunden:

> »Abgesehen von den Gütern, die er besitzt, stellt er sich jeden Augenblick unzählige andere vor, deren Genuß ihm der Tod verwehren wird, wenn er sich nicht sputet. Dieser Gedanke erfüllt ihn mit Unruhe, Furcht und Bedauern und hält sein Gemüt in einer Art ständiger Erregung, die ihn antreibt, jeden Augenblick Pläne und Ort zu wechseln.«

Ein solcher Mensch ist isoliert, unruhig, unerfüllt: Freiheit durch Autonomie zu erlangen erzeugt schreckliche Ruhelosigkeit.

Die politischen Konsequenzen dieses Ideals sind ebenso destruktiv. Wenn die zweite Verteidigungslinie gegen ein Eindringen von außen darin besteht, daß man sich die Macht vom Leib hält und so tut, als komme ihr keine Bedeutung zu, dann wächst die Bereitschaft, dem Staat mehr und mehr Rechte einzuräumen, ihm immer mehr Spielraum zu lassen, sofern er nur die eigene Innenwelt nicht allzu sehr unter Druck setzt. Ein Staat, der diese Bedingungen erfüllt, wäre »absolut, vielfach gegliedert, geordnet, weitsichtig und sanft«. Ich glaube,

Tocqueville ist der erste, der den Ausdruck »Wohlfahrtsstaat«
gebraucht hat – und so beschreibt er ihn:

> »Ich werfe der Gleichheit nicht vor, daß sie die Menschen
> zum Streben nach verbotenen Genüssen verleitet, sondern
> daß sie sie im Streben nach den Genüssen, die erlaubt sind,
> ganz aufgehen läßt [. . .]. Wahrscheinlich wird sich eine Art
> von redlichem Materialismus [matérialisme honnête] in der
> Welt ausbreiten, der nicht die Seele verdirbt, sondern in aller
> Stille die Triebfedern ihres Handelns entspannt.«

Aus diesen psychologischen und politischen Gründen hielt
Tocqueville die Überzeugung, die Menschen seien frei, sofern
sie autonom seien, für gefährlich. Sie mündet in ständiger
Unzufriedenheit und gewöhnt die Bürger an die Methoden
eines sanften und zugleich entkräftenden Staates. Und das, was
Tocqueville dieser Überzeugung entgegenstellt, ist nicht der
aggressive Konkurrenzindividualismus, sondern eine gesellige
Idee der Freiheit.

Tocqueville fürchtete, die Idealvorstellung, Freiheit lasse sich
durch Autonomie erlangen, könne so unwiderstehlich sein,
daß die mit ihr verbundenen Gefahren erst erkannt würden,
wenn es zu spät sei. Wenn die Umfragen über den Status
verschiedener Berufe und wünschenswerter Persönlichkeits-
merkmale ein verläßlicher Indikator sind, dann hat sich der
Glaube an den Wert der Autonomie heute tatsächlich weit
verbreitet. Daß jene, die nicht darüber verfügen, der Autonomie einen hohen Wert beimessen, kann die Autorität derer
festigen, die in der Wahrnehmung der anderen über Autonomie verfügen. Sie stehen höher, sie sind freier; Autonomie
vermittelt eine Vorstellung davon, was es heißt, stark zu
sein. Aber die Gefahr, die Tocqueville sah, muß in den größeren Zusammenhang der Beziehung zwischen Autorität und
Freiheit gestellt werden, wie die westliche Industriegesellschaft sie kennt.

Wir haben die Freiheit, der Autorität zu mißtrauen, mehr noch,
wir können unser Mißtrauen offen bekunden – eine Freiheit,

die in Ländern, die von »Vätern« regiert werden, unbekannt
ist. Die dominierenden Autoritätsbilder legen eine solche ab-
lehnende Haltung nahe. Den einen Pol markiert das Bild der
paternalistischen Autorität, die etwas untilgbar und offenkundig Falsches an sich hat: Wenn der »Herr« Anteil nimmt, dann
nur, soweit es seinem eigenen Interesse entspricht, zu seinen
eigenen Bedingungen, und dankbare Passivität ist der Preis,
den die Empfänger dafür zahlen müssen. Den anderen Pol
markiert das Bild einer Person, die keinerlei Bereitschaft erkennen läßt, sich um andere zu kümmern; sie kümmert sich um
sich selbst; sie zeigt ihre Selbständigkeit durch Gleichgültigkeit, durch Abkehr von anderen – ein Verhalten, das man
fälschlich als »unpersönlich« bezeichnet hat, während es in
Wirklichkeit bei dem, der ihm ausgesetzt ist, ein tiefes Gefühl
der Zurückweisung auslöst. Der Ausgangspunkt dieser Zurückweisung, eine konkrete Person, die anderen gegenüber
verantwortlich ist und mit ihnen von Person zu Person verkehren muß, läßt sich in der Praxis moderner Bürokratien immer
schwerer ausmachen. Aus einer klar umrissenen Gestalt, die
über Macht verfügt, verwandelt sich die Autorität in eine
ungreifbare Instanz, die Einfluß ausübt, ohne Verantwortung
zu übernehmen und ohne denen, die sie beeinflußt, direkt
gegenüberzutreten. Ein Richter, dessen Urteile ebenso intensiv
wie willkürlich sind: Ansichtssachen. Und auch das macht ihn
frei.

Diese Autoritätsbilder entwickelten sich aus grundlegenden
Ambiguitäten innerhalb des Kapitalismus, Ambiguitäten im
Hinblick auf die Bedeutung von »Gemeinschaft« und »Indivi-
dualismus«. Keinem der Autoritätsbilder ist es gelungen, diese
Ambiguitäten auf Dauer zu beheben, und auch dieses Schei-
tern hat uns unsere Freiheit bewahrt. Der »Führer« und der
»Duce« führen uns drastisch vor Augen, wie die europäischen
Gesellschaften aussähen, wenn die Dissonanzen tatsächlich ver-
schwinden würden.

Unser Problem – und es ist tatsächlich ein Problem – ist in der
Sphäre unserer Freiheit angesiedelt. Die dominierenden Formen von Autorität in unserem Dasein sind destruktiv; sie

gewähren keine Obhut; das Bedürfnis nach Obhut – nach jener
Liebe, die den anderen fördert – ist aber ein Grundbedürfnis der
Menschen, so elementar wie der Hunger oder die Sexualität. Es
wäre absurd, Eigenschaften wie Mitgefühl, die Fähigkeit, Vertrauen und Sicherheit einzuflößen, bei den Autoritätsgestalten
unserer Erwachsenenwelt zu suchen. Aber wir sind immerhin
frei – frei, unseren Herren vorzuwerfen, daß ihnen diese Eigenschaften fehlen.

Die Schwierigkeit besteht darin, daß wir uns, indem wir sie
zurückweisen, an sie binden. Diese Bindungen beruhen auf der
Angst vor ihrer Stärke oder auf dem Wunsch, eine Vorstellung
von Stärke zu gewinnen, indem wir ihre Fehler benennen und
versuchen, diesen unbefriedigenden Bildern etwas abzuringen,
was unser Grundbedürfnis nach Autorität befriedigt. Alles,
was die Autorität tut, scheint bedeutend, und dies ist es, was
uns fesselt und fasziniert. Man kann ihr die Loyalität aufkündi-
gen, man kann ihre Gebote übertreten, wie es Dr. Dodds und
Miss Bowen getan haben. Diese Negationen zielen jedoch
nicht auf den Sturz der Autorität, sie wollen vielmehr deren
Aufmerksamkeit gewinnen.

Ein vernünftiger Mensch würde es gewiß verabscheuen, sich
solchen ungreifbaren, illusionären Autoritäten zu überantwor-
ten. Aber die Falle, in die man gerät, wenn man sie zurückweist, besteht nicht nur in der Hoffnung, daß man ihre Anteilnahme schließlich doch erlangen wird. Niemand, so wohlwol-
lend er sein mag, kann einem anderen Obhut zuteil werden
lassen, als handelte es sich dabei um eine Ware. Ebensowenig
kann man Anteilnahme einfordern, wie man die Zinsen aus
einer Investition einfordert. Doch die Illusion schützt sich
selbst. Der Unzufriedene, der Unglückliche stellt sich vor,
wenn nur ein anderer das Heft in der Hand hielte, würde sein
Unglück ein Ende haben, er würde sich geachtet fühlen, weil er
beachtet wird. Dr. Dodds stellt sich vor, ein anderer Chef hätte
ihm keine Schuldgefühle eingeflößt; nicht die Art, wie er und
sein Vorgesetzter miteinander sprechen, sondern die Person
dieses Vorgesetzten erscheint ihm als das eigentliche Problem.
Die Angehörigen der Buchhaltungsabteilung stellen sich vor,

daß ihnen die Arbeit mehr zusagte, wenn nur ihre Chefin mehr Stärke bewiese – dabei waren viele von ihnen in der Vergangenheit gerade vor einer solchen stärkeren Person geflohen. Für Miss Bowen waren die Personen, die Autoritäten hätten sein sollen, nie stark genug. Alle diese Negativvorstellungen stehen ganz und gar unter der Ägide der bestehenden Ordnung. Sie kündigen der Autoritätsgestalt den Glauben auf, aber nur um von einer anderen zu träumen, nicht von einem anderen Verhältnis zu ihr.

Zweiter Teil: Anerkennung

4. Das unglückliche Bewußtsein

Hegels Reise

1807, im Alter von siebenunddreißig Jahren, veröffentlichte Hegel sein erstes großes Werk, die *Phänomenologie des Geistes*. Das Buch wurde in einer Atmosphäre tiefgreifender Umwälzungen vollendet. Im Jahr zuvor hatte Napoleon die Stadt Jena, wo Hegel lehrte, eingenommen; mit dem halben Manuskript und wenig sonst hatte Hegel die Flucht ergriffen.

Die *Phänomenologie* zeigt uns einen Philosophen, der die Gesellschaft aus einem anderen Blickwinkel betrachtet als der junge Hegel in seiner leidenschaftlichen Stellungnahme zur Französischen Revolution. Die Negation, die in seinen früheren Arbeiten ebenso wie in den Schriften Fichtes und Friedrich Schlegels einen wichtigen Platz einnahm, ist auch hier gegenwärtig. Aber er hat diese Idee jetzt weiter entfaltet, angereichert und neben einen anderen Begriff gestellt, den der Anerkennung.

In dem vielleicht berühmtesten Kapitel der *Phänomenologie*, »Herrschaft und Knechtschaft«, gibt Hegel eine knappe Definition dieses Begriffs. Zu Beginn des Kapitels schreibt er, ganz sei der Mensch »nur als ein Anerkanntes«. Deshalb richtet er sein Augenmerk auf die »Bewegung des [gegenseitigen] Anerkennens«. Den Anderen, ob er nun gut oder böse, mächtig oder schwach ist, einfach auszuschließen, würde bedeuten, daß man selbst als Person unvollständig bleibt. Der Gedanke der Anerkennung könnte trivial anmuten; daß kein Mensch eine Insel ist, ist eine Binsenweisheit. Aber in der Psychologie der Autorität hat dieser Gedanke auch eine tragische Bedeutung.

Wo es um Autorität geht, geht es, wie wir gesehen haben, um die Bestimmung und Deutung von Macht- oder Stärkeunterschieden. Wahrnehmung von Autorität bedeutet zunächst einmal, die Existenz solcher Unterschiede anzuerkennen. Louis Dumonts Untersuchung der indischen Zivilisation in

seinem Buch *Homo hierarchicus* (dt. *Gesellschaft in Indien*) und
Le Roy Laduries Schilderung eines mittelalterlichen Pyrenäen-
dorfes in seinem Buch *Montaillou* entwerfen das Bild eines
Daseins, das ganz in Stärkehierarchien eingeschlossen ist; auf
jeder Stufe blicken die Menschen zu einem anderen auf, der
über ihnen steht und an ihrer Stelle handelt, denkt oder deutet,
soweit sie selbst dazu nicht in der Lage sind. Diese Form des
Zusammenlebens war so natürlich, daß die mit ihr gesetzte
Abhängigkeit nichts Beschämendes hatte. Dem modernen Leser erscheint es seltsam, wenn Bischöfe und Bauern des mittelalterlichen Languedoc voller Respekt miteinander sprechen,
obwohl sie einander nicht ebenbürtig sind.

Man könnte den Untergang dieser Gesellschaften bedauern
(wenn man die Armut, den Aberglauben und die legale Sklaverei romantisierte) – aber die Tatsache, daß sie einmal existiert
haben, liefert uns einen wichtigen Hinweis: Psychologische
Anerkennung war vereinbar mit sozialer Differenz. Für das
moderne Bewußtsein besteht zwischen diesen Momenten eine
Dissonanz. Die Verhältnisse des Mittelalters brachten Hegel
auf den Gedanken, daß die Beziehung zwischen Anerkennung
und Differenz ein ganz und gar psychologisches Phänomen ist.
So entwarf er das Bild einer langen, inneren Reise, einer Suche
nach einer zufriedenstellenden Autorität, in deren Verlauf diese
Elemente in einem ständigen Wechselspiel stehen; am Ende
dieser Reise sollte nicht eine glückliche Gesellschaft mit Königen und sozialen Kasten stehen, sondern ein spannungsvolles,
gespaltenes Bewußtsein, das die Macht der Autorität kennt und
dennoch frei ist. Sieht man einmal von Hegels spezifisch philo-
sophischen Fragestellungen ab, so zeigt die von ihm beschriebene Reise, wie der Umgang mit Autorität zu einer weniger
demütigenden Erfahrung und im Alltagsleben freier werden
könnte.

Zunächst will Hegel, daß wir uns eine Art von Zweikampf
vorstellen. Zwei Menschen ringen miteinander um Aufmerksamkeit. Beachte mich; ich beachte dich nur, weil ich will, daß
du das, was ich will, berücksichtigst. Hegel sagt: »Sie müssen
in diesen Kampf gehen, denn sie müssen die Gewißheit ihrer

selbst, *für sich zu sein*, zur Wahrheit an dem andern und an ihnen selbst erheben.« Das heißt, wenn du meine Bedürfnisse und Wünsche in deinem Handeln berücksichtigst, dann sind sie wirklich und dann bin ich wirklich. Aber dieser Kampf um Anerkennung durch den anderen ist keiner auf Leben und Tod. Würde ich deinen Geist so vollkommen besiegen, daß du zum verächtlichen Sklaven, zu einem Nichts würdest, so hätte ich einen Pyrrhussieg errungen. Keiner, der anders ist als ich, wäre da, um mein Dasein anzuerkennen. Ich brauche aber einen Anderen, einen von mir unterschiedenen Menschen, der mir mit seiner Wertschätzung, seiner Ehrerbietung, seinem Gehorsam zeigt, daß dem, was ich will, Gewicht zukommt. Dieser Sieg, der vor der Zerstörung des Gegners innehält, diese ungleiche Gewichtung der Bedürfnisse und Wünsche der beiden Kontrahenten, schafft jene Beziehung, die Hegel als die Beziehung von Herrschaft und Knechtschaft bezeichnet.

Jessica Benjamin vertritt die Auffassung, diese Beziehung lasse sich am besten unter dem Aspekt des Genusses begreifen, den die Macht bietet. Hegel, so sagt sie, geht davon aus, daß der Mächtige aus seiner Macht Genuß ziehen kann; der »Knecht« schafft die Voraussetzungen für diesen Genuß – nicht nur psychologisch, durch Schmeichelei und Aufmerksamkeit, sondern auch indem er für den Herrn arbeitet. Der Knecht erzeugt Dinge, die dem Herren zum Vergnügen gereichen und ihm ein Gefühl seines Wertes vermitteln, ähnlich wie dem Kaiser Nero, der, auf die römische Flotte deutend, ausgerufen haben soll: »Das alles gehört mir!« Die Arbeit, die der Knecht verrichtet, birgt jedoch eine merkwürdige Ironie in sich, eine Ironie, die ihn am Ende frei machen wird.

Der Herr ist in seinem Genuß auf den Knecht angewiesen. Gewiß, er kann seinen Diener hungern lassen, er kann ihn schlagen und mißhandeln – doch die bloße Gewaltanwendung bringt ihm allenfalls sadistischen Genuß. Indem er solche Strafen lediglich androht, hofft der Herr, er könne seinen Knecht veranlassen, mehr zu produzieren, psychologisch wie materiell. Was der Knecht nun leistet, liegt jedoch außerhalb der Beziehung, die zwischen ihm und seinem Herrn besteht. Nehmen wir an, er stellt zur Freude seines Herrn einen Pelzmantel her. Mit dessen Anfertigung kommen handwerkliche Maßstäbe ins Spiel, die von der Freude des Herrn an dem Gegenstand selbst unabhängig sind. »Der Herr«, sagt Hegel, »bezieht sich auf den Knecht mittelbar durch das selbständige Sein. [...] Der Herr aber ist die Macht über dies Sein ...« – doch der Mantel und der Herr sind nicht eins.

Die Ironie beginnt also damit, daß der Herr für seinen Genuß und seine Selbstbestätigung auf den Knecht angewiesen ist. »Die Wahrheit des selbständigen Bewußtseins ist demnach das knechtische Bewußtsein.« Die Ironie gipfelt darin, daß die Arbeit, die der Knecht für seinen Herrn tut, ihn letztlich aus der Herrschaftsbeziehung und der Unterlegenheit herausführt. »[...] das arbeitende Bewußtsein«, so Hegel, »kommt also hierdurch [durch die Arbeit] zur Anschauung des selbständigen Seins als seiner selbst.« Der erste Schritt aus der Knechtschaft ist, daß der Unterlegene, indem er über sein Verhältnis zu der Arbeit, die er verrichtet, nachdenkt, »eigener Sinn« wird und somit entdeckt, daß er über ein eigenes Bewußtsein verfügt. In diesem Augenblick hat er begonnen, sich zu befreien.

Der junge Hegel glaubte, die Bürde, die gesellschaftlichen Voraussetzungen von Freiheit zu schaffen, laste auf den Unterdrückten; kein platonischer Wächter und kein hilfreicher Engel werde ihnen Beistand leisten. Der Hegel der *Phänomenologie* faßt diesen Gedanken klarer, indem er der Entstehung der Freiheit einen bestimmten Ort zuweist – das Bewußtsein des Knechts von seiner Arbeit. Sodann beschreibt er die Etappen auf dem Weg zur Freiheit, die der Knecht durchläuft. Es sind vier Etappen, und den Schritt von einer zur anderen macht der Unterdrückte, indem er negiert, was er zuvor geglaubt hatte. Diese vier Phasen nennt Hegel Stoizismus, Skeptizismus, das unglückliche Bewußtsein und das vernünftige Bewußtsein. Am Anfang steht der Rückzug des Stoikers von der äußeren Welt, seine Versenkung in die eigene Gedankenwelt – eine unentwickelte, nach innen gekehrte Freiheit. Der Skeptizismus der nächsten Stufe wendet sich der Welt zu: Der Knecht ist zwar immer noch folgsamer Diener, aber er zweifelt bereits an der Rolle, die er spielt, und ebenso an der moralischen Überlegenheit des Herrn. Das unglückliche Bewußtsein wendet dieses skeptische Wissen nach innen; in jedem Menschen wohnt ein Herr und ein Knecht. Hegel nennt das unglückliche Bewußtsein »das Bewußtsein seiner als des gedoppelten, nur widersprechenden Wesens«. Im vernünftigen Bewußtsein wird dieses Wissen wiederum gesellschaftlich; den unglücklichen Zwiespalt, den der Mensch in sich wahrnimmt, sieht er auch bei anderen. Hegel nennt diese letzte Stufe der Freiheit »vernünftig«, weil der Mensch jetzt imstande ist, seine Wahrnehmungen und sein Handeln mit anderen auf ein gemeinsames Ziel auszurichten; er braucht nicht mehr mit anderen um Anerkennung zu kämpfen, denn das eigene Bewußtsein ist zu der Erkenntnis durchgedrungen, daß die Spaltungen, die es in sich findet, bei allen Menschen existieren. Hegel bezeichnet dieses rationale, zweckgerichtete Bewußtsein auch als die Stufe der »absoluten« Freiheit, und die Art, wie er das Wort »absolut« verwendet, ist ein Schlüssel zu seinen grundlegenden Intentionen: »Es ist von dem Absoluten zu sagen, daß es wesentlich Resultat, daß es erst am Ende ist, was es in Wahrheit ist.«

Eine Reise also. Die Stationen dieser Reise sind von Autoritätskrisen markiert. Autoritätskrisen umlagern die Übergänge von einer Stufe zur anderen und brechen aus, wenn der Mensch Freiheit und Sklaverei in sich selbst erkennt, wenn er sie in anderen erkennt und wenn er sich selbst schließlich in anderen Menschen erkennt. Jede dieser Krisen wird dadurch ausgelöst, daß man anzweifelt, wovon man zuvor überzeugt war. Dieses Zweifeln indes ist nicht Selbstzweck. Es ist ein Mittel, um zu neuen Überzeugungen zu gelangen. Während der späteren Phasen dieses Umwälzungsprozesses, wenn man den Herrn und den Knecht in sich selbst und dann auch in anderen erkennt, verändern diese Umbrüche unsere Art, mit anderen umzugehen. In den letzten beiden Phasen verliert der Herr seine Macht über den Knecht – nicht weil dieser ihn stürzte oder sich an seine Stelle setzte, sondern weil der unglückliche Knecht ein anderer Mensch wird und dem Herrn nicht mehr als Konkurrent gegenübertritt; das zwingt auch den Herrn, sein Verhalten zu ändern.

Die Vorstellung, daß die Autorität durch periodische Krisen erneuert wird, ist vielleicht das radikalste Element in Hegels Theorie. Das Bewußtsein von Herrschaft und Knechtschaft ist alles: Krisen verändern das Wesen des Selbstbewußtseins. Immer stärker soll die Deutung von Macht durch die Ethik der Anerkennung – durch Sympathie, Sensibilität, Selbstbescheidung – bestimmt werden. Diese freie Anerkennung *ist* Freiheit. Eine höchst idealistische und spirituelle Anschauung; aber die mit ihr verbundene Auffassung von Freiheit ist alles andere als naiv. Freiheit ist nicht Glück. Freiheit ist die Erfahrung eines Zwiespalts, die Erkenntnis, daß in jedem von uns ein Tyrann und ein Sklave hausen; nur wenn die Menschen das anerkennen, können sie hoffen, jemals mehr zu sein als Duellanten. Freiheit kommt schließlich zustande, wenn die Anerkennung, die ich dem anderen zuteil werden lasse, mein eigenes Selbst nicht schmälert.

Fragen wir, inwiefern dieses philosophische System unsere konkrete Lebenswirklichkeit beschreibt, so ist zunächst festzustellen, daß die Industriegesellschaft seit Hegels Zeiten die eine Hälfte des von ihm beschriebenen Weges zurückgelegt hat. Die ersten beiden von Hegel genannten Momente, Stoizismus und Skeptizismus, sind Teil unserer Alltagserfahrungen, doch sie sind noch nicht zu den nachfolgenden Stufen der Freiheit, die Hegel ins Auge faßte, herangereift. Die ungehorsame Abhängigkeit etwa kann man als eine vertrackte Variante des Hegelschen Skeptizismus deuten. Ich lehne mich gegen dich auf, ich beschimpfe dich, ich sage, du taugst nichts, und sorge auf diese Weise dafür, daß ich mich ungefährdet in deine Gewalt begeben kann. Wie gebannt stelle ich mir immer wieder die Frage, was du denkst und tust – um dann mit höhnischem Grinsen das Gegenteil zu tun. Und so wird der Knoten deiner Herrschaft über mein Dasein noch fester gezogen, obwohl ich ungehorsam bin. Auch das phantasierte Verschwinden der Autoritätsgestalt ist ein Moment des infantilen Skeptizismus: Ich stelle mir vor, daß du deine Macht über mich verlierst, wenn ich dir keinen Glauben mehr schenke. Am kompliziertesten ist es bei der idealisierten Ersetzung: Ich denke mir persönliche Autorität wie die Herstellung eines Photoabzugs. Was immer du als Person verkörperst – es ist das Negativ; das Positiv ist das Ideal, das Gegenteil von dir. Aber stets ist es dein Bild, von dem ich Abzüge mache. – Keine dieser Negationen führt zu jener Neubestimmung der sozialen Beziehungen, die Hegel für die letzten beiden Phasen seiner Reise vor Augen hatte.

Daß diese Praktiken des Zweifelns an persönlicher Autorität nicht weiterführen, hängt mit den Formen von Autorität zusammen, die hier einem Angriff ausgesetzt sind. Wenn wir uns eine allmächtige Autorität vorstellen, so denken wir am ehesten an Tyranneien wie den Nazismus. Hegel wußte, daß die Autorität auch allmächtig – im Sinne von »absolut« – sein kann, solange man sie als etwas Äußerliches auffaßt: Für mich liegt das Problem irgendwo außerhalb, die Unterdrücker sind außerhalb von mir. Ich sitze einfach meine Zeit ab und glaube weder an sie noch an das, was ich tue. Solange ich nicht erkenne, daß ich selbst Teil des Unterdrückungszusammenhangs bin, können die Unterdrücker ungehindert schalten und walten. Ich habe meine Zweifel, und sie haben die Macht. Die dominierenden Formen persönlicher Autorität in der modernen Industriegesellschaft sind imstande, Unzufriedenheit dieser Art in ganz erheblichem Umfang freizusetzen. Zwei Pole dieser dominierenden Autorität lassen sich unterscheiden. Den einen bildet eine Autorität ohne Liebe, die Autorität der persönlichen Autonomie. Sie operiert mit der Gleichgültigkeit gegenüber anderen und einem Sachverstand, der, auf fremde Hilfe nicht angewiesen, von unten kommende Auflehnung abfängt und zugleich diejenigen, die sich auflehnen, einer starken Kontrolle unterwirft, indem er sie beschämt. Die andere Form von Autorität war früher kennzeichnend für den individuellen Kapitalisten und begegnet uns heute in kommunistischen ebenso wie in kapitalistischen Bürokratien – eine Autorität der vorgetäuschten Liebe, die Autorität des Paternalismus. Sie beruht auf einer ostentativen Wohltätigkeit, die nur so

lange vorhält, wie es im Interesse des Mächtigen liegt, und als
Preis der Obhut die passive Unterwerfung verlangt.

Um diese beiden Pole kreisen die ungehorsame Abhängigkeit,
die Phantasien des Verschwindens und die idealisierte Ersetzung – ähnlich wie die Eingeborenen auf Neuguinea ihr Stam-
mesoberhaupt in regelmäßigen Abständen rituell bedrohen;
und nachdem sie ihren »Chef« beleidigt und verleugnet haben,
nachdem sie ihre Wut an ihm ausgelassen haben, bleiben sie
seine Untertanen.

Wenn wir uns fragen, wie die Reise, die Hegel vorgezeichnet
hat, weitergehen könnte, stellen sich drei Probleme. Erstens:
Wie muß eine Autoritätskrise verlaufen, damit der Betroffene
nicht auf die Stufe zurückfällt, auf der er sich schon vorher
befand? Hegel behauptet zwar, daß sich die Entwicklung in
Gestalt solcher Krisen vollzieht, aber er erklärt nicht, wie der
Prozeß aussieht, in dessen Verlauf sich die Interpretation von
Macht tatsächlich verwandelt. Besondere Bedeutung gewinnt
dieses Problem im Hinblick auf jene Phase der Reise, die uns
noch bevorsteht – die Phase des unglücklichen Bewußtseins, in
der die Wir-gegen-sie-Mentalität mit ihrer Betonung der Ge-
gensätze überwunden wird und der Mensch erkennt, daß die
Knechtschaft auf rätselhafte Weise seinen eigenen Wünschen
entspringt. Wie kommt es zu einer solch einschneidenden
Bewußtseinsveränderung? Damit stehen wir sogleich vor dem
zweiten Problem. Wie müßte eine Welt beschaffen sein, in der
dieses unglückliche Bewußtsein sinnvoll wäre? Ich meine das
nicht abstrakt, sondern im Hinblick darauf, wie die Menschen
mit ihren Vorgesetzten, mit ihren gegen die Schule rebellieren-
den Kindern und mit einem Regierungsapparat umgehen, der
seine Fangarme nach ihrem Alltagsleben ausstreckt. Das unglückliche Bewußtsein veranlaßt die Menschen, an die Autorität, nicht aber an die Allmacht derer zu glauben, die über
Autorität verfügen; weder der Feind noch die Erlösung sind
außerhalb – sie sind Wünsche innerhalb des Bewußtseins;
sie als reine Wesenheiten in anderen suchen hieße, sich selbst
belügen. Niemand kann diesen inneren Zwiespalt heilen –
und dennoch gibt es so etwas wie Autorität. Welche Form

hätte eine diesem Wissen entsprechende Macht innerhalb der Gesellschaft? Wie sieht überhaupt Macht ohne Allmacht aus?

Mit diesen beiden Fragen gelangen wir an einen anderen Punkt als Hegel. Am Ende seiner Überlegungen stand das Bild einer kooperativen, vernünftigen Gesellschaft. Die Prozesse, durch die eine Autoritätskrise zur Entstehung des unglücklichen Bewußtseins führt, und die Frage nach der Beschaffenheit der Gesellschaft, die ein solches Bewußtsein stützt, nötigen uns hingegen, die Autorität in einem sehr viel dunkleren Licht zu sehen. Die Griechen kannten diesen anderen Ort. Die thebanischen Dramen des Sophokles handeln allesamt von Akten der Anerkennung, durch die eine absolute Autorität entthront wird; doch diese Stücke sind Tragödien. Neben die athenische Vorliebe für das vernünftig Geordnete tritt das Mißtrauen gegenüber der Fähigkeit des Menschen, die Welt zu ordnen. Dieses Mißtrauen, diese Furcht vor der Hybris, so meinte man, werde die Menschen frei machen. Ein freier Mensch glaubt, daß es Gesetze, nicht jedoch ein unumstößliches Gesetz gibt. Und im Unterschied zu den liberalen Optimisten von heute, deren Patentrezepte von einem ganz ähnlichen Gedanken ausgehen, wußten die Athener, daß Gesetze ohne das eine unumstößliche Gesetz nie völlig zufriedenstellend sein können – ähnlich einem Hunger, der um der Gesundheit willen ungestillt bleibt. Wenn man also darüber nachdenkt, wie sich eine Evolution der Autorität in Richtung auf mehr Freiheit und mehr wirkliche Liberalität vollziehen kann, stößt man auf eine Frage, die an die Wurzeln der abendländischen Zivilisation rührt. Wieviel Ungewißheit, wieviel Halbheit, wieviel unglückliches Bewußtsein kann die Menschheit um ihrer Freiheit willen ertragen?

Dieses Kapitel handelt davon, wie eine Autoritätskrise einen Menschen dazu bringen kann, der Vorstellung von einer zufriedenstellenden, allmächtigen Autorität zu entsagen. Das nächste Kapitel beschäftigt sich mit der Frage, wie die Machtverhältnisse im Alltagsleben aussehen müßten, die einem solchen Verzicht entsprächen. Das letzte Kapitel dieses Essays befaßt sich mit den moralischen Problemen, die diese Reise aufwirft.

Eine Autoritätskrise, die dazu führt, daß man auf die Vorstellung von der Allmacht der Autorität verzichtet, hat eine ganz bestimmte Struktur. Am Anfang steht die Ablösung vom Einfluß der Autorität. Dann folgt eine reflexive Frage: Was war ich, als ich unter ihrem Einfluß stand? Wenn diese Ablösungs- und Reflexionsarbeit geleistet ist, kann eine Frage im Hinblick auf die Person, die über Autorität verfügt, gestellt werden: Ist ihr Einfluß legitim? Nur wenn diese Frage als letzte folgt, kann sie frei und unvoreingenommen formuliert werden – ohne den Zwang, sie negativ zu beantworten, und ohne den Wunsch, einem vorgefaßten Schema zu folgen. Diese Abfolge hat etwas Paradoxes, denn nur wenn wir gelernt haben, uns aus der Sphäre der Autorität zurückzuziehen, können wir sie schließlich wieder betreten – in dem Wissen, wo ihre Grenzen liegen und wie Befehl und Gehorsam in einer Weise verändert werden können, die unseren wirklichen Bedürfnissen nach Schutz und Sicherheit entgegenkommt.

Für diese Abfolge gibt es keinen festen Zeitplan. Zwischen dem Augenblick, in dem eine Frau ihre Ehe hinter sich läßt, und dem Augenblick, in dem sie sich stark genug fühlt, darüber nachzudenken, was für ein Mensch sie unter dem Bann ihres Ehemannes gewesen war, können Monate vergehen – angefüllt mit formelhaften Erklärungen, die plötzlich schal wirken. Diese Schritte können auch sehr rasch aufeinander folgen, etwa wenn ein Sohn erkennt, daß er nicht einfach das Opfer seines Vaters war, und gleich darauf zu der Einsicht gelangt, daß sein Vater mehr war als einer, der ihm Gewalt angetan hat. Jede Abfolge, die dem Bewußtsein eine Struktur verleiht, ist, wie William James bemerkt hat, ein »Katalysator«: Das Nachdenken über X erlaubt es mir, offener über Y nachzudenken. Philosophisch ausgedrückt: Es gibt bei der Bewältigung von Interpretationsaufgaben eine notwendige »evolutionäre Ontologie«. In unserem Falle bedeutet das: Wenn man über die Legitimität einer Autoritätsgestalt nachdenkt, ohne sich zuvor von ihr gelöst und sich selbst erforscht zu haben, dann wird man dabei kaum etwas Neues zutage fördern; die unbewußten inneren Zeichen der eigenen Bedürfnisse und Verwundungen würden die Oberhand behalten.

Übrigens muß man den Deutungsprozeß vollständig durchlaufen, um die Autoritätserfahrung zu verstehen. Die bloße Ablösung oder das Verharren in der Selbstversunkenheit würden nicht ausreichen, um diese ihrem Wesen nach *zwischenmenschliche* Beziehung zu begreifen. Genau wie die Phasen relativer Stabilität haben auch Krisenerfahrungen eine bestimmte Struktur, und diese Struktur ergibt sich aus den Etappen, die zurückgelegt werden müssen, um ein bestimmtes Ziel zu erreichen, und nicht aus einem starren Fahrplan.

Ablösung

Der erste Schritt, den man tun muß, um ein neues Bild von der Autorität zu gewinnen, besteht darin, sich zeitweilig von ihr zu lösen. Dieser Schritt ist der gefährlichste. Denn oft entpuppt sich der anscheinend radikale Bruch am Ende als illusorisch. Ein anschauliches Beispiel hierfür bieten Werk und Leben des französischen Jakobiners Saint-Just. In seinen *Institutions républicaines* verkündet er:

> »Alles, was um uns her existiert, muß sich ändern, weil alles dies ungerecht ist. [...] Genötigt, sich von der Welt und von sich selbst abzusondern, wirft der Mensch seinen Anker in die Zukunft und drückt die Nachwelt an sein Herz, die keine Schuld an den Übeln der Gegenwart trifft.«

Dieser Bruch mit der Vergangenheit beruht auf einem pathologischen Stolz. Über sich selbst als einen freien Revolutionär sagt Saint-Just:

> »Ich habe alle Schwäche hinter mir gelassen; ich habe nur die Wahrheit im Universum gesehen, und ich habe sie verkündet.«

Diese Pathologie hatte gravierende politische Folgen. Unter dem Regime, das Saint-Just mit ins Leben rief, gab es in

Wirklichkeit nicht mehr Freiheit; eine neue Sklaverei wuchs
heran und trat an die Stelle der alten. »Die Freiheit«, so
verkündete Saint-Just auf dem Höhepunkt der Schreckensherrschaft,

> »muß um jeden Preis siegen. [...] Ihr müßt nicht nur die
> Verräter strafen, sondern auch die Lauen; ihr müßt jeden
> strafen, der an der Republik keinen Anteil nimmt. [...] Wen
> wir mit Gerechtigkeit nicht regieren können, den müssen
> wir mit Eisen regieren.«

Die Pathologie Saint-Justs ist ein extremes Beispiel illusori-
scher Ablösung. Der Zweifel an der Legitimität einer bestimmten Macht – der Autorität des Ancien Régime – hat nicht zu
einem Mißtrauen gegenüber der Macht an sich und schon gar
nicht zu einem Mißtrauen gegenüber der eigenen Macht geführt. Gerade in der Auseinandersetzung mit Gestalten wie
Saint-Just gelangte Hegel zu dem Schluß, nicht der bloße
Umsturz der bestehenden Machtverhältnisse, sondern die zeitweilige Ablösung von der Welt der Macht überhaupt sei der
erste Schritt zur Freiheit. Nur so könne man begreifen, was
Macht wirklich ist – im eigenen Innern wie in der Außenwelt.
Wie läßt sich die erste Stufe der Ablösung erreichen? Zwei
unterschiedliche Wege führen dorthin: Im ersten Fall schafft
sich das Individuum eine Maske; der zweite Weg führt über
einen Akt der Reinigung.
Eine Maske, die die Ablösung von der Autorität ermöglicht,
beschreibt Edmund Gosse anschaulich in seiner Autobiographie *Vater und Sohn*. Eines Tages macht der kleine Edmund die
Erfahrung, daß sich sein Vater in einer bestimmten Frage irrt
und aus voller Überzeugung an seinem Irrtum festhält. »So fiel
mein Vater«, schreibt Gosse,

> »als Gott, als Naturkraft von unermeßlichem Ansehen von
> seinem Piedestal herunter. Hinfort mußten seine Meinungs-
> äußerungen nicht unbesehen hingenommen werden.«

Die Entdeckung, daß sein Vater fehlbar ist, veranlaßt den
Jungen nicht, sich gegen ihn zu empören oder ihn zur Rechen-

schaft zu ziehen. Vielmehr zieht sich ein Teil seiner selbst von
seinem Vater zurück.

> »Unter all den Gedanken jedoch, die meinen noch rohen und
> unentwickelten kleinen Verstand an diesem Wendepunkt
> bestürmten, war das der merkwürdigste, daß ich in mir
> einen Gefährten und einen Vertrauten gefunden hatte. Es
> gab in dieser Welt ein Geheimnis, das mir und dem gehörte,
> der mit mir denselben Leib bewohnte.«

Sehr präzise kommt diese Vorstellung von einem zweiten
Selbstbewußtsein in dem deutschen Begriff »Doppelgänger«
zum Ausdruck: »Wir waren zu zweit«, schreibt Gosse, »und
konnten miteinander reden.«

> »Es ist schwierig, solch formlose Gefühle zu beschreiben,
> aber jedenfalls steht fest, daß die Erkenntnis meiner Indivi-
> dualität in dieser doppelten Form über mich kam, und es ist
> ebenso sicher, daß die mitfühlende Seele in der eigenen Brust
> mir einen großen Trost bedeutete.«

Gosse berichtet nun in seiner Autobiographie, wie einer dieser
kleinen Jungen den Gehorsam des anderen beobachtet, wie er
die Demut und Schweigsamkeit in den Zügen des folgsamen
Kindes wahrnimmt, wie er beobachtet, daß der Vater diese
Anzeichen von Gehorsam für Hinweise auf den wahren Charakter des Jungen hält. Im Alter von vierzehn oder fünfzehn
Jahren schließlich wirken die Züge des gehorsamen Kindes so
aufgesetzt, daß sich der junge Mann in einem Augenblick des
Zorns die Maske vom Gesicht reißt. Vor dem Vater steht
plötzlich ein anderer Mensch, nicht eigentlich ein Rebell oder
ein Konkurrent, eher ein Fremder. Eine Maske trägt man nicht
nur, um sich zu schützen. Fünf Jahre lang ermöglichte sie es
dem Kind, die Autorität seines Vaters und die eigenen Reaktionen zu prüfen und zu beurteilen.
Die Idee des maskierten Selbst hat eine lange Geschichte. In der
Renaissance lieferte sie eine Erklärung dafür, wie völlig »normal« aussehende Frauen zugleich Hexen sein konnten. In Dostojewskis Erzählung *Der Doppelgänger* wird die Vorstellung

der Renaissance umgekehrt: Das »normale« Ich ist irdischen Gelüsten verhaftet und verrucht, das verborgene Ich, das dem »normalen« zusetzt und es plagt, ist dagegen eine ehrbare Gestalt. In ihrer Auseinandersetzung mit dem doppelten Selbst hat sich die Psychologie weniger mit Figuren wie Dr. Jekyll und Mr. Hyde beschäftigt (daß zwei völlig unverbundene Persönlichkeiten denselben Körper bewohnen, wie es in diesem oft angeführten Beispiel der Fall ist, kommt in Wirklichkeit äußerst selten vor) als vielmehr mit der Frage, welche Funktion die Vorstellung hat, man könne das eigene Bewußtsein auf zwei entgegengesetzte Weisen organisieren. Phyllis Greenacre etwa hat die Beziehung zwischen der Vorstellung von einem doppelten Selbst und der künstlerischen Kreativität untersucht, wobei das verborgene Selbst mit Empfindungen spielt, die das »Oberflächenselbst« als alltäglich klassifiziert hat, so daß es ihnen gegenüber taub geworden ist. Innerhalb der Psychopathologie taucht die Renaissance-Vorstellung von der Besessenheit wieder in der Idee auf, der »Doppelgänger« sei eine paranoide Phantasie; alle gefährlichen, verdrängten Gefühlsregungen werden zu einem verborgenen Selbst zusammengefaßt, das den »normalen« Menschen, der seinen Platz in der »Realität« gefunden hat, innerlich peinigt.

Die auf die Renaissance zurückgehende Auffassung, das zweite Selbst sei vor allem ein Plagegeist, könnte den Blick dafür verstellen, daß das Doppelgänger-Phänomen zugleich eine Strategie in der Auseinandersetzung mit der Wirklichkeit selbst und vor allem mit Machtstrukturen ist. Einem jungen Menschen wie Gosse bietet es erstens Schutz vor den Befehlen anderer; ein Teil des jungen Mannes ist nicht zu erreichen. Zweitens nimmt es den Befehlen ihre absolute moralische Gültigkeit; sofern die Befehle einen Teil des Selbst des jungen Mannes nicht bestimmen, können sie nicht allmächtig sein. Und drittens läßt sich aus dieser Perspektive die Machtbeziehung als ganze beobachten – nicht nur, was einem zu tun befohlen wird, sondern auch, wie man selbst darauf reagiert.

Die Maske verleiht dem Menschen die Kraft, sich abzulösen. Aber es sind auch Gefahren mit ihr verbunden. Die Vorstellung von einer verborgenen, dem Herrn unerreichbaren Person kann sich im Innern so verfestigen, daß sie äußerlich folgenlos bleibt, wie etwa in dem Fall eines sechsundzwanzigjährigen Mannes, der gegen den Willen seiner Mutter heiratete:

Interviewer: Wann haben Sie Ihrer Mutter erzählt, daß Sie heiraten würden?

Befragter: Ungefähr zwei Wochen vor der Heirat.

Interviewer: Sie haben gesagt, Sie hätten sich mit ihr aussprechen und ihr zeigen wollen, was Sie wirklich empfanden ... Wie war das genau?

Befragter: Ich dachte, wenn wir diese Sache einmal wirklich gründlich durchsprechen, würde sie mich so sehen, wie ich wirklich bin. Komisch, aber nach der Explosion wollte ich ihr gar nichts mehr sagen, ich meine ... das überraschte mich. Ich dachte, ich würde mich ihr gegenüber nun ganz anders verhalten, aber es kam mir gar nicht so sehr anders vor als früher. Ich dachte bloß, in mir drin sei alles ganz anders.

Die Trennung zwischen einer äußeren, gehorsamen Gestalt und einem inneren Beobachter kann auch eine bestimmte Art von Passivität begründen, die uns schon begegnet ist. Das äußere Selbst läßt den Betrieb über sich ergehen. Das innere Selbst zweifelt an allem, was das äußere Selbst leistet – dieses »wirkliche« Selbst wird zu einer Quelle der Negation, aber auch zu einer Sphäre ständiger Gleichgültigkeit. Weil nicht wirklich »ich« es bin, der den Eltern gehorcht und mit ihnen kooperiert, kann ich so weitermachen wie bisher; auf mein Handeln kommt es in Wirklichkeit nicht an, weil ich nicht wirklich daran glaube.

Eine positive Funktion hat die Maske nur dann, wenn sich die Trennung zwischen dem äußeren und dem beobachtenden Selbst nicht verfestigt, wenn sie schmerzlich spürbar bleibt und beide Momente keinen Frieden miteinander schließen. Ob diese Maskierung zeitweilig oder auf Dauer erfolgt, hängt davon ab, wie das Individuum seine Umgebung wahrnimmt. Distanzierte Eltern, die sich um die Gefühle ihrer Kinder nicht sonderlich kümmern, verlocken die Kinder dazu, sich für immer hinter einer Gehorsamsmaske zu verstecken. Das gilt ebenfalls für den gleichgültigen Chef im Verhältnis zu seinen Untergebenen. Ein intrusiver Vater wie der von Gosse hingegen kann eine Konfrontation herbeiführen. Doch es kommt auch auf den Charakter der Maske an, auf das Bewußtsein davon, wie sie beschaffen ist.

Wer sich maskiert, muß daran denken, daß die Gehorsamsmaske einem bestimmten Zweck dient. Die Maske ist ein Hilfsmittel; sie schafft die Möglichkeit, aus einer sicheren Position heraus zu beobachten. Sie sollte nicht Zuflucht oder Selbstzweck sein.

Eine Maske ist ein Werkzeug, um sich vor dem Einfluß oder den Verführungskünsten einer Autorität zu schützen. Die logisch entgegengesetzte Form der Ablösung von einer Autorität besteht darin, sich von ihren Einflüssen zu reinigen. In der Anthropologie begegnen uns Reinigungsrituale immer wieder: der Exorzismus, der böse Geister abwehrt; der Übergangsritus, bei dem der Heranwachsende kindliche Ängste durch eine Heldentat oder eine Prüfung abstreift. In ihrem Buch *Purity and Danger* hat Mary Douglas darauf hingewiesen, daß die Reinigung eine Handlung ist, die die Menschen vornehmen, weil sie fürchten, daß die Gefahr in ihrem Innern liegt, daß sie verführt worden sind und nachgegeben haben. Bloßer Zwang wäre ein einseitiger Einfluß; die Reinigung trägt der Tatsache Rechnung, daß der Mensch seinerseits auf diesen Einfluß eingeht. Das Bestreben, sich durch Selbstreinigung von etwas zu lösen, ist ein universelles Phänomen; es tritt in den kompliziertesten und den einfachsten Formen in Erscheinung. Hier ein komplizierter und sehr bekannter Fall.

Unmittelbar nachdem sich André Gide in Gesellschaft eines siebzehnjährigen Jungen auf eine Reise nach England begeben hatte, verbrannte Gides Frau Madeleine alle Briefe, rund zweitausend an der Zahl, die er ihr seit seiner frühen Jugend geschrieben hatte. »Mein Bestes hatte ich diesen Briefen anvertraut«, schrieb Gide in seinem *Journal intime*:

»[. . .] es waren eigentlich keine Liebesbriefe; Überschwang ist mir zuwider, und sie hätte es nicht ertragen, daß man sie lobt. [. . .] Aber in ihnen entspann sich mein Leben vor ihren Augen, Stück für Stück und von Tag zu Tag.«

Drei Tage, nachdem sie Gide gesagt hatte, daß sie das Dokument seines Lebens verbrannt hatte, schreibt Madeleine ihm noch:

»Nach Deiner Abreise, als ich in dem großen Haus, das Du verlassen hattest, ganz allein zurückblieb, ohne irgend jemand, auf den ich mich hätte stützen können, ohne zu wissen, was ich tun, was aus mir werden sollte, [. . .] habe ich zuerst geglaubt, mein Herz hörte auf zu schlagen. [. . .] Um etwas zu tun, habe ich Deine Briefe verbrannt. Bevor ich sie vernichtete, habe ich sie alle noch einmal gelesen, einen nach dem anderen. [. . .] Sie waren das Kostbarste, was ich auf Erden besaß.«

Diese Erklärung zeigt, daß Madeleines Handlung die wesentlichen Züge einer Reinigung trägt. Die Reinigungsprozesse, die uns in der Anthropologie oder in der Psychologie begegnen, haben mit den körperlichen Reinigungen der modernen Medizin nichts zu tun. Es geht nicht darum, Schmerz zu lindern, sondern darum, sich selbst nachhaltigen Schmerz zuzufügen, um dadurch etwas zu vertreiben, das zerstörerisch ist, obschon es als lustvoll erlebt wird. Die zu den Übergangsriten auf Neuguinea gehörenden Mutproben, die der Jüngling bestehen muß, sollen ihn lehren, daß er nicht überleben wird, wenn er sich weiter den weichen Freuden der Kindheit überläßt. André Gide zu beschützen und für ihn zu sorgen war für Madeleine Gide seit ihrer Kindheit eine Aufgabe und eine Quelle mütterlicher Freude gewesen; seine Briefe zu verbrennen war für sie ein Mittel, diese Freuden aus ihrem Leben zu verbannen. Gide hat behauptet, er habe ihr, wenn sie getrennt waren, regelmäßig geschrieben, und sie kannten einander seit ihren Kindertagen.
Unmittelbar bevor Gide im Jahre 1918 mit seinem jungen Freund die Reise nach England antrat, schrieb Madeleine ihrem

Mann den folgenden Brief. (Die endgültige Datierung dieses
Briefes verdanken wir Jean Schlumberger; einen Satz habe ich
hervorgehoben.)

»André, Lieber,
Du täuschst Dich, ich zweifle nicht an Deiner Zuneigung.
Und selbst wenn ich's täte, hätte ich mich nicht zu beklagen.
Mein Los ist ein sehr schönes gewesen. Das Beste Deiner
Seele war mein, die Zärtlichkeit Deiner Kindheit und Deiner
Jugend. [...] Ich habe auch immer Dein Bedürfnis nach
Veränderung und nach Freiheit verstanden. Wie oft lag es
mir in den Augenblicken nervöser Spannungen, die der Preis
Deines Genies sind, auf der Zunge, Dir zu sagen: ›*Aber reise
doch ab, geh, Du bist frei, die Tür des Käfigs, in dem Dich auch
gar niemand einsperren will, steht immer offen!*‹ [...] Was mich
ängstigt – und Du weißt es, ohne daß ich es Dir gestehe –, ist
der Weg, den Du eingeschlagen hast und der Dich und die
andern ins Verderben führen wird. Glaube nicht, ich wieder-
hole es, daß ich Dich damit verdammen will – ich beklage
Dich ebenso sehr, wie ich Dich liebe.«

Diese spezielle Affaire allerdings erwies sich als ein Bruch-
punkt, auch deshalb, weil der junge Mann, um den es ging, im
Leben des Ehepaars Gide kein Neuling war. Er stammte aus
einer Familie, mit der sie seit langem eng verbunden waren.
Marc Allégret war der Sohn des protestantischen Missionars
Elie Allégret. Wie David Littlejohn schreibt, hatte Elie Allégret
»geholfen, den jungen André 1886 auf sein erstes Abendmahl
vorzubereiten; 1895 war er sein Brautführer gewesen; und
später hatte er seine Söhne, und vor allem Marc, Gides Obhut
als Hauslehrer anvertraut«. Unter diesen Bedingungen erreichte die Geduld, die Madeleine, eine überzeugte Protestan-
tin, für Gides Affairen aufzubringen vermochte, ihre Grenze.
Als Gides Reise sich dem Ende näherte, machte sie sich daran,
seine Briefe noch einmal zu lesen und sie dann zu vernichten.
Diese Tat führte nicht zur Zerstörung ihrer Ehe, sogar der
äußere Anschein von Stabilität blieb unversehrt. Aber Gides
Ansprüche auf Trost und Stützung hatten in ihrer Vorstellung

alle Rechtmäßigkeit verloren. Er war nicht mehr »der« Künstler, dem um seines Genius willen alles erlaubt war. Das Doppelleben, das André Gide zuvor geführt hatte, war – dies muß man hinzufügen – für ihn keine Idylle; diese Ehe ohne Sexualität weckte in ihm das Gefühl, er verfaule zusehends, und obschon er die Tröstungen seiner Frau und die Zuflucht, die ihre Anwesenheit bot, suchte, so empfand er sein Leben doch als Lüge. Auch für Madeleine Gide hatte der Bruch etwas Klärendes; er »brach den Bann«, wie sie später bemerkte. Sie zog sich aus der Anteilnahme an Gides schöpferischer Unruhe zurück, las nie mehr ein Buch von ihm und widmete sich dem Landleben und den religiösen Fragen, die sie seit ihrer Jugend interessiert hatten.

Am bizarrsten wirkt an dieser Reinigung vielleicht ihre Struktur: Madeleine Gide liest noch einmal jeden Brief, bevor sie ihn verbrennt. Aber gerade die Struktur dieses Rituals verbindet diese Handlungsweise mit anderen, alltäglichen Erfahrungen ähnlicher Art. Man ruft sich etwas ins Gedächtnis zurück, man empfindet es noch einmal und zerstört es dann. Der andere Mensch wird dabei nicht zerstört; Madeleine Gide ist nie der Gedanke gekommen, ihren Mann zu verlassen oder zu demütigen. Nur die Fetische ihre Anteilnahme werden destruiert.

Ähnlich wie die Maske dient auch diese Struktur dazu, die Anteilnahme zu brechen, nicht dazu, den Krieg zu erklären. Sowohl die Maske als auch die Reinigung sind heuristische Instrumente in einer Autoritätskrise, das heißt, Werkzeuge der Selbstschulung. Der Psychoanalytiker Ernest Schachtel hebt die Universalität solcher Werkzeuge hervor, wenn er sagt, sie förderten das »Heraustreten aus der Geborgenheit«. Mit dieser Formulierung will Schachtel sagen, man müsse sich selbst beibringen, daß nichts Existierendes für immer da ist, daß nichts auf Dauer in der Geborgenheit bleibt. Schachtels Interesse gilt vor allem dem menschlichen Körper. Dieser Körper wächst heran und verfällt, und doch handeln die Menschen so, als sei ihr organischer Zustand unveränderlich – sie *sind* Kinder oder sie *sind* Erwachsene. Für den Menschen ist es nach Schachtels Ansicht schwierig, zu erkennen, daß er ein in ständiger

Metamorphose befindliches Wesen ist; sicherer fühlen wir uns
bei dem Gedanken, unser gegenwärtiger Zustand sei unser
eigentliches Selbst. Deshalb verursacht jedes Erlebnis, das uns
das Gefühl der Geborgenheit nimmt, Schmerz, stürzt uns in
Haltlosigkeitsängste und konfrontiert uns nicht zuletzt mit
unserer biologischen Realität.

Diese psychoanalytische Erkenntnis betrifft auch die Sphäre
der Autorität. Valéry bringt das zum Ausdruck, wenn er
erklärt, jeder Herrscher wisse, wie zerbrechlich die Autorität
von Herrschern sei – nur in bezug auf seine eigene weiß er es
nicht. Für die Untertanen dagegen hat das Konzept der Geborgenheit eine ganz andere Bedeutung. Vielleicht bleiben sie ihr
Leben lang Knechte – unter wechselnden Herren. Um ihrer
Knechtschaft zu entkommen, müssen sie mit dem Glauben an
die Naturgegebenheit des knechtischen Daseins brechen. Dieser Bruch erfordert eine diffizile Operation: eine schmerzliche
Reinigung von alten Bindungen oder die Abschirmung vor
dem Einfluß des Herrn, so daß beide Seiten – Herrschaft und
Knechtschaft – beobachtet und beurteilt werden können.

Diese diffizile Ablösungsoperation steht am Beginn aller Autoritätskrisen. Den Unterschied zwischen der Ablösung des jungen Gosse oder Madeleine Gides und den Negationen Miss
Bowens oder der apokalyptischen Geisteshaltung eines Saint-
Just erkennt man daran, daß für die ersteren, anders als für die
letzteren, der erste Schritt darin besteht, die Autorität im
eigentlichen Sinne des Wortes ernst zu nehmen. Welchen Eindruck die Autorität eines anderen auch hinterlassen hat, er war
tief und läßt sich nicht mit einem einzigen befreienden Willens-
akt auslöschen.

Das Opfer

Wenn man dahin gelangt ist, die Autorität ernst zu nehmen,
lautet die nächste Frage: Auf welche Weise ist man in seinem
Handeln von der Autorität beeinflußt worden? Das Bild, das
sich ergibt, wenn man dieser Frage nachgeht, ist oft nieder-

drückend: demütigende Dinge, die man auf sich genommen hat, um den Beifall der Autorität zu erlangen oder ihre Aufmerksamkeit zu gewinnen; Wunden, die einem zum Teil der Herr, die man zum Teil selbst sich zugefügt hat. Überdeutlich erkennt sich das Subjekt in dieser Landschaft als Opfer.

Oft setzt sich dieses Bild, in dem man selbst als Opfer vorkommt, auf Dauer fest. Eltern, Vorgesetzte, Menschen, die man liebt, erscheinen dann als Gestalten, die Schmerz zufügen – schlimmer noch, die uns veranlassen, uns selbst Schmerz zuzufügen. Unter sozialen Vorzeichen hat Marx diese Vorstellung sehr treffend, wenn auch brutal in der Idee des »Lumpenproletariats« veranschaulicht: Im Schutz ihrer Kneipen unterhalten sich die Unterdrückten darüber, wie schlecht es ihnen geht; sie empfinden ihre Not als Verhängnis und geben auf. Es ist nichts zu machen; den Unterdrückten Ergebung in ihr »Schicksal« einzuflößen ist die letzte Waffe des Herrn. Die bemerkenswerten Erzählungen des Buches *In a Free State* von V. S. Naipaul schildern eine Welt, in der sich der Geist des Lumpenproletariats auf eine ganze Gesellschaft, auf Reiche wie Arme, ausgedehnt hat. Aber auch wenn die, die sich als Opfer wahrnehmen, meist eine wahre Geschichte erzählen, so erzählen sie doch nicht die ganze Geschichte. Sogar dieses Selbstbild kann man, indem sich mit ihm auseinandersetzt, verändern. Das Subjekt vermag dann nach einiger Zeit zu erkennen, daß es mehr ist als das Opfer eines anderen. Der Gewinn besteht darin, daß die Autoritätsgestalten, obgleich man in ihnen noch immer Menschen sieht, die einem wehgetan haben, in ihrer Fähigkeit, Schmerz zuzufügen, nicht mehr als allmächtig angesehen werden.

Wenn es zur Umgestaltung dieser Vorstellungswelt kommt, dann durch einen einfachen psychologischen Mechanismus. In den Träumen junger Eltern kommt zuweilen die folgende Szene vor: Sie sehen sich als Baby und zugleich als Erwachsener; die Mutter etwa träumt, sie liege in einem Kinderbett, doch im Unterschied zu ihrem Baby ist sie ausgewachsen, ihre Glieder ragen durch die Gitterstäbe aus dem Bett heraus, während ihr Rumpf das Innere ganz ausfüllt. Oder der Vater

träumt, er stecke in Kinderkleidchen, in Schuhen, die ihm zu
eng sind, und Pullovern, die ihm den Hals zuschnüren. Diesen
Träumen entsprechen im Wachzustand die Gefühlsregungen
junger Eltern, die zum erstenmal erleben, wie ihr Kind hinfällt
und schreit, und denen der Schmerz des Kindes sehr viel größer
erscheint, als er in Wirklichkeit ist – sie nehmen diesen Sturz
wie den eines Erwachsenen wahr, der mit dem Kopf auf-
schlägt.

Diese Vorstellungsverknüpfungen kommen aufgrund eines
Vorganges zustande, den ich als »Rollenverdoppelung« (*doubl-
ing*) bezeichnen möchte. Die Verdoppelung besteht darin, daß
man sich mit einem anderen halb identifiziert, daß man sich
vorstellt, was er empfindet, gleichzeitig aber an den Attributen
des eigenen Körpers, seinem Alter und seiner Kraft, festhält.
Dabei geht es um Empathie, nicht um Sympathie. Richard
Wollheim hat diesen Unterschied mit den beiden Formeln
verdeutlicht: »Ich kenne dieses Gefühl« und »Ich fühle mit dir«.
Empathie setzt ein gewisses Eindringen in das Dasein des
anderen voraus, während die Sympathie diskreter ist, ein Ausdruck der Besorgnis, mit dem sich nicht unbedingt der Versuch verbindet, zu verstehen. Die empathische Vorstellung
unterscheidet sich auch von der Erzeugung eines »Doppelgän-
gers«, d. h. zweier Ausformungen des eigenen Selbst; statt
dessen versetzt man sich in den Körper oder die Lebensum-
stände eines anderen.

Die Verdoppelungsträume von Eltern sind empathische Akte
von Menschen, die soeben Macht über andere erworben haben.
Die Verdoppelung dient dem Zweck, zu verstehen, was die
Macht, die die Eltern ausüben können, für das Kind bedeutet:
Was bedeutet es, in einem Gitterbett eingesperrt zu sein, von
einem anderen angekleidet zu werden, zu schreien, statt zu
sprechen, wenn man etwas haben will? Die Verdoppelung ist
eine Form der Initiation in einen neuen Machtzusammenhang.
Zu einem solchen empathischen Vorgang kann es auch kommen, wenn ein festes Autoritätsverhältnis zwischen Erwachsenen in Frage gestellt wird. Er bietet die Möglichkeit, sich
auszumalen, wie der, den man bislang als Autorität wahrge-

nommen hat, aussieht, nachdem man ihm die Maske der Sicherheit und Stärke abgezogen hat, hinter der er sich versteckt hielt. Welcher Art war der Einfluß, den die Autorität ausübte?

Reiches Anschauungsmaterial für die Verwendung der Rollenverdoppelung in diesem Sinne bietet ein Brief, den Franz Kafka im November 1919 an seinen Vater schrieb. In ihm umreißt Kafka die Grundfragen des Kampfes, den er sein Leben lang mit dem Vater geführt hatte. Das Manuskript besteht aus zwei Teilen. Der erste umfaßt fünfundvierzig maschinengeschriebene Seiten. Kafka wendet sich hier direkt an seinen Vater und erklärt aus seinem Blickwinkel, warum ihr gegenseitiges Verhältnis immer so schlecht war. Dann greift er zum Mittel der Verdoppelung. Er fügt zweieinhalb handschriftliche Seiten hinzu, auf denen er sich vorstellt, wie die Reaktion seines Vaters auf den Brief aussehen könnte. Ein letzter handschriftlicher Absatz schließlich enthält Kafkas Antwort auf diese vorgestellte Reaktion des Vaters. Nachdem Kafka den Brief vollendet hatte, überreichte er ihn seiner Mutter mit der Bitte, ihn dem Vater zu geben; sie weigerte sich und gab ihn Kafka zurück. (Ob sie selbst ihn gelesen hat, weiß man nicht.)

Der maschinengeschriebene Hauptteil des Briefes ist ein wirkungsvolles, geschickt angelegtes Manipulationsmanöver. Herr Kafka war der falsche Vater für seinen Sohn; deshalb mußte sich Franz Kafka als der falsche Sohn für seinen Vater erweisen. Infolgedessen wurde Franz Kafka zum Opfer, von der Strenge des Vaters ebenso gequält wie von dem Gefühl des eigenen Ungenügens. In dem handschriftlichen Schlußteil des Briefes versucht sich Kafka vorzustellen, was der Vater über seinen Sohn als Opfer zu sagen haben könnte. Im Hauptteil des Briefes wird die Autorität aus der Perspektive der idealisierten Ersetzung betrachtet: Du und ich, wir müßten das Gegenteil von dem sein, was wir wirklich sind. Am Schluß des Briefes gelangt Kafka über die idealisierte Ersetzung hinaus.

Das anschaulichste Beispiel dafür, wie Kafka von seinem Vater zum Opfer gemacht wurde, bietet die folgende Kindheitserinnerung. (Die »Pawlatsche«, von der hier die Rede ist, ist ein in

Osteuropa an Wohnhäusern häufig zu findender balkonartiger
offener Gang auf der Hofseite.)

> »Direkt erinnere ich mich nur an einen Vorfall aus den ersten
> Jahren. Du erinnerst Dich vielleicht auch daran. Ich winselte
> einmal in der Nacht immerfort um Wasser, gewiß nicht aus
> Durst, sondern wahrscheinlich teils um zu ärgern, teils um
> mich zu unterhalten. Nachdem einige starke Drohungen
> nicht geholfen hatten, nahmst Du mich aus dem Bett, trugst
> mich auf die Pawlatsche und ließest mich dort allein vor der
> geschlossenen Tür ein Weilchen im Hemd stehn. Ich will
> nicht sagen, daß das unrichtig war, vielleicht war damals die
> Nachtruhe auf andere Weise wirklich nicht zu verschaffen,
> ich will aber damit Deine Erziehungsmittel und ihre Wir-
> kung auf mich charakterisieren. Ich war damals nachher
> wohl schon folgsam, aber ich hatte einen inneren Schaden
> davon. Das für mich Selbstverständliche des sinnlosen Ums-
> Wasser-Bittens und das außerordentlich Schreckliche des
> Hinausgetragenwerdens konnte ich meiner Natur nach nie-
> mals in die richtige Verbindung bringen. Noch nach Jahren
> litt ich unter der quälenden Vorstellung, daß der riesige
> Mann, mein Vater, die letzte Instanz, fast ohne Grund
> kommen und mich in der Nacht aus dem Bett auf die
> Pawlatsche tragen konnte und daß ich also ein solches
> Nichts für ihn war.«

Diese Erinnerung hat die folgende Struktur. Zunächst schildert
Kafka, wie er um Wasser »winselt«, ein Trick, um die Aufmerksamkeit seiner Eltern zu erlangen. Er entwirft von sich
das Bild eines bösartigen Kindes, obgleich die Bosheit, die er
begangen hat, ein ganz normaler Trick ist, mit dem Kinder auf
sich aufmerksam zu machen versuchen. Dann kommt die
Antwort – eine traumatische Überreaktion. Sein Vater trägt
den nur mit einem dünnen Nachthemd bekleideten Jungen
nach draußen auf den Balkon und schließt die Tür. Mit der
Feststellung, die unmittelbar auf diese Schilderung folgt, geht
Kafka zum Angriff über: »Ich will nicht sagen, daß das unrich-
tig war [...], ich will aber damit Deine Erziehungsmittel und

ihre Wirkung auf mich charakterisieren.« Solche Versöhnlich-
keit bringt Kafka in eine Position, in der er seinem Vater
überlegen ist und nun darangehen kann, dessen »Erziehungsmittel [zu] charakterisieren«.

Nachdem Kafka durch nachsichtiges Verständnis seine Überlegenheit gefestigt hat, kann er nun darlegen, wie grauenhaft das
Verhalten seines Vaters war und wie er selbst dessen unschuldi-
ges Opfer wurde. Als Kind konnte Kafka die Verbindung
zwischen diesem »sinnlosen Ums-Wasser-Bitten« und dem
»außerordentlich Schrecklichen« des Ausgesperrtseins in der
Kälte nicht verstehen. Er stellt dies als persönliche Schwäche
hin (»meiner Natur nach«), aber welches Kind könnte denn so
etwas verstehen? Wie ungerecht, wenn ein Vater glaubt, dies
sei wahrer Gehorsam. Und um dem Vater das Schreckliche
seiner Handlungsweise ganz klar zu machen, sagt ihm Kafka,
wie sehr ihn dieser Vorfall verletzt hat: »Noch nach Jahren litt
ich ...« Das Leiden umfaßt zwei Elemente. Der Vater, »die
letzte Instanz«, kann in der Nacht kommen und ihm »fast ohne
Grund« wehtun. Gewiß eine merkwürdige Feststellung, denn
zunächst hatte Kafka doch erklärt, er sei böse und ungezogen
gewesen. Aber dieses Geständnis war nicht ernstgemeint:
Oberflächlich gesehen, war ich böse; aber wirklich grausam
warst du. Das zweite Element dieser nachhaltigen Verletzung
besteht darin, daß ihm der Vater durch seine Handlungsweise
zu verstehen gibt, »daß ich also ein solches Nichts für ihn war«.
Eine strenge Strafe bedeutet, daß sein Vater ihn nicht liebt. Du
konntest nichts dafür, aber du hast mir sehr wehgetan. Das
Opfer zeigt seine Wunden, um sich auf diese Weise gegen
seinen Peiniger zur Wehr zu setzen. Ich verzeihe dir alles, was
du mir sagst, aber ich habe gelitten. Und außerdem bin ich
schwach.

In dem handschriftlichen Teil des Briefes geht Kafka nun
daran, diese Haltung zu prüfen. Dort läßt er seinen Vater sagen:
»[...] ich aber glaube, daß Du trotz äußerlicher Anstrengung es
Dir zumindest nicht schwerer, aber viel einträglicher machst.«
Der Ausdruck »einträglich« ist aufschlußreich. Für Kafka ist
der Vater nämlich ein Mann, der sich aus der Armut zu

bürgerlicher Wohlanständigkeit emporgearbeitet, dabei aber die Grobschlächtigkeit eines Hausierers nie abgestreift hat und von Geldfragen geradezu besessen ist. In der Sphäre der höheren Gefühle weiß offenbar auch sein Sohn, wie man einen hübschen Gewinn erzielt. Der Vater, den Kafka sich vorstellt, spricht das aus: »Du [willst] gleichzeitig ›übergescheit‹ und ›überzärtlich‹ sein und auch mich von jeder Schuld freisprechen.« Das sei natürlich eine Täuschung, denn

> »es ergibt sich zwischen den Zeilen trotz aller ›Redensarten‹ von Wesen und Natur und Gegensatz und Hilflosigkeit, daß eigentlich ich der Angreifer gewesen bin, während alles, was Du getrieben hast, nur Selbstwehr war«.

Kafkas vorgestellter Vater ist imstande, die Strategie seines Sohnes in Frage zu stellen:

> »[...] aus lauter Großartigkeit bist du bereit [...], nicht nur mir zu verzeihn, sondern, was mehr und weniger ist, auch noch zu beweisen und es selbst glauben zu wollen, daß ich, allerdings entgegen der Wahrheit, auch unschuldig bin.«

Kafkas vorgestellter Vater will von dieser falschen Milde nichts wissen – von dem milden Lächeln, das den Schmerz verbirgt und dessen eigentlicher Zweck darin besteht, den Vater durch seine eigenen Schuldgefühle zu überwältigen.

In Form dieses Wechselspiels zwischen dem, was Kafka zu seinem Vater sagt, und der vorgestellten Reaktion des Vaters vermag der psychologische Prozeß der Rollenverdoppelung eine bestimmte Art von lähmender Negation zu transzendieren. Die idealisierte Ersetzung wird in Zweifel gezogen; sie wird als eine Waffe entlarvt, mit der der junge Kafka versucht, in seinem Vater Schuldgefühle zu wecken: Keiner von uns beiden ist so, wie der andere ihn braucht. Innerhalb dieser Ersetzung übernimmt der jüngere Kafka die Rolle des Opfers; aber auch diese Rolle wird durch die Verdoppelung erschüttert. Dabei muß man sich klarmachen, daß sich die Veränderung im Innern des Subjekts vollzieht, sie ist eine Anerkennungsbewegung im Sinne Hegels. Der Knecht nimmt es auf sich, einen

Kampf auszufechten, der im wirklichen Leben nicht stattgefunden hat, und für sich aus diesem Kampf zu lernen.

Diese Auseinandersetzung der Vorstellungskraft mit der Macht unterscheidet sich von der verzweifelten Flucht aus der widerspenstigen Welt des Tatsächlichen in die Phantasie, wie sie Rousseau in *La Nouvelle Heloise* beschreibt:

> »Die Unmöglichkeit, die wirklichen Wesen zu erreichen, stürzte mich in das Reich der Chimären, und da ich nichts sah, was meiner Begeisterung würdig gewesen wäre, speiste ich sie aus einer Welt des Ideals, die meine schöpferische Vorstellungskraft bald mit Wesen nach meinem Herzen bevölkert hatte.«

Der Vater, den Kafka sich vorstellt, ist kein »Wesen nach seinem Herzen«. Für Verdoppelungsakte gilt allgemein, daß in ihnen die Feindseligkeit gegenüber dem anderen und die Fähigkeit, sich in seine Empfindungen und Wahrnehmungen hineinzuversetzen, nebeneinander bestehen können. Hier kommt noch einmal der Unterschied zwischen Empathie und Sympathie ins Spiel. Sympathie setzt Wohlwollen gegenüber dem anderen voraus, Empathie nicht; sie entsteht aus dem Wunsch, deutlicher zu sehen, als man, auf die verfestigten Bilder der Vergangenheit gestützt, bisher gesehen hat.

Welche Konsequenzen hat dieser empathische Akt? In dem Brief, den Kafka seinem Vater schreibt, besteht die auffälligste Konsequenz darin, daß sich Kafka von dem Zwang befreit, die eigenen Wunden zu lecken. Aber da ist noch mehr. Im allerletzten Abschnitt bemüht sich Kafka, die Bedeutung dessen, was sein vorgestellter Vater ihm gesagt hat, zu ermessen:

> »Darauf antworte ich, daß zunächst dieser ganze Einwurf, der sich zum Teil auch gegen Dich kehren läßt, nicht von Dir stammt, sondern eben von mir. So groß ist ja nicht einmal Dein Mißtrauen gegen andere, wie mein Selbstmißtrauen, zu dem Du mich erzogen hast. Eine gewisse Berechtigung des Einwurfes, der ja auch noch an sich zur Charakte-

risierung unseres Verhältnisses Neues beiträgt, leugne ich
nicht. So können natürlich die Dinge in Wirklichkeit nicht
aneinanderpassen, wie die Beweise in meinem Brief, das
Leben ist mehr als ein Geduldspiel; aber mit der Korrektur,
die sich durch diesen Einwurf ergibt, einer Korrektur, die
ich im einzelnen weder ausführen kann noch will, ist meiner
Meinung nach doch etwas der Wahrheit so sehr Angenähertes erreicht, daß es uns beide ein wenig beruhigen und Leben
und Sterben leichter machen kann.

Franz«

Im ersten Drittel dieses Absatzes klingt Kafkas Taktik noch
einmal an: »So groß ist ja nicht einmal Dein Mißtrauen gegen
andere [d. h. gegen mich], wie mein Selbstmißtrauen, zu dem
Du mich erzogen hast.« Ich bin verwundet; du bist schuld
daran. Dann wandelt sich die Perspektive, nicht hin zu einer
verzeihenden Haltung, sondern zu Distanz und Objektivität.
Der vorgestellte Vater trägt »Neues« bei zum Verständnis der
wirklichen Beziehung zwischen Vater und Sohn. Sodann trifft
Kafka eine Feststellung, die frei von Schuldgefühlen oder Stolz
ist: »[. . .] meiner Meinung nach [ist] doch etwas der Wahrheit
so sehr Angenähertes erreicht, daß es uns beide ein wenig
beruhigen [. . .] kann.« Die Arbeit des Briefes ist vollbracht:
Vater und Sohn werden sich auch weiterhin wie Gegenspieler
zueinander verhalten, sie werden einander weiterhin manipulieren, aber dank diesem Brief haben sie jetzt ein Bild von
ihrem Leben, etwas, das jenseits des Zirkels von Vorwürfen
und Gegenvorwürfen liegt.
Das verweist auf Hegels Gedanken, Freiheit stelle sich erst am
Ende ein, erst nachdem man alle Stadien der Negation durch-
gearbeitet hat. In Kafkas Brief stehen am Anfang die Arien der
Verletzung, der Anklage und der Verzeihung, dann folgt die
verdoppelte Antwort und schließlich die Reaktion auf diesen
Vater, dessen Rede in der Vorstellung erzeugt werden muß.
Am Ende dieses Prozesses tritt Kafka einen Schritt zurück und
spricht mit neuer Sicherheit davon, wie er die Beziehung zum
Vater begreift. Diese Stimme ist weitaus fester als die, welche
am Anfang des Briefes gesprochen hat, jene Stimme, deren

Kraft allein darin liegt, daß sie Schuldgefühle zu wecken vermag.

Nie war der moralische Status des Opfers höher als heute, und nie barg er größere Gefahren in sich. In der christlichen Theologie war Christus das Opfer der Menschen, aber er wurde durch sein Leiden nicht erhöht. Auf Piero della Francescas *Geißelung* in Urbino etwa sehen wir links, wie Christus gegeißelt wird, während rechts eine Gruppe von Edelleuten steht, denen sein Leiden völlig gleichgültig ist. So wie er durch seine Qual nicht erhöht wird, so werden sie durch ihre Gleichgültigkeit nicht erniedrigt; ihr Versagen ist gänzlich spiritueller Natur. Auch die Armen dieser Welt sind für die christliche Theologie keine Helden; sie leiden, und sie werden erlöst werden. Ihre Unterdrücker sind keine Ungeheuer, sondern Menschen. Diese christliche Vorstellung vom nicht-heroischen Opfer verblaßt im Zeitalter der Aufklärung, und es tritt ein neues Bild vom Leidenden an ihre Stelle. Leidensfähigkeit wird zu einem Zeichen von Mut; die Massen werden heroisch; ihr Leiden wird zum Maßstab sozialer Ungerechtigkeit. Ihre Unterdrücker haben kein Mitleid verdient, jenes Mitleid, das nach christlicher Auffassung die ganze aus dem Zustand der Gnade gefallene Menschheit verdient hat; die irdischen Unterdrücker sind bloß noch Feinde, die es zu vernichten gilt.

Die Erhöhung durch Leiden bildete die moralische Grundlage der Romantik: der Künstler, der inmitten des Pöbels litt, die Armen, die unter den gefühllosen Herren darbten. Auf dem Gebiet der Politik leistete diese Erhöhung des Opfers einem eigentümlichen Mißbrauch Vorschub. Dem Opfer wurde aufgrund seiner Lage, und nicht als Person, eine besondere Sympathie zuteil. Wenn es seine materielle Lage verbesserte oder sozial aufstieg, verlor es seine moralischen Ansprüche; es wurde zum »Klassenverräter«. Und wenn es unter der Gesellschaft zwar litt, sich mit seinem Los aber abfand, so fehlte ihm das »richtige Bewußtsein«. Noch weitere Verbreitung fand die in der romantischen Ära entstandene und bis heute fortwirkende Vorstellung, daß der Mensch moralisch nur dann legitimiert sei, wenn er leide. Letztlich rührt die Legitimität, die das

Leiden gewährt, aus einer Verletzung, die dem Menschen von einem anderen oder von »der Umwelt« zugefügt wurde. Diese Vorstellung von moralischer Legitimität vertritt heute zum Beispiel R. D. Laing in seinen neueren Schriften. Nach seiner Auffassung werden dem Schizophrenen dank seinem Leiden Einsichten in die Psyche zuteil, die jedem anderen unzugänglich bleiben; die Ursache für sein Leiden ist eine schizophrenogene Gesellschaft. Auch in den maoistischen Schriften von Jean-Paul Sartre kommt diese Vorstellung zum Ausdruck: Nur der Arbeiter hat Anspruch auf »moralische Hegemonie«, weil nur er den »Schrecken« des fortgeschrittenen Kapitalismus ausgesetzt ist.

Die Erhöhung des Opfers entwertet das gewöhnliche bürgerliche Leben. »Wenn man bedenkt, wie sie in Harlem leben . . .« – aber wir leben nicht in Harlem. Die bürgerliche Moral wird zur Stellvertretermoral; das Bürgertum tritt für die Sache der Unterdrückten ein, macht sich zum Sprecher derer, die nicht selbst sprechen können. Die Unterdrückten in dieser Weise zu mißbrauchen, um den eigenen moralischen Bestrebungen einen Sinn zu geben, ist unaufrichtig. Selbst wer das Handeln eines Saint-Just ablehnt, der sich das Leiden der unglücklichen Massen als Vorwand für das eigene Machtstreben zunutze machte, begeht im Grunde die gleiche Sünde, wenn er die Unterdrückten als »Vorbilder« hinstellt, als Menschen, die es »wirklich« mit dem Leben zu tun haben, deren Dasein »substantieller« ist als das eigene. Das ist psychologischer Kannibalismus. Außerdem führt die Erhöhung des Opfers dazu, daß wir im Alltagsleben ständig gezwungen sind, nach Verletzungen und Verwundungen Ausschau zu halten, um zu rechtfertigen, daß wir uns mit Fragen der Gerechtigkeit, des Rechts und der berechtigten Ansprüche in unserem Leben überhaupt beschäftigen. Es fällt uns schwer, eine Umformung der sozialen Beziehungen ins Auge zu fassen, ohne unsere Vorstellungen von dem, was sein sollte, vor einem dunklen Leidenshintergrund zu entfalten. Das Bedürfnis, die eigenen Vorstellungen dadurch zu legitimieren, daß man sich auf eine Verletzung beruft, die man erlitten hat, bindet die Menschen immer enger an ihre Verletzungen und ihr Leiden. In der psychotherapeutischen Arbeit stößt man immer wieder auf diese Legitimation: »was ich brauche« wird definiert durch das, »was mir vorenthalten wurde«, so daß das Verstehen dieser Verweigerung, die Frage nach dem Wesen der Verwundung, in den Mittelpunkt des Interesses rückt.

In Kafkas »Brief an den Vater« begegnet uns eine Stärke, die die Haltung des Opfers hinter sich gelassen hat, die es nicht mehr nötig hat, die Verletzungen wie Ehrenabzeichen zur Schau zu stellen. Dieser Schritt erfordert persönlich und kulturell einen enormen Kraftaufwand; auch die kulturellen Voraussetzungen dafür, daß er gelingt, sind außergewöhnlich. Von einem Menschen, der unzweifelhaft unter einer Autorität – seinem Vater – gelitten hat, wird eine Autoritätskrise erzeugt und so bewältigt, daß er dabei die Kraft gewinnt, sein Bedürfnis, seine Bindung einzugestehen. Diese Stärke erlangt er auf scheinbar paradoxe Weise. Denn sie rührt daher, daß er sich durch eine in der Phantasie vollzogene Selbstkritik verletzlich macht. Daß dieser Brief ein ungewöhnliches Dokument ist, sagt über uns, seine Leser, ebensoviel aus wie über seinen Autor.

Als unglückliches Bewußtsein bezeichnet Hegel jene Stufe, auf der der Mensch den Knecht und den Herrn in sich selbst erkennt. Nicht mehr das »arme kleine Ich«, das von der Welt unterdrückt wird, bestimmt fortan die Optik, sondern die Erkenntnis, daß der Unterdrücker in mir selbst ist. Was für ein Unterdrücker ist das?

In der klassischen politischen Theorie wurde diese Frage häufig mit der Idee von der freiwilligen Knechtschaft der Menschen beantwortet. Die Menschen sind zu ängstlich, zu sehr auf ihre Bequemlichkeit bedacht, zu unwissend, um ohne Herren auszukommen; sie wollen Sklaven sein, um sich geborgen zu fühlen. Der Herr im Innern dieser freiwilligen Knechte ist die Trägheit. La Boétie formulierte diese Theorie im 16. Jahrhundert so:

>»Wieso geschieht es immer wieder, daß so viele Menschen, daß so viele Städte und Dörfer, daß so viele Länder und Völker die Tyrannei eines einzelnen dulden? Der Tyrann hat

doch nicht mehr Macht, als alle anderen ihm einräumen.
[...] Er könnte allen übrigen doch nicht das geringste Böse
zufügen, wenn alle übrigen es nicht vorzögen, lieber alles
Böse von ihm hinzunehmen, als diesem einzelnen entgegenzutreten. [...] Es sind die Völker, die ihre Mißhandlung
zulassen oder geradezu herausfordern. [...] Die Völker
knechten sich selber, sie sind wie einer, der sich selber die
Kehle durchschneidet. [...] [Sie] beugen sich unter das Joch
und stimmen ihrer eignen Knechtschaft zu, ja, sie jagen ihr
geradezu nach. [...] Die Feiglinge und Dummköpfe aber
wissen weder, wie man Ungemach erträgt, noch wie man
Glück erringt. Das Äußerste, was sie zustandebringen, sind
Wünsche. Von Natur aus möchten auch sie gern besitzen.
Die Kraft, darauf Anspruch zu erheben, ist ihnen durch ihre
Feigheit versagt.«

Diese Konzeption gipfelt in Freuds Schrift *Jenseits des Lustprin-
zips*: Um Freiheit zu erlangen, muß man die Stimmen der Lust
zum Schweigen bringen. Anders als die Sozialwissenschaftler,
die an das Puppentheater der Sozialisation glauben, gesteht
dieses Konzept der Menschheit eine aktive Rolle bei der Gestal-
tung ihres Daseins zu; aktiv streben die Menschen auf Kosten
der Freiheit nach Lust.
Das ist gewiß ein düsterer Begriff von Freiheit, der an die
scherzhafte und doch bedenkenswerte Bemerkung von Oscar
Wilde erinnert, das Dumme am Sozialismus sei, daß er einem
so viele freie Abende raube. Aber können wir von Miss Bowen, von Dr. Dodds oder von dem Kafka des ersten Teils
seines Briefes sagen, daß sie Lust empfinden, indem sie an ihrer
Knechtschaft mitwirken? Miss Bowen sucht in der Abhängigkeit von ihrem Vater Geborgenheit, ihre Sprache freilich ist
nicht gerade die eines selbstsicheren, zufriedenen Menschen.
Dr. Dodds' Regression in den Zustand einer infantilen, bedürf-
tigen Wut gegen seinen Arbeitgeber ist nicht lustvoll, sondern
schmerzerfüllt.
Der innere Herr in diesen Opfern ist eine merkwürdige Gestalt:
Es ist ein Herr, der Anerkennung gewährt. Sie haben einen

heimlichen Pakt mit ihm geschlossen. Er fügt ihnen Schmerz zu, und sie sind aufgrund ihres Leidens berechtigt, von ihm Aufmerksamkeit, Sympathie, Beachtung zu verlangen. Der wirkliche, äußere Herr weiß nichts von diesem geheimen Vertrag; er sieht nur, daß sich seine Untergebenen fügen, und das genügt ihm. Der Herr, den sie sich geschaffen haben, ist einer, der zuhören wird, sofern sie sich nur rechtfertigen können. Und je mehr sie sich in ihr Leiden versenken, desto mehr sind sie gerechtfertigt.

Dr. Dodds erlebt in extremer Form jene Gleichgültigkeit, die jeder kennt, der es einmal mit »Autoritäten« in den Bürokratien des Wohlfahrtsstaates, in Fabriken und Behörden zu tun gehabt habt – sie sind taub; sie gewähren keine Anerkennung. Der besondere innere Herr ist insofern eine kompensatorische Figur, ein Wunsch, der in der Erfahrung verwurzelt ist. Durch diese Figur vermittelt, dringen die Stimmen der Herablassung, der Ironie, des Desinteresses aus der Außenwelt nach innen; hier jedoch formieren sich diese Verletzungen zu einer Forderung an den Herrn. Dieser innere Vertrag zwischen dem Herrn und dem Unterlegenen ist kein geheimnisvolles psychologisches Phänomen. Kinder gehen davon aus, daß er existiert, wenn sie ihr Schreien einsetzen, um etwas zu erreichen; Erwachsene gehen davon aus, daß er existiert, wenn sie mit ihren Schuldgefühlen hausieren gehen. Aber der Manager einer Fabrik, der sich taub stellt, wird es auch dann bleiben, wenn seine Untergebenen ihm zu verstehen geben, wie sehr sie leiden. Er denkt nicht an wirkliche Abhilfe, sondern an ein Linderungsmittel – warum auch nicht? Er könnte die Tatsache nicht akzeptieren, daß seine Angestellten gleichsam Buch führen über all die Gründe, die für eine fundamentale Veränderung in ihren Beziehungen zum Chef sprechen, eine Veränderung, auf die die Angestellten ihrer Leiden wegen schließlich Anspruch zu haben glauben. Und im übrigen behalten sie diese weitergehende Erwartung für sich. Es ist ihre Art, sich zu entschädigen, wenngleich sie dadurch noch stärker an die Kränkungen und das Unglück gebunden werden, die ihnen das Recht geben, Ansprüche zu stellen.

Kafkas Brief veranschaulicht, wie sich dieser geheime Pakt
auflösen läßt, indem man ihn öffentlich macht. Und die Moral
dieser Veröffentlichung liegt auf der Hand: Wer imstande ist,
sich die Frage zu stellen, wie er auf Verletzungen reagiert, der
hört zumindest auf, solchen Verletzungen einen Wert an sich
beizumessen; er hört auf, der Komplize des eigenen Leidens zu
sein.

In dieser Komplizenschaft spielen die dominierenden Institutionen eine komplexe Rolle. Einerseits verfügen die Opfer
heute kulturell über ein enormes moralisches Prestige. Die
Nachrichtenmedien schenken ihnen ihre Aufmerksamkeit; Bürokraten widmen denen, die ihre Unzufriedenheit offen aussprechen, sehr viel mehr Beachtung als denen, die dies nicht
tun. Einige Soziologen, in Frankreich etwa Alain Touraine und
in Deutschland Jürgen Habermas, vertreten nun die Ansicht,
die Aufmerksamkeit, die die Gesellschaft den Opfern zuwen-
det, führe paradoxerweise dazu, die moralische Autorität der
Manager und »Macher« weiter zu stärken. Die Menschen
halten sich an die »Macher« – sie sollen die Probleme lösen,
über die die Leidenden klagen; diese »Krisenmentalität« lenkt
alles Interesse auf die Manager, auf die Leute an der Spitze; sie
können und sollen die Dinge in Ordnung bringen. Andererseits reagieren die Institutionen und ihre Leiter auf die Rufe der
Unzufriedenen nur oberflächlich: Wie können wir erreichen,
daß es weniger wehtut? Mehr Geld? Kürzere Arbeitszeit? Die
Krisenmentalität übersieht die heimliche, unausgesprochene
Klage, daß da auf einer ganz elementaren Ebene etwas nicht
stimmt. Leiden wird zu einem praktischen, materiellen Problem erniedrigt. Und sobald es zu einem materiellen Problem
geworden ist, kann man es bewältigen. Inzwischen führen die
Untergebenen weiter Buch.

Die Reise, die Hegel vorschlägt, ist für sie bestimmt. Sie weist
einen Ausweg aus dieser manipulierbaren Welt materieller
Kränkungen und Wunden und lädt ein zur Reflexion darüber,
was es bedeutet, verwundet zu sein. Dabei bringen die Knechte
über die Herren schließlich mehr in Erfahrung, als diese von
sich selbst wissen – daß nämlich die Herren für das Leid, das sie

verursachen, nicht persönlich verantwortlich sind. Sie sind ebensosehr Gefangene gesellschaftlicher Konventionen und der notwendigen Herrschaftsfiktionen wie diejenigen, die sich in ihrer Macht befinden. In dem Augenblick, in dem die Manager nicht mehr als persönlich verantwortlich angesehen werden, ist ihre Macht nicht mehr unumschränkt.

Es war diese Hegelsche Reise, die Marx so faszinierte; sie ist das Radikale an Hegels Denken, politisch, aber auch psychologisch. Psychologisch kann dieser Abschnitt der Reise die Menschen dazu bringen, sich in diejenigen hineinzuversetzen, die, wie sie wissen, die Werkzeuge waren, die ihnen Schmerz zugefügt haben. Wenn das geschieht, büßt die Autoritätsgestalt eine fundamentale Macht ein, die man ihr bisher zugeschrieben hatte: die Macht, Angst einzuflößen. Solange man in der Autorität eine Quelle von Schmerz erblickt, ist diese Autorität tatsächlich mächtig und furchterregend. Was geschieht nun mit dem Bild der Autoritätsgestalt, wenn die Angstbindung gebrochen wird? Verliert die Autorität dadurch unweigerlich jede Legitimität?

Legitimität und die Furcht vor der Autorität

Persönliche Autorität beruht nicht auf abstrakten Rechtsgrundsätzen. Wie wir im ersten Kapitel dieses Versuchs gesehen haben, erwächst die Legitimität persönlicher Autorität aus der Wahrnehmung von Stärkeunterschieden. Die Autorität vermittelt, und das Subjekt gewinnt den Eindruck, daß die Autorität aufgrund dieser Unterschiede etwas eigentümlich Unerreichbares an sich hat. Sie verfügt über eine Kraft, eine Selbstsicherheit oder ein Geheimnis, das für das betroffene Subjekt undurchschaubar ist. Dieser Unterschied erzeugt Furcht und Respekt. Die Verbindung dieser beiden Elemente kam in der alten Bedeutung des englischen Wortes *dreaded* (gefürchtet) ebenso zum Ausdruck wie in der alten Bedeutung des französischen Wortes *terrible*. Hegel zufolge wird die Autorität als legitim wahrgenommen, wenn ihre Stärke sie zu einem

anderen macht, zu einer Person, die aufgrund dieser Stärke
einer anderen Sphäre angehört.

Von einer legitimen persönlichen Autorität nimmt man an, daß
sie zweierlei zu tun vermag: urteilen und Sicherheit gewähren.
Aufgrund der ihr innewohnenden Kräfte besitzt sie ein Wissen
über das Subjekt, das diesem selbst nicht zugänglich ist. Wir
erinnern uns, daß die Furcht vor dem Durchschautwerden, vor
der Bloßstellung oder Entlarvung daher rührt, daß die Autorität fähig ist, andere zu beurteilen. Die höchsten Autoritäten der
mykenischen Kultur waren Seher – wörtlich »Hineinschauer«.
Bei den Ibo kann der Medizinmann die seelische Verfassung
eines Patienten beurteilen, weil man ihm die Fähigkeit zu-
schreibt, in den Körper hineinzusehen. Der Mut des Häupt-
lings ist ein Maßstab, der es legitim erscheinen läßt, daß er den
Mut seiner Krieger beurteilt. Er kann den ihren verstehen, sie
den seinen hingegen nicht – *per definitionem*. Diese willkürliche,
konventionalisierte Definition der Stärke und der Urteilsfähigkeit, die diese Stärke verleiht, hat die Autorität in einem
afrikanischen Stamm mit ganz andersgearteten Formen gesellschaftlichen Lebens gemeinsam, etwa mit den Feinheiten der
Rangordnung am Hof Ludwigs XIV. Die Gesellschaft definiert
Klassen und Kasten und Typen von Unterschieden zwischen
den Menschen; diese Konventionen werden als Wahrheiten
erlebt, nicht als bloße Etiketten, die man etwas anderem, die
»Wirklichkeit« genannt, aufgeklebt hat.

Die Stärke, die der Autorität ihre Urteilsfähigkeit verschafft,
gibt ihr auch die Möglichkeit, Sicherheit zu gewähren. Sie ist
stark, sie weiß Bescheid und kann deshalb andere beschützen.
Der römische *auctor* war unter anderem auch derjenige, der
Garantien gibt; das Schutzprinzip nimmt im Lehensvertrag
zwischen dem mittelalterlichen Oberherrn und seinen Untertanen konkrete Gestalt an. Auch in Gesellschaften ohne strenge
Kastenstruktur gewährt die Autorität Sicherheit, dies geschieht
aber auf eine subtile Weise. Sie bestätigt andere, indem sie
ihnen versichert, daß das, was sie alltäglich tun, eine tiefere
Bedeutung hat. Subtil ist diese Bestätigung, weil schon die
bloße Gegenwart der Autorität bestätigend wirkt, gleichgültig,

ob die Untergebenen gehorchen oder nicht. Miss Bowen trotzt ihrem Vater, aber sie braucht ihn als Bezugspunkt, damit sie das Gefühl hat, daß ihr erotisches Leben mehr ist als die Beziehung zu den Männern, mit denen sie sich einläßt.

Den Kern dieser Stärke bildet die Verbindung von Furcht und Respekt, die die Autorität einflößt. Will man ihre Macht abbauen, so muß man die Furcht vor der Autorität abstreifen. Aber kann man das? Was bleibt dann noch von der Autorität? Es gibt die These, daß die psychologische Legitimität der Autorität geradezu darauf beruhe, daß sie Furcht erregt.

Damit beschäftigt sich das berühmte Kapitel in Machiavellis Schrift *Der Fürst*, in dem erwogen wird, ob es für den Fürsten besser sei, geliebt oder gefürchtet zu werden. Nach Machiavellis Ansicht kann es persönliche Autorität nicht geben, wenn nicht die Furcht regiert. Der Fürst, an den Machiavelli denkt, hat zuvor eine alteingesessene Dynastie gestürzt oder ein neues Territorium erobert; jetzt muß er brutale Gewalt in Autorität umwandeln. Die Majestät dieses neuen Herrschers hängt davon ab, ob er imstande ist, sich in der Öffentlichkeit als unergründliches, überlegenes Wesen darzustellen, dessen Mißfallen schreckliche Folgen hat und dessen Wohlwollen unvorhersehbar ist. Der Eroberer, der diese Rolle übernimmt, braucht seine Untertanen selten wirklich zu töten oder ins Gefängnis zu werfen; aus Angst gehorchen sie freiwillig. Eine Autoritätskrise jedoch, die die Bande der Angst in jedem Falle lockert, wird den Herrscher ganz und gar vernichten. Eine gemäßigte Sicht liegt Max Webers Analyse des charismatischen Herrschers zugrunde – auch dieser kommt an die Macht, indem er ein etabliertes System stürzt, sei es als Religionsführer oder als Revolutionär. Wenn die Furcht, die der neue Führer einflößt, abnimmt, dann verblaßt auch seine persönliche Autorität und wird von der Bürokratie aufgesogen: Von Christus führt der Weg unweigerlich zur Kirche. Die Bürokratie ist nur ein schwaches Echo der Leidenschaften, die die persönliche Autorität aufrührte, und im Mittelpunkt jener Leidenschaften steht nach Webers Meinung die Ehrfurcht; sie erzeugt die wesentliche Andersartigkeit der Autorität.

Wenn diese Ansichten über den Zusammenhang von Autorität und Furcht zutreffen, dann stehen die psychologische Legitimität einer Autorität und die Angstlosigkeit der ihr Unterworfenen in einem umgekehrten Verhältnis zueinander. Je weniger man die Autorität fürchtet, desto weniger Respekt bringt man ihr entgegen. Das mag im Falle eines Usurpators oder eines religiösen Propheten stimmen, aber es gilt nicht generell. Die Angst der Kinder etwa ist eine zu schmale Basis für ihren Respekt gegenüber den Eltern. Allgemeiner formuliert: Man kann die Furcht vor der Autorität auf eine Weise abstreifen, die nicht den Respekt vor ihr unterhöhlt, sondern unsere Vorstellung von ihrer Stärke verwandelt, davon, wie sie uns schützen, sichern, beurteilen soll. Diesen Wandel möchte ich jetzt näher betrachten.

Es gibt eine draufgängerische, vorschnelle Art, die Furcht vor der Autorität abzustreifen: die glatte Ablehnung, der Affront. Das geht allerdings so schnell vonstatten, daß nichts riskiert wird: der Angestellte, der das Negativ seines Chefs zu seinem Ideal macht; Miss Bowen, die ihrem Vater sagt, er habe kein Recht, sich in ihre Liebesangelegenheiten einzumischen, während sie gleichzeitig immer mehr auf ihn angewiesen ist. Die Legitimität einer Autorität kann nur dort wirklich geprüft werden, wo sich die Antwort nicht auf ein schlichtes Ja oder Nein beschränken muß.

Man könnte glauben, eine weniger trügerische Art, die Furcht vor der Autorität abzulegen, bestehe darin, daß man einen Kampf auf Leben und Tod mit ihr aufnimmt: nicht rituelle Ablehnung, sondern offener Krieg. Das ist die psychologische »Theorie« – wenn man sie so nennen will – vieler moderner Terroristengruppen. Der eigentliche Wert einer terroristischen Aktion gegen die etablierte Ordnung gründet angeblich darauf, die Angst vor den Autoritäten zu beseitigen; die Logik der willkürlichen Gewalttat besteht darin, daß sie dem Terroristen und seinem Publikum eine Last abnimmt – nichts, dem man Gewalt antun kann, braucht zu existieren. Diese Ansicht formuliert der Nihilist Basarow, der in Turgenjews Roman *Väter und Söhne* seinem Gefährten Arkadij erklärt:

»Unser trauriges, hartes Landstreicherleben ist nichts für dich. Du hast weder Bosheit noch Frechheit, wohl aber jugendlichen Mut und Begeisterungsfähigkeit: das taugt nicht für unser Werk. Ihr Herren vom Adel habt höchstens edle Entrüstung oder edle Demut in eurer Brust – weiter nichts, und das sind unnütze Dinge. Ihr prügelt nicht und haltet euch deshalb für feine Leute – wir aber, wir wollen prügeln. Unser Staub würde dir die Augen beizen, unser Schlamm dich beschmutzen. Du taugst nicht für uns, denn du liebst dich selbst, ohne es zu wollen. – Beweis: du schimpfst gern auf dich. Uns ist das langweilig – wir haben andere Aufgaben, brauchen andere Leute. Du bist ein ganz guter Junge, aber ein weichherziges liberales Jünkerlein.«

Diese Vorstellung von Furcht und davon, wie sie überwunden werden sollte, halte ich nicht nur für schädlich, sondern auch für den Ausdruck einer verqueren Psychologie. Die Furcht vor den Autoritäten, so wie Basarow sie in seiner Ansprache auffaßt, führt dazu, daß man die Autoritäten von sich wegschiebt, daß man sie zu ganz und gar äußerlichen Gestalten macht, die in einem selbst keinerlei Gefühle wecken, es sei denn Abscheu. Die Angst vor der Autorität kann man aber auch auf eine ganz andere Art überwinden, die meiner Ansicht nach nicht nur wirksamer ist, sondern auch von mehr Mut zeugt. Dabei kommt jener Prozeß der Anerkennung ins Spiel, den Hegel als unglückliches Bewußtsein bezeichnet hat: Es kommt darauf an, die Bilder der Autorität aus solcher Nähe und mit solcher Aufmerksamkeit zu betrachten, daß man die Furcht vor ihnen verliert und sie alles Geheimnisvolle einbüßen.

Ich denke hier etwa an die berühmten Aufnahmen, die Richard Avedon von seinem sterbenden Vater gemacht hat. Die erste Aufnahme stammt noch aus der Zeit vor dem Beginn der Krankheit; der Vater wirkt zuversichtlich, liebenswürdig. Die dann folgenden Photographien zeigen, wie die Wangen einfallen, wie die Augen aus ihren Höhlen hervortreten; der Schädel scheint zu schrumpfen. Auf den meisten Photos trägt er Hemd und Krawatte; das Ende kündigt sich an, als diese Zeichen der Bereitschaft zum Umgang mit der Welt verschwinden und Krankenhauskleider an ihre Stelle treten. Diese Bilder haben nichts Grauenhaftes; Avedon will den Tod seines Vaters weder stilisieren, noch will er irgend etwas verbergen, er will lediglich sehen. Und er fürchtet sich nicht, hinzusehen. Turgenjews Gestalt dagegen lehnt es ab, sich einzulassen; hinter ihrer Verachtung für die Welt steht die Angst, sich in der Berührung mit ihr zu beschmutzen. Eine solche Angst gibt es in Avedons Photographien nicht.

Wie die Furcht vor der Autorität mit der Furcht vor Beschmutzung zusammenhängt, hat Mary Douglas in ihrem Buch *Purity and Danger* dargelegt. In einigen Kulturen, etwa bei den Israeliten des Alten Testaments, bestimmten die Autoritäten, welche Speisen und Getränke rein und welche unrein waren; in anderen Kulturen, etwa der der indischen Brahmanen, waren nur die Körper der Autoritäten selbst rein, und kein anderer konnte an dieser Reinheit rituell teilhaben. Andererseits kann ein Priester seine Legitimität einbüßen, wenn die Mitglieder seiner Gemeinde Speisen, die er für unrein erklärt hat, zu sich nehmen, ohne daß es ihnen schadet. Wo es keine Gefahr gibt, dort gibt es auch keine Autorität, und dem Priester ist es nicht gelungen, eine glaubwürdige Furcht einzuflößen. Im westlichen Denken verbindet sich die Vorstellung von der Rebellion gegen die Autorität mit der Idee, ein solcher Akt habe etwas Unreines an sich; ihre sexuell unternehmungslustigen Töchter nannten die Viktorianer »schmutzig«, und die Homosexualität bei ihren Söhnen hielten sie für »ansteckend«.

Basarows Rede lenkt unsere Aufmerksamkeit auf einen besonders beunruhigenden Zusammenhang zwischen Autorität und Schmutzangst: Die Autorität kann diejenigen, die unter ihren Einfluß geraten, moralisch beschmutzen. Die Angst vor moralischer Beschmutzung gründet in der Vorstellung, durch ihre Verführungskünste könne die Autorität andere Menschen nachgiebig und gefügig machen; das ist es, was Basarow Arkadij zum Vorwurf macht. Oder man befürchtet, daß die Anziehungskraft der Autorität so stark ist, daß sie bei anderen

den Sinn für rationales Verhalten trübt. In den von Theodor
W. Adorno geschriebenen Teilen von *The Authoritarian Personality* begegnen uns immer wieder Bilder einer bösartigen
Autorität – Nazis, Angehörige des Ku-Klux-Klan –, die den
Verstand ihrer Gefolgsleute vergewaltigen; verzweifelt suchen
diese Gefolgsleute nach etwas Absolutem, Allmächtigem, auf
das sie sich verlassen können; sobald sie aber aus dem Bann-
kreis der bösartigen Autoritäten heraustreten, sind sie durchaus
rationale Wesen. Dieser düstere Zusammenhang zwischen Autorität und Beschmutzung bringt es mit sich, daß die Menschen
unter der Ägide eines Hitler ein Handeln für psychologisch
legitim hielten, von dem sie in einem Winkel ihres Bewußtseins wußten, daß es sich politisch oder ethisch nicht rechtfertigen läßt.

Hegels Empfehlung im Hinblick auf diese Zusammenhänge
zwischen Autorität und Beschmutzung ist radikal: Die schäd-
lichen Wirkungen der Autorität lassen sich nur bekämpfen,
indem man sich der Autorität immer mehr nähert. Je weiter die
Autoritätsgestalt entfernt ist, desto mehr Furcht und Ehrfurcht
flößt sie ein. Je näher die Autorität rückt, desto weniger
allmächtig erscheint sie. Avedons Photographien veranschaulichen, was »Nähe« hier bedeutet. Psychologisch gesehen, kann
die Annäherung an eine Autorität ein ebenso komplexer Vorgang sein wie die empathische Rollenverdoppelung; sie kann
sich aber auch auf einfache Weise vollziehen, etwa wenn der
junge Erwachsene in dem Augenblick, da er selbst eine Elternrolle übernimmt, erkennt, warum seine Eltern in seiner Kindheit auf bestimmten Regeln beharrten. Die Annäherung kann
ebenfalls, etwa in einer Therapie, die Form einer schonungslo-
sen Suche nach den Gründen für das Verhalten von Eltern oder
geliebten Menschen annehmen, die sich nie erklärt hatten. Stets
kommt es hierbei zu einer Entmystifizierung der Autorität;
Unterschiede in der Stärke mögen bleiben, doch die Autorität
wird ihrer Besonderheit entkleidet – jener Kraft, die so ge-
heimnisvoll und unergründlich schien. Weil es kein Geheimnis
mehr gibt, ist die Autorität nicht mehr durch eine unüberbrückbare Kluft von denen, die ihrem Einfluß ausgesetzt sind,

getrennt. Das meint Hegel, wenn er sagt, es komme darauf an, die Autorität nach innen zu nehmen, sich dem anzunähern, was gleichwohl unterschieden bleibt.

Für dieses Abstreifen von Angst möchte ich hier ein paar alltägliche Beispiele geben. Eine der im ersten Kapitel beschriebenen Buchhalterinnen unterhielt eine lesbische Beziehung:

> *Befragte*: Sie [die Freundin] kann einen verrückt machen, in kleinen Dingen ist sie so gleichgültig, aber in wichtigen Dingen ist sie steinhart.
>
> *Interviewer*: Was meinen Sie mit »steinhart«?
>
> *Befragte*: Sie hat ihre Gründe, und, wissen Sie, das macht mir Angst, ich verstehe nicht, warum sie eine andere Wohnung nehmen will oder warum sie unsere Ferienpläne umstößt, aber immer gebe ich nach, ich kann nicht anders.
>
> *Interviewer*: Warum? Haben Sie Angst, daß sie Sie verlassen könnte?
>
> *Befragte*: Eigentlich nicht, bloß, wenn sie mit mir beispielsweise über den Umzug nicht sprechen will, dann sieht es so aus, als hätte sie ihre Gründe, als sei sie im Recht.
>
> *Interviewer*: Clara, das hört sich schlimm an. Wie sind Sie denn dann zurechtgekommen?
>
> *Befragte*: Nun ja, das läßt sich schwer erklären. Also, die Sache mit der Wohnung hatten wir schon millionenmal durchgesprochen, auch das mit dem Geld, das ich von meiner Mutter bekomme, aber schließlich, tja, also ich fing an zu begreifen, daß sie befürchtete, ich könnte auch meine Gründe haben, und das beunruhigte sie, wissen Sie, es beunruhigte sie, daß sie denen nichts entgegenstellen könnte. Ich meine, immer hatte ich Angst vor ihr, wenn sie so schweigsam wurde, aber in Wirklichkeit hatte sie Angst vor mir. Dann passierte folgendes. Sobald ich erkannte, daß sie mich nicht quälen wollte – wenn man mich quält, werde ich nämlich butterweich –, hatte ich nicht mehr solche Angst, daß sie mich durchschauen könnte. Jedenfalls kam dabei heraus, daß ich freundlicher wurde, aber auch zäher, wissen Sie. Ich war nicht mehr gleich gekränkt und schmollte nicht mehr so, aber ich war ihr ge-

genüber auch entschiedener, und ich vermute, daß wir auf diese Weise zurechtgekommen sind.

In diesem Fall erzeugt das Schweigen Distanz und Macht. An einem bestimmten Punkt innerhalb einer heftigen Auseinandersetzung mit ihrer Freundin erkennt die Buchhalterin, warum dieses Schweigen existiert. Die Sprache, in der sie diese Erkenntnis schildert, zeigt, wie sie den Konflikt an sich herangezogen hat; die andere Person ist nicht mehr fremd und einschüchternd. Im folgenden Beispiel dagegen muß eine junge Frau ein ganzes Netz von Erklärungen zerreißen, mit denen Eltern und Ärzte begründen, warum sie sie wegen eines Gewichtsproblems einer strengen Kontrolle unterwerfen. Sie stellt ihre Beziehung zu diesen Autoritäten in Frage, sie bringt sie zum Schweigen, und dies macht sie im Umgang mit ihnen weniger furchtsam.

> *Befragte:* Es steht ja in den Unterlagen, ich wiege 77 Kilo.
> *Interviewer:* Und hier steht auch, daß Sie 1 Meter 72 groß sind; stimmt das?
> *Befragte:* Ja. Sie sagen, das seien fast 20 Kilo Übergewicht. »Starkes Übergewicht« (mit nachäffender Stimme gesprochen).
> *Interviewer:* Wer ist »sie«?
> *Befragte:* Na, meine Eltern und diese Fachärzte für Gewichtsprobleme.
> *Interviewer:* Ein schrecklicher Ausdruck, »starkes Übergewicht«.
> *Befragte:* Abscheulich. Dabei bin ich mit meinem Aussehen eigentlich ganz zufrieden. Jetzt jedenfalls.
> *Interviewer:* Und früher nicht?
> *Befragte:* Hören Sie, des langen und breiten hat man mir erklärt, wie schlimm das sei. Ich bin zu Kinderpsychologen gegangen. Ich war in Ferienkolonien für Dicke. Je mehr sie es mir erklärten, desto schlechter fühlte ich mich ... das Schlimme, wenn man als Kind dick ist, ist ja, daß man immer versucht, es denen recht zu machen, die einem sagen,

daß da etwas nicht stimmt. Man fühlt sich furchtbar un-
wohl, aber man versteht nicht, was man falsch gemacht hat.
Interviewer: Ich wundere mich, daß Sie so frei darüber sprechen können.
Befragte: Also, was meine Eltern angeht, die hatten an diesen
Ärzten einen Narren gefressen, deshalb mußte ich das immer wieder erklären. Es ist zwar komisch, aber ich stellte
mich stur und weigerte mich, hinzugehen, als ich erkannte,
daß meine Eltern genausowenig Ahnung hatten wie ich.
Interviewer: Wie kam das?
Befragte: Na ja, ich wußte nicht, warum ich dick war und was
daran schlimm sein sollte, aber ich glaubte, sie wüßten es.
Als sich dann herausstellte, daß sie genauso in der Luft
hingen wie ich, dachte ich mir, Scheiß drauf, keine Diät
mehr, Schluß mit dem Quatsch.

Man erkennt, daß sich diese Frauen ihr Wissen über die Autoritäten erobern mußten. In unserer Kultur scheint es selbstverständlich, daß man gegen die Autorität kämpfen muß, wenn sie
sich verändern soll; Autorität gilt uns als etwas Festes, als
statische Kraft. Man vergleiche hiermit die Vorstellung von
einer sich selbst verändernden Autorität, wie sie uns in der
Kultur der Ibos begegnet. Als Kind verfügt der Ibo über
keinerlei Autorität, er ordnet sich unter. Die Übergangsriten
in der Adoleszenzphase verleihen dem Heranwachsenden die
gleiche Stärke, über die vorher nur seine Beschützer verfügten. Die Eltern flößen jetzt nicht mehr die gleiche Furcht ein
wie in der Kindheit, doch das tut der Legitimität der Älteren
keinen Abbruch. Diese Legitimität nimmt vielmehr eine neue
Form an. An die Stelle des Befehls tritt der Ratschlag. Wenn
der Ibo das Ende des Lebensabschnitts erreicht, in dem er
eine Elternrolle spielte, verändert sich seine Autorität noch
einmal; nun wird die Erinnerung an die Vergangenheit des
Stammes zur Quelle seiner Autorität. Es ist dies ein anschauliches Beispiel für eine nicht fest verankerte Autorität: Wie
die Autorität beschaffen ist, über die einer verfügt, hängt von
seinen Lebensumständen ab. Es gibt Autorität, aber sie ist

nicht zu einer bestimmten Form erstarrt. Illegitim würde die Autorität in einer solchen Stammesgesellschaft gerade dann, wenn jemand versuchte, sie auf eine einzige Form festzulegen. Illegitim würde sie dadurch, daß sie sich als permanent installiert.

Unsere Gesellschaft verfügt nicht über solche ausgeprägten Initiationsrituale, die die Autorität immer wieder umformen. Um die Angst vor der Autorität zu verringern, müssen wir uns ihr in einer Reihe von Krisen, die großes Unbehagen auslösen, nähern. An dem Unbehagen, das das Subjekt bei dieser Annäherung empfindet, kann man ermessen, ob seine Angst tatsächlich auf die Probe gestellt wird oder nicht. Natürlich kann es geschehen, daß sich Menschen im Zuge solcher Konflikte in bestimmten Haltungen versteifen. Aber im Falle der Buchhalterin und der jungen Frau mit den Gewichtsproblemen hat sich etwas anderes abgespielt: Der Konflikt hat die Kämpfenden verändert. Anders als Basarow gehen sie ein wirkliches Risiko ein, indem sie sich auf ihre Gefühle gegenüber der Autorität immer mehr einlassen – und dadurch wird ihre Angst gebrochen. In seinem Buch *Theorie sozialer Konflikte* hat Lewis Coser gezeigt, wie bestimmte Arten von Konflikten zu einer »Integration« von Persönlichkeitsstrukturen führen können. Aus diesem Blickwinkel betrachtet, geschieht im Fall der Buchhalterin folgendes: Sie vergleicht ihr eigenes Schweigen mit dem ihrer Freundin; es gibt nicht mehr zwei Arten von Schweigen, ein Schweigen aus Stärke und ein Schweigen aus Furcht. Dieser Vergleich, den sie im Laufe einer harten Auseinandersetzung anstellt, festigt sie. Die junge Frau aus unserem zweiten Beispiel demontiert die Erklärungen, die ihre Eltern für ihr Gewichtsproblem bereithalten, und auch das gibt ihr eine gewisse Ermutigung; die Eltern sind genauso ahnungslos wie sie selbst. In beiden Fällen wird die Angst gebrochen, ohne daß Ablehnung die Folge wäre; es entsteht vielmehr ein Gefühl der Gegenseitigkeit, und die Beteiligten können ihre Bedürfnisse nun gegenüber den Personen, denen sie nähergekommen sind, artikulieren. Die Freundin ist immer noch stark, die Eltern sind immer noch Eltern, aber sie sind nicht mehr übermächtig. Der

Begriff »Integration« bezeichnet etwas, das auch Hegel meint, wenn er die Auseinandersetzung mit der Autorität als einen »inneren« Vorgang auffaßt; Hegel jedoch betrachtet diesen inneren Vorgang selbst noch als Konflikt. Kafka, der den Brief an seinen Vater schreibt; Madeleine Gide, die die Briefe verbrennt; Avedon, der die Aufnahmen von seinem sterbenden Vater macht – für sie alle waren diese Akte gewiß außerordentlich schmerzlich, obgleich sie dadurch Persönlichkeitselemente mobilisierten, ohne die es ihnen nicht möglich gewesen wäre, sich auf die Autoritätsproblematik einzulassen. Aus diesem Grunde ist Hegels Begriff »unglückliches Bewußtsein« wahrscheinlich anschaulicher und genauer als der Begriff der Integration.

Bisher haben wir uns mit dem beschäftigt, was Hegel als eine Bewußtseinsentwicklung begreift. Ausgangspunkt unserer Überlegungen waren private Konflikterfahrungen. Die Transformation der Autorität durch einen Konflikt ist innerhalb der Privatsphäre nicht mehr und nicht weniger als eine Möglichkeit, freilich eine Möglichkeit, die eine bestimmte Form voraussetzt und die sich absolut nicht damit verträgt, wie die Autorität heutzutage in der öffentlichen Sphäre organisiert ist. Der Paternalismus ebenso wie die Autonomie stellen Autorität als einen Zustand dar. In dieser Vorstellung ist kein Platz für eine innere Geschichte, eine Entwicklung. Von den Kindern Pullmans und Stalins wird nicht erwartet, daß sie je heranwachsen; man rechnet vielleicht damit, daß sie böse oder ungehorsam sein können, aber das alles spielt sich in einem einzigen starren Bezugsrahmen ab.

Daß wir innerhalb der Privatsphäre die Erfahrung von Hegels Reise überhaupt machen können, rührt daher, daß Wachstum und Verfall des Körpers, Heranreifen und Vergehen der Zeugungsfähigkeit Kräfte sind, die verfestigte Autoritätsbeziehungen immer wieder aufbrechen. In der Privatsphäre besteht die Chance, aus solchen Brüchen zu lernen. Diese Chance besteht in der öffentlichen Sphäre nicht. Die Buchhalterin, deren privates Erleben ich geschildert habe, lebt gleichzeitig in zwei verschiedenen Welten, einer privaten, in der die Autorität im

Verlauf produktiver Konflikte eine neue Gestalt annimmt, und einer öffentlichen, in der eine statische Autorität einer ebenso statischen Negation ausgesetzt ist.

Ich möchte die Erfahrungen, die das »unglückliche Bewußtsein« auf seiner Reise macht, in ein Verhältnis zu den Strukturen großer, vielgliedriger Institutionen setzen. Ob sich eine solche Verbindung herstellen läßt, hängt davon ab, wie die Autoritätskonflikte beschaffen sind, die wir im öffentlichen Leben auszulösen vermögen. Es geht bei diesem Brückenschlag zwischen zwei Welten nicht darum, die rauhe Zone der Macht mit Wertvorstellungen aus der Privatsphäre zu überlagern. In der privaten Sphäre können wir mehr über die komplexen Voraussetzungen und die Moral der Autorität in Erfahrung bringen als in der öffentlichen Sphäre, wo wir durch Institutionen eben daran gehindert werden. Aber warum sollen wir uns zu Gefangenen der Vereinfachungen machen lassen, die das Bild der öffentlichen Angelegenheiten bestimmen? Es dient nur den Interessen derer, die über uns herrschen, wenn wir nicht versuchen, die Komplexität unseres Bewußtseins zum Maßstab unserer kollektiven Erfahrung zu machen.

5. Sichtbare, lesbare Autorität

Die Arbeit der Autorität hat ein Ziel: Macht in Bilder von Stärke zu verwandeln. Dabei suchen die Menschen oft nach Bildern, die klar und einfach sind. Dieses Streben nach klaren, festumrissenen Autoritätsbildern, so vernünftig es erscheinen mag, ist gefährlich.

Zu den repressivsten Vorstellungen, die ein Tyrann seinen Untertanen eingeben kann, gehört die, daß alles, was er tut, klar und fest umrissen sei. Seht her, das, was ich tue, ist geradlinig und offen, alles paßt zusammen, nichts bleibt verborgen. Mit anderen Worten: Wie könnt ihr euch mir widersetzen? Jacob Burckhardt hat die Tyrannen der Neuzeit »brutale Simplificateure« genannt, und auf die Regime, die wir als autoritär betrachten, paßt diese Formel; der »Führer« und der »Duce« präsentierten sich als »starke Persönlichkeiten«, nicht als kompetente Repräsentanten einer staatlichen Rechtsordnung. Ein Mensch kann gleichzeitig einfach und klar und stark sein, eine große Bürokratie kann das nicht. Indem sich die autoritären Führer auf die Vorzüge der Einfachheit berufen, versuchen sie, den Regierungsapparat zu zerstören oder in den Hintergrund zu drängen, um dann einzig und allein durch die Kraft ihrer Persönlichkeit zu herrschen. So schildert Mussolini einem Freund, wie er darum gekämpft hat, »das Unterholz zu lichten«:

> »Wenn Du Dir vorstellen könntest, welche Mühe mich die Suche nach einem möglichen Gleichgewicht gekostet hat, mit dem ich den Zusammenstoß entgegengesetzter Kräfte vermeiden konnte, zwischen denen es, eifersüchtig und mißtrauisch, wie sie gegeneinander waren, immer wieder zu Reibereien kam, Regierung, Partei, Monarchie, Vatikan, Armee, Miliz, Präfekten, Parteiführer aus den Provinzen, Minister . . .«

Ich bin ein starker Mann, sagt hier Mussolini, weil ich mich in diesem Gestrüpp nicht verfange. Und Hitler schreibt in *Mein Kampf* über die Vorzüge eines klaren Autoritätsbildes:

> »Es ist deshalb die erste Verpflichtung für eine auf dem Boden einer völkischen Weltanschauung beruhende neue Bewegung, dafür zu sorgen, daß die Auffassung über das Wesen und den Daseinszweck des Staates eine einheitliche klare Form erhält. [. . .] So ist die Voraussetzung zum Bestehen eines höheren Menschentums nicht der Staat, sondern das Volkstum, das hierzu befähigt ist.«

Dem Führer, der sich über den Morast einer »dekadenten« Bürokratie erhebt, steht eine Volksmasse gegenüber, die er in Erregung versetzt. In dem Maße, wie die Volksmasse voller Inbrunst an ihn glaubt, wird sie gleichgültig gegenüber den Institutionen mit all ihrem Wirrwarr und ihrer Kleinlichkeit, über die sich der Führer erfolgreich hinweggesetzt hat. Der Schlüssel zum Erfolg totalitärer Regime, darauf hat der Politologe Juan Linz hingewiesen, liegt darin, daß sie den Staatsbürgern im Namen einer höheren, klareren Ordnung Gleichgültigkeit gegenüber den alltäglichen Regierungsgeschäften einflößen.

Hierin besteht also die Gefahr des Wunsches nach klaren Bildern von Stärke, und kein Land ist vor ihr gefeit. Es gibt keine Zauberformel, die ein klares Bild von Stärke entwürfe und gleichwohl die Freiheit der Menschen nicht beeinträchtigte. Der Macht kann man ihre Komplexität nur nehmen, indem man Lügen über ihre wahre Beschaffenheit verbreitet. Und dennoch ist der Impuls, Klarheit zu schaffen, alles andere als irrational. In der modernen Gesellschaft ist er schon deshalb rational, weil die dominierenden Bilder der Stärke ganz und gar unbefriedigend sind. Die Versprechungen der paternalistischen Stärke sind irreführend und demütigend: Unterwerft euch, dann werde ich mich um euch kümmern; wie ich das tue, ist meine Sache. Der Stärke dessen, der über Autonomie verfügt, ist Fürsorglichkeit fremd: Ihr braucht mich, ich brauche euch nicht; unterwerft euch also.

In den intimen Autoritätskrisen, die wir im vorigen Kapitel ausführlich erörtert haben, unternehmen die Betroffenen immer wieder den Versuch, Bilder von Stärke zu klären, ohne den Sinn für die Komplexität zu verlieren. Der Kern dieses intimen Wissens ist ein Zusammenhang zwischen Autorität und Zeit. Niemand ist für alle Zeiten stark; Eltern sterben, die Kinder nehmen ihren Platz ein; Liebe zwischen Erwachsenen ist nichts Festes; Autorität ist kein Zustand, sondern ein Geschehen in der Zeit, das dem Rhythmus der Geschichtlichkeit unterliegt. Wer sich diese Realitäten zwischen Stärke und Zeit bewußtmacht, der weiß auch, daß keine Autorität allmächtig ist. Davids Gemälde *Der Schwur der Horatier* stellt diese Erkenntnis bildlich dar: Der sterbende Führer fordert seine Gefolgsleute auf, sein Lebenswerk fortzusetzen. Zunächst beschwören sie das auch, stellen dann aber fest, daß die vertrauten Normen aufgrund der veränderten Verhältnisse keinen Bestand haben können. Die schmerzliche Wahrheit, die uns Hegel im Hinblick auf dieses Wissen von der Fehlbarkeit in der öffentlichen Sphäre lehrt, betrifft die Frage, wer dieses Wissen erlangen kann und auf welche Weise. Nur der Knecht kann es erlangen, er allein. Der Herr ist von der eigenen Macht geblendet; die Lust am Herrschen trübt ihm den Blick dafür, daß seine Macht eines Tages vergehen muß. Und das wäre auch dann so, wenn er ein selbstloser Heiliger wäre, denn niemand könnte ihm diese Erkenntnis zum Geschenk machen. Der Knecht also muß sich klarmachen, wo die Stärke des anderen ihre Grenzen hat. Der Lohn für seine Anstrengung besteht darin, daß er die Angst vor der Allmacht der Autorität verliert und auf diese Weise anfangen kann, sich zu befreien.

Es ist schwierig, dieses intime Wissen auf die politische Sphäre zu übertragen, weil die intime Zeit mit der kulturellen Zeit nicht übereinstimmt. Eine Bürokratie wächst und vergeht nicht nach dem Zeitplan des Körpers. Und es ist auch nicht wahrscheinlich, geschweige denn unvermeidlich, daß die Herren im Staate stürzen und das Volk ihren Platz einnimmt, so wie Eltern sterben und ihre Kinder selbst Eltern werden. Vor allem jedoch kann das Bewußtsein im privaten Bereich ein machtvoller Faktor sein; ob es auch für die von Hunger, drakonischen Gesetzen oder Einschüchterung Unterdrückten eine taugliche Waffe ist, um ihre Herren zurückzudrängen, ist dagegen sehr fraglich.

Das psychologische Wissen über die Stärke kann daher nicht direkt in ein politisches Programm umgesetzt werden. Es ergeben sich aus ihm aber gleichwohl zwei Maßstäbe zur Beurteilung, genauer: zwei Forderungen, die man an das System der öffentlichen Macht richten kann. Diese Forderungen sind geeignet, die öffentliche Ordnung zu stören, weil sie deren innerer Tendenz zuwiderlaufen, weil sie aus einem Lebensbereich kommen, der von einem anderen Zeitrhythmus regiert wird. Sie lauten: Die Gestalten, die über öffentliche Autorität verfügen, sollen lesbar und sie sollen sichtbar sein.

»Sichtbar« bedeutet, daß die, die eine Herrschaftsposition bekleiden, sich klar äußern sollen – darüber, was sie können und was sie nicht können, und darüber, was sie vorhaben. Mit dem Wort »lesbar« möchte ich andeuten, wie diese Äußerungen beschaffen sein sollen. Niemandem, der über Macht verfügt, kann man zutrauen, daß er sich selbst ein gerechter Richter sei. Es sind die Untertanen, die bestimmen müssen, was Macht bedeutet; die Knechte müssen die Handlungen der Herren lesen, so als würden sie versuchen, die Bedeutung eines schwierigen Textes zu erfassen. In allen intimen Auseinandersetzungen, die wir im vorangegangenen Kapitel beschrieben haben, bestand das eigentliche Ziel darin, die Macht in dieser Weise lesbar zu machen. Lesen ist eine reflexive Tätigkeit: Reinigung, Maskierung, das Sich-in-andere-Versetzen, das Abstreifen der Angst sind Akte, die die Untergeordneten an sich selbst vollziehen, um die Autoritäten in ihrem Leben besser erkennen und beurteilen zu können.

In diesem Kapitel möchte ich darlegen, wie im öffentlichen Leben Gelegenheiten zu einem solchen Lesen zustande kommen können. Sie können sich ergeben, wenn die Grundstruktur der Macht, die Befehlskette, auf eine bestimmte Weise unterbrochen wird. Meine Absicht ist es, zu zeigen, daß diese spezifische Art der Störung kein Chaos verursacht und auch nicht das Einverständnis damit zerstört, daß derjenige, der über Stärke verfügt, eine leitende Funktion übernimmt; daß eine solche Störung vielmehr den Untertanen eine Chance bietet, mit denen, die sie regieren, zu verhandeln und deutlicher zu erkennen, was die Regierenden tun können und was nicht, was sie tun sollen und was nicht. Derlei Störungen bringen es mit sich, daß die Autoritätsgestalten innerhalb der Befehlshierarchie den Anschein von Allmacht einbüßen. Eine solche Verbindung von Autorität und Unordnung hat durchaus nichts Rätselhaftes an sich; zu ihr gelangt man, indem man mit dem Ideal der Demokratie Ernst macht.

Alle demokratischen Ideen, die aus dem 18. Jahrhundert auf uns gekommen sind, beruhen auf der Vorstellung von einer sichtbaren, lesbaren Autorität. Die Staatsbürger sollen gemeinsam lesen; sie sollen die gesellschaftlichen Verhältnisse beobachten und darüber miteinander debattieren. Diese gemeinsame Anstrengung hat zur Folge, daß die Bürger politischen Führern bestimmte Vollmachten anvertrauen und sich ein Urteil darüber bilden, wie weit die Führer Vertrauen tatsächlich verdienen. Die Bedingungen, auf denen dieses Vertrauen beruht, müssen sichtbar sein; der politische Führer, so sagt Jefferson, mag Zurückhaltung üben, aber man dürfe nicht zulassen, daß er seine Absichten für sich behält. Überdies komme es zu einer Lektüre der Macht und einer Überprüfung ihrer Grundlagen nur dann, wenn die Menschen das bestehende Regierungssystem, das sich zusehends verfestigt, nachhaltig stören. Die »normalen« Wahl- und Abstimmungsprozeduren reichen dazu nicht aus. Jeffersons Idee, in jeder Generation solle es eine Revolution geben, ist bekannt; im europäischen demokratischen Denken des 18. Jahrhunderts wird der periodischen Umwälzung eine ähnliche Bedeutung beigemessen; der Gedanke, daß in ihr der demokratische Prozeß seinen Höhepunkt erreiche, begegnet uns bei Sieyès und Holbach.

Daß die Demokraten der Aufklärung meinten, die Autoritäten könnten für das Volk lesbar und sichtbar gemacht werden und die periodische Störung der Macht sei sinnvoll, hängt mit ihrem unendlichen Vertrauen in die Rationalität des Menschengeschlechts zusammen. Unabhängig davon, ob dieses Vertrauen angebracht ist oder nicht, kann man wohl sagen, daß die Demokraten der Aufklärung außer acht ließen, wie schwierig es ist, Bilder von Stärke zu schaffen. Die Probleme eines komplexen Machtgefüges, die Destruktivität der Fraktionskämpfe, die Manipulierbarkeit der Massen – alle diese Schwierigkeiten hielten sie für lösbar, wenn nur die der Menschheit innewohnende Vernunft aus den Fesseln einer traditionsverhafteten Gesellschaft befreit werden könnte. In den von ihm verfaßten Teilen der *Federalist Papers* warf Madison den Anhängern dieses säkularen Projekts vor, sie machten sich keine Vorstellung von den Schwierigkeiten der Demokratie und davon, wie außergewöhnlich riskant es sei, eine solche Gesellschaft auf einen Schlag herzustellen.

In den zwei Jahrhunderten seit Madison haben wir erfahren, wie brüchig die demokratische Auffassung von Autorität ist. Daß alle Autorität von den Menschen ausgehe, sagt psychologisch sehr wenig darüber aus, wie Autorität tatsächlich zustande kommt; wie es dazu kommt, daß im Verlauf eines Diskussions- und Entscheidungsprozesses bestimmte Personen aufgefordert werden, die Beschützer anderer zu sein, während ihnen gleichzeitig verboten wird, sich zu ihren Herren aufzuwerfen. Gesetze können dies zwar so verfügen, aber wodurch wird es menschlich möglich? Für die Duldung periodischer Unordnung, ja, ihre Notwendigkeit, die die Demokraten des 18. Jahrhunderts im Sinne hatten, ist heutzutage im Recht und in der politischen Praxis kein Raum mehr. Gesellschaften, die ihrem Namen nach frei und demokratisch sind, bringen sich oft in eine paradoxe Situation, wenn sie repressive Mittel anwenden, um Widerstand zu unterdrücken und die Demokratie zu »retten«.

Daß ein Machtgebilde auf diejenigen, die ihm unterworfen sind, einzugehen vermag; daß die einzelnen Ränge der Befehlshierarchie in Augenblicken der Spannung erschüttert und erneuert werden können; daß die Mächtigen nur begrenztes Vertrauen verdienen – alle diese Vorstellungen mögen Bestandteile eines utopischen Traums sein, doch nehmen sie im

Grunde nur jene Ideale ernst, deren Propagierung in den meisten westlichen Gesellschaften nicht mehr als ein Lippenbekenntnis ist.

Die Befehlskette

Macht zwischen zwei Menschen besteht darin, daß der Wille des einen gegenüber dem Willen des anderen die Oberhand hat. Im ersten Kapitel dieses Buches haben wir Fälle dargestellt, in denen der bloße Gehorsam kein geeignetes Maß für das Ungleichgewicht zwischen zwei Willen war. Eine Person wie Miss Bowen ist ihren Eltern gegenüber ungehorsam, indem sie sich mit Schwarzen trifft, und dennoch ist sie in der Wahl ihrer Liebhaber vom Willen ihrer Eltern abhängig; sie ist ungehorsam und unterliegt dennoch der Kontrolle ihrer Eltern. Auch die Phantasie vom Verschwinden der Autoritätsgestalt und die idealisierte Ersetzung sind Negationen, die zur Folge haben, daß der Wille einer Person den der anderen kontrolliert.

Die Befehlskette ist eine Struktur, mit der dieses Willensungleichgewicht auf Tausende und Millionen Menschen ausgedehnt werden kann; sie ist die Architektur der Macht. Das Bauprinzip ist die Reproduktion: A kontrolliert B; B kontrolliert C, indem er die Befehle von A zu seinen eigenen macht; C kontrolliert D, indem er die Befehle von B wiederholt. Die große Analyse dieser Befehlskette, das Buch *Vom Kriege* des Generals von Clausewitz (des Kontrahenten Napoleons bei Jena und beim Rußlandfeldzug 1812–13) beginnt mit einem berühmten Satz, der den Krieg mit der Auseinandersetzung zwischen zwei Willen verbindet: »Der Krieg ist nichts als ein erweiterter Zweikampf.« Die »Erweiterung« kommt durch die Architektur der Befehlskette zustande. Das, was den Krieg von anderen Formen der Machtentfaltung allein unterscheidet, ist der Einsatz von Gewalt. »Der Krieg ist also ein Akt der Gewalt, um den Gegner zur Erfüllung unseres Willens zu zwingen.« Clausewitz hatte eine klare Vorstellung davon, daß Befehle von oben innerhalb der Befehlskette von Glied zu

Glied nicht einfach reproduziert werden. Der Wille des Generals gibt den Ausschlag; aber damit er wirksam werden kann, muß man den Untergebenen im Feld einen gewissen Ermessensspielraum in Einzelheiten zugestehen. Der ganze mittlere Teil des Buches *Vom Kriege* befaßt sich deshalb mit der Frage, wie man andere innerhalb der Befehlskette kontrolliert, ohne sich in nebensächlichen Details zu verlieren. So schreibt Clausewitz, mit einer festen Schlachtordnung, einer festen Anordnung der Avantgarden und Vorposten binde der General nicht nur seinen Untergebenen, sondern in bestimmten Fällen auch sich selbst die Hände. Aber den Untergebenen kann nicht die Freiheit eingeräumt werden, die elementaren Ziele und Pläne der Strategie des Generals selbst zu interpretieren; dadurch würde die Befehlskette zerstört. Die Kontrolle setzt voraus, daß der Wille des Generals das Ganze bestimmt.

Es ist vielleicht kein Zufall, daß diese Analyse der Macht innerhalb einer Befehlskette von einem Mann des Militärs stammt, denn der historische Ursprung der Befehlskette liegt im Kriegshandwerk. Die Idee der Befehlskette verwandelte Volksstämme, die spontan, Mann gegen Mann, kämpften, in Heere. In den Epen Homers sehen wir sowohl Stämme als auch Heere im Krieg. Die Befehlskette hat die spontane Gewalt der Krieger diszipliniert, und gleichzeitig hat sie einen neuen Helden hervorgebracht, den Führer, der nicht allein dank seiner Körperkraft und seines Mutes über andere bestimmt, sondern auch aufgrund seiner rationalen Fähigkeit, eine Strategie zu entwickeln. In seiner *Geschichte des Peloponnesischen Krieges* zeigt Thukydides, wie sich im Hinblick auf die Befehlskette in der alten Welt eine Kluft auftut: zwischen Sparta, wo das Prinzip der Befehlshierarchie rein und universell verwirklicht ist, wo das militärische und das zivile Leben sich nicht voneinander unterscheiden, und Athen, wo die Prinzipien der militärischen Befehlsgewalt mit den Debatten und Zweifeln eines zivilen demokratischen Staates in Konflikt geraten.

Die Befehlskette in reiner Form, wie sie im waffenstarrenden Sparta in Erscheinung tritt, begegnet uns in der Geschichte selten. Häufiger findet man Ketten, die Brüche aufweisen, oder viele verschiedene Ketten, die eine soziale Hierarchie bilden. Das mittelalterliche *feudum*, das Lehnsverhältnis, war eine solche gebrochene Kette. In der Theorie führte eine direkte Linie von den Königen und dem Hochadel an der Spitze der Pyramide bis hinab zum geringsten Vasallen; in Wirklichkeit freilich schufen die Lehnsverträge ein Mosaik vielfältiger lokaler Verpflichtungen. Der Herzog von Burgund vermochte – wiederum der Theorie nach – in Kriegszeiten alle seine Untertanen zu den Waffen zu rufen; in der Praxis konnte er nicht einmal eine Kriegssteuer erheben, sofern diese in Widerstreit mit den gewohnheitsrechtlichen Bestimmungen innerhalb eines Lehnsgutes stand. Kirche und Staat im Mittelalter veranschaulichen das Verhältnis zwischen verschiedenen Ketten – wie die Stränge eines Seils waren sie miteinander verschlungen, aber im Hinblick auf Abgaben, Privilegien und Pflichten stets voneinander zu trennen.

In der Neuzeit stand die Befehlskette als Architektur der Macht stets in einer ungewissen Beziehung zum Markt. Der Theorie nach entsteht der Markt nicht auf Anweisung von oben, sondern durch die Konkurrenz zwischen einigermaßen gleichrangigen Widersachern. Wie Adam Smith erkannte, bestand die große Gefahr darin, daß die Sieger in diesem Wettstreit ihre Überlegenheit ausnützen könnten, um ihre Rivalen ein für allemal zu vernichten – und damit zugleich den Markt selbst. Mit der Entstehung von vertikalen und horizontalen Monopolen, von Kartellen und regierungseigenen Unternehmen hat diese Gefahr konkrete Formen angenommen; in ihnen bilden sich rigidere Befehlsketten, als die Märkte es sind. Auf der anderen Seite gewährleisten die Ölkartelle, die multinationalen Unternehmen und die staatlichen Betriebe, jedenfalls in begrenztem Maße, die Funktionstüchtigkeit des Marktes: sofern der Markt noch einen Gewinn abwirft. Dann wollen etwa die Ölkartelle einen freien Weltmarkt, damit der Preis dieser knappen Ressource steigt. Wenn jedoch die Konkurrenz zunimmt und die Preise womöglich fallen, schreitet das Kartell sofort ein. Smith hat es nicht für möglich gehalten, daß die Produzenten einmal in der Lage sein würden, durch gemeinsames Han-

deln die Knappheit zu regulieren und auf diese Weise den
Markt umfassend zu manipulieren; Angebot und Nachfrage
erschienen ihm als gleichstarke Kräfte, zwischen denen es stets
zu einem Ausgleich kommen würde. In unserem Wirtschaftssystem aber, das Clausewitz gewiß gut verstanden hätte, ist das
nicht der Fall.

Auch unabhängig von diesem gemischtwirtschaftlichen System läßt sich das Machtgefüge, in dem wir leben, kaum mit
einer kompakten Befehlskette nach spartanischem Muster vergleichen. Die Spartaner konnten deshalb eine solche Geschlossenheit erlangen, weil sie die Welt außerhalb ihrer Stadt nur in
einer paranoiden Verzerrung wahrnahmen. Der Zweck der
Macht verstand sich von selbst, denn Feinde lauerten überall.
Die Legitimität der Befehlskette ergab sich mit mathematischer
Schlüssigkeit aus dieser Paranoia. In der Moderne ist diese
Legitimität brüchig geworden. Allein schon die Tatsache internationaler Wirtschaftsverflechtungen macht es schwierig, die
Angestellten einer bestimmten Firma davon zu überzeugen,
daß es im Kampf mit der Konkurrenz um Leben und Tod gehe
und daß deshalb die Kontrolle, die von der Befehlshierarchie
ausgeht, unzweifelhaft in jedermanns Interesse sei. Selbst wo
wirklich Anlaß zur Paranoia besteht – etwa in der britischen
und amerikanischen Textilindustrie –, ist es schwierig, die Arbeiter durch Appelle zu produktivem Gehorsam zu bewegen.
Die Autoritätsbilder, die wir in diesem Buch betrachtet haben,
sind Bestandteil einer Strategie, mit der moderne Organisationen, öffentliche und private, kapitalistische und sozialistische,
versucht haben, der Befehlskette eine innere Legitimität zu
verleihen. Diese Strategie ist der Universalismus. Das heißt,
daß der Befehl oder die Kontrolle, die von oben ausgeht,
innerhalb der Organisation universale Gültigkeit besitzen soll.
Wenn das, was der Chef an der Spitze sagt, wahr, glaubhaft
und realistisch ist, dann ist es auch für alle, die unter ihm
stehen, wahr. »Ich will nur euer Bestes« ist eine paternalistische
Absichtserklärung, die universal ist und jede spezifische Konstellation transzendiert. Daß man sich während der chinesischen Kulturrevolution auf den Glauben des Vorsitzenden Mao

an die bevorstehende gesellschaftliche Umwälzung berief, um die Getreide- oder die Stahlquoten für einen bestimmten Monat zu rechtfertigen, bekundet einen ähnlichen Universalismus; solche Redensarten und Beteuerungen guter Absichten können unendlich oft wiederholt werden, wenn sie von Stufe zu Stufe weitergereicht werden.

Die Bilder der einfachen Form von autonomer Autorität werden auf andere Weise reproduziert. Einfache Autonomie bedeutet, daß der Experte nur von seinen Expertenkollegen verstanden wird. Auf den unteren Stufen der Hierarchie weiß niemand, wie man ihn in Frage stellen könnte. Die Diktate der Expertenautorität durchlaufen die Befehlskette als das, was die Autoritäten beschlossen haben und für »das Beste« halten. Die Bilder der komplexen Form von Autonomie werden so reproduziert wie die guten Absichten. Der britische Unternehmer, den wir im dritten Kapitel zitiert haben, stellte einen Maßstab für Selbständigkeit auf, den man auf den Teilhaber seiner Firma ebenso anwenden kann wie auf den Pförtner am Fabriktor. Nicht Fertigkeiten sind die Grundlage dieser »Selbständigkeit«; sie wurzelt vielmehr in der »Einstellung«. Und genauso wie die guten Absichten ist auch die »Einstellung« ein universeller Maßstab, mit dem jeder beurteilt, jeder diszipliniert und alles erklärt werden kann.

In modernen Organisationen ist die hinter diesen beiden Autoritätsbildern stehende Kontrollgewalt oft verdeckt. Nackte Macht zieht Aufmerksamkeit auf sich, der Einfluß tut dies nicht. Diese Verschleierung der Macht, die der Organisationswissenschaft, wie Herbert Simon sie begründet hat, innewohnt, ölt die Glieder der Befehlskette. Memoranden und Direktiven rationalisieren die Befehle, indem sie auf Bilder von Sachverstand, auf die richtige Einstellung oder auf die guten Absichten der Firma verweisen, doch keine bestimmte Person ist für sie verantwortlich. Es sind Texte ohne Verfasser, sie können auf jeder Etage der Organisation immer wieder gelesen werden; die Befehlskette hinab wird ihre Bedeutung unablässig wiederholt, denn sie haben keine sichtbare Quelle und betreffen die Organisation als ganze.

Daß der Universalismus ein wirksames Mittel ist, um der
Befehlskette Legitimität zu verschaffen, hat Lenin in seiner
Schrift *Ein Schritt vorwärts, zwei Schritte zurück* deutlich ausge-
sprochen:

> »Die Parteibindung [...] muß sich stützen auf ein *formelles*,
> (vom Standpunkt des undisziplinierten Intellektuellen) ›bü-
> rokratisch‹ redigiertes Statut, dessen strenge Einhaltung uns
> allein vor dem Zirkeldünkel, den Zirkellaunen, den Zirkel-
> methoden jener Katzbalgerei bewahrt, die man den freien
> ›Prozeß‹ des ideologischen Kampfes nennt.«

Lenin befürchtete, es könnte zu einer demokratischen Deformation der Befehlskette kommen. Mit Hilfe des Universalismus läßt sich das verhindern. Der General, der Parteichef, der
Unternehmer, die sich dieses Mittels zu bedienen wissen, gewinnen eine Art von Allmacht. Sie kontrollieren zwar nicht
alles bis in die kleinsten Einzelheiten, aber letztlich steht alles
unter ihrer Kontrolle, weil ihr Wille die Befehlskette hinab so
genau wie möglich reproduziert wird.
Wir müssen also klären, wie man diesen Universalismus unter-
graben kann; im wesentlichen geht es darum, jenen Reproduk-
tionsprozeß zu stören. Wie das geschehen soll, ist allerdings
umstritten.

Die Befehlskette unterbrechen

Es gibt drei freiheitlich orientierte Strategien, um die Befehlskette zu zerrütten. Die extremste ist die der spanischen Anarchisten: Weg damit! Die mildeste ist die Zusammenarbeit
zwischen den verschiedenen Etagen innerhalb eines Unternehmens nach dem westdeutschen Mitbestimmungs-Modell. Eine
dritte Strategie akzeptiert die Tatsache der Hierarchie, sucht
jedoch nach besonderen Formen, um sie periodisch aufzustö-
ren.
Die spanischen Anarchisten träumten von einer Gesellschaft
ohne Machthierarchie. Sie glaubten, es sei möglich, spontan zu

leben – nach Lust und Laune zu arbeiten, zu kämpfen, sich zu amüsieren, zu zeugen. Wo es keine Machthierarchie gibt, seien auch Autorität und Bilder von Stärke und Schwäche unnötig. Zur Grundlage einer künftigen Gesellschaft gemacht, würde sich die Idee der vollständigen Abschaffung der Befehlskette freilich als äußerst unheilvoll erweisen. Nähme man sie ernst, so brauchte niemand mehr anderen gegenüber irgendwelche Verpflichtungen einzugehen, an die Stelle der gesellschaftlichen Herrschaftsverhältnisse träte ein allmächtiges Selbst, das nur seinen eigenen Wunschregungen folgt. Auf die Beschränktheit dieser Lebensauffassung hat Giovanni Baldelli in seinem bemerkenswerten Buch *Social Anarchism* hingewiesen:

> »Ein Leben, von dem nichts abhängt, erscheint vollkommen sinnlos. Wenn man nicht der Vater, die Mutter, der Verfasser oder der Urheber von irgend etwas ist, fühlt man sich fehl am Platze und überzählig, das eigene Leben wird grundlos und im wahrsten Sinne des Wortes unwichtig. Daher das Streben der meisten Menschen nach einer Form von Autorität, das heißt nach Anerkennung ihrer Bedeutung, nach einer Rechtfertigung ihres Daseins.«

Mit anderen Worten, ein ehernes Gesetz der Spontaneität würde die meisten zwischenmenschlichen Beziehungen ruinieren. Eine gemäßigte Antwort auf das Problem der Herrschaft innerhalb der Befehlskette kommt in den Vorstellungen von Zusammenarbeit und gemeinsamer Entscheidungsfindung zum Ausdruck, auf die sich die Mitbestimmungs-Bestrebungen in den Vereinigten Staaten (namentlich in der Automobilarbeitergewerkschaft) und in verschiedenen Industriezweigen in Europa gründen. Die Mitbestimmung erkennt die grundsätzliche Notwendigkeit einer Befehlskette an. Sie akzeptiert die Bedeutung von Koordination ebenso wie die Tatsache, daß die Menschen innerhalb einer Hierarchie über unterschiedliche Fähigkeiten verfügen und unterschiedlich stark sind. Aber sie akzeptiert nicht, daß sich die Macht derer, die an der Spitze stehen, ungebrochen auf die unter ihnen Stehenden erstreckt. Statt dessen sollen an Entscheidungen, die die gesamte Organi-

sation betreffen, Vertreter aus allen Etagen der Hierarchie
beteiligt werden: Vertreter der Arbeitnehmer, des Managements und der von der Organisation betroffenen Teile der
Öffentlichkeit.

In der Bundesrepublik Deutschland gibt es ein gesetzlich gere-
geltes Mitbestimmungs-System. In größeren Unternehmen
besteht ein Betriebsrat, der sich aus Vertretern der Arbeitnehmer, mit Ausnahme der leitenden Angestellten, zusammen-
setzt. Die Rechte der Betriebsratsmitglieder werden vom
Betriebsverfassungsgesetz geschützt. Dieses Gremium befaßt
sich mit sozialen Belangen und den Arbeitsbedingungen innerhalb des Unternehmens. Es versorgt das wichtigste Mitbestim-
mungs-Organ, den aus Vertretern des Managements und der
Arbeitnehmer bestehenden Wirtschaftsrat, mit Informationen
und Anregungen. Auch die Aufsichtsräte in der Montanindu-
strie beruhen auf dem Prinzip der Mitbestimmung.

Der Deutsche Gewerkschaftsbund räumt ein, daß seine Mitbe-
stimmungs-Pläne nicht vollständig verwirklicht worden sind.
Viele wichtige Entscheidungen werden nach wie vor von
denen getroffen, die an der Spitze der Befehlshierarchie stehen.
Eine radikale Kritik an der Mitbestimmung übt Helmut
Schauer, der die These vertritt, das System als solches sei nicht
tatsächlich demokratisch:

> »Weder die direkt gewählten noch die von den Gewerk-
> schaften entsandten Aufsichtsratmitglieder sind tatsächlich
> rechenschaftspflichtig und kontrollierbar. Die Mitbestim-
> mung schafft nur die Illusion einer Kontrolle von unten
> durch gewählte Repräsentanten. In Wirklichkeit sind sie
> weitgehend unabhängig und lassen sich leicht in die be-
> stehenden Management-Funktionen integrieren.«

Unabhängig von den spezifischen Mängeln des westdeutschen
Modells gibt es ein Problem, das sich allen Mitbestimmungs-
Strategien stellt. Sie nehmen an, daß zwischen den Starken und
den Schwachen Abmachungen getroffen werden können, die
für beide Seiten befriedigend sind. Die Mitbestimmung strebt
einen Konsensus an, der die Konflikte und Spannungen zwi-

schen Starken und Schwachen verringern und die Befehlskette
entschärfen soll, indem er sie demokratischer macht. So überrascht es nicht, daß viele Mitbestimmungs-Befürworter über
Befunde irritiert sind, wie sie Josip Obradovic 1965 in einer
Untersuchung über die Beteiligung jugoslawischer Werktäti-
ger an innerbetrieblichen Entscheidungsprozessen ermittelt
hat. Obradovic stellte fest, daß die Angestellten in selbstver-
walteten Bürokratien von ihrer Tätigkeit weit stärker entfrem-
det waren als Arbeiter in einer eher traditionellen Umgebung.
Der Grund hierfür liegt auf der Hand. Die an Entscheidungsprozessen partizipierenden Beschäftigten hatten es mit der
Herrschaftsrealität zu tun, die jeder Befehlskette, unabhängig
von ihrer ideologischen Prägung, innewohnt, und diese Konfrontation verunsicherte sie. Die Mitbestimmung ist ein ehren-
wertes Unterfangen, aber sie scheut sich, die unlösbaren Konflikte innerhalb der Befehlskette zur Diskussion zu stellen.
Dabei kann man gerade aus solchen, periodisch auftretenden
Konflikten sehr viel lernen, und zwar indem man eine dritte
Strategie im Umgang mit der von der Befehlskette verkörperten Herrschaft anwendet.
Diese dritte Strategie widersetzt sich offen dem Prozeß, durch
den die Kontrolle die Befehlskette hinab von A zu B zu C zu D
reproduziert wird. Sie geht darauf aus, diese Kontrolle, die sich
von einer Befehlsebene zur anderen fortpflanzt, »demokratisch
zu deformieren«, wie es Lenin verächtlich ausdrückte. Es
scheint mir nützlich, diese Deformation der Befehlskette mit
einem Begriff aus der Ästhetik zu veranschaulichen, dem Begriff eines Bildes, das *en abyme* gesetzt wird.
Innerhalb der modernen Ästhetik erscheint dieser Begriff zum
erstenmal in André Gides Tagebuch aus dem Jahr 1893. Gide
schreibt dort an einer Stelle:

»Es gefällt mir, wenn man in einem Kunstwerk das Thema
des Werkes, in den Maßstab der Personen umgesetzt, wie-
derfindet. Nichts erhellt das Werk besser und festigt die
Proportionen des Ganzen sicherer. So reflektiert in gewissen
Bildern von Memling oder Quentin Massys ein konvexes,

trübes Spiegelchen das Innere des Zimmers, in dem sich die
dargestellte Szene abspielt. «

Dann sucht er nach einer Bezeichnung für diesen Vorgang. Das
kleine Bild im Spiegel ist keine genaue Wiedergabe der großen
Szene. Der konvexe Spiegel in Memlings Bildnissen verändert
das Bild, das er spiegelt, und Gide meint, daß sich in seinen
eigenen Schriften etwas Ähnliches abspiele:

> »[. . .] was ich in meinen *Cahiers*, in meinem *Narcisse* und in
> *la Tentative* wollte, war ein Vergleich mit jenem heraldi-
> schen Kunstgriff; der darin besteht, in das erste Wappen-
> schild ein zweites einzufügen, *en abyme*. «

Der Ausdruck *en abyme* bezeichnet Spiegelungen, die die von
ihnen wiedergegebenen Bilder verändern.

Man könnte meinen, dieser Vorgang sei kaum mehr als ein
preziöser Kunstgriff; daß er jedoch auch eine moralische Dimension besitzt, hat Gide in seinen späteren Werken auf
geniale Weise erkannt. Was ist, wenn das Bild, der Gedanke,
die Person, die den Ausgangspunkt bilden, moralisch fragwürdig sind – wird, wenn man sie *en abyme* setzt, in der Umwand-
lung diese Fragwürdigkeit offenbart? Eine Antwort hierauf
gibt Gide in seinem Roman *Die Falschmünzer*. Ein braver
Bürger beginnt dort, die Lügen, die ihm zuvor als selbstver-
ständliche Grundsätze seines Lebens gedient hatten, zu verabscheuen, als er sie, leicht verändert, von anderen wiederholt
hört; ein Vater begreift schließlich die Verderbtheit seines
eigenen Lebens, als er sie – *en miniature* und ohne jeden Anstrich
von Zivilisiertheit – in den kleinen Grausamkeiten seines Sohnes gespiegelt sieht. Der Titel des Romans verweist auf seine
moralische Perspektive – die Münzen der Fälscher offenbaren
die Wertlosigkeit des Metalls, aus dem sie hergestellt wurden.

Ein Spiegelbild, das dem Original nicht ganz entspricht, hat
nicht nur eine moralische, sondern auch eine soziale Dimension. Der Begriff *en abyme* verweist auch auf eine Methode, wie
die Reproduktion von Macht durcheinander gebracht werden

kann. Diese Methode besteht darin, Vorschriften oder Weisungen auf jeder Befehlsstufe als Behauptungen aufzufassen und nicht als Axiome. Eine Behauptung kann man bestätigen, man kann sie widerlegen, man kann sie als wahr und falsch zugleich ansehen. Aber wenn an jedem Glied der Kette die Gültigkeit und die Implikationen einer Vorschrift diskutiert werden müssen, wird eine aktive, interpretierende Suche nach dem Sinn von Macht eingeleitet, eben jener Prozeß, durch den Autorität selbst geschöpft wird. Ich glaube nicht, daß Menschen, denen man die Chance gibt, die Befehlshierarchie »demokratisch zu deformieren«, unvermeidlich ein Chaos erzeugen; bestimmte Vorschriften, Annahmen und Rechtfertigungen bleiben auf ihrem Weg die Kette hinab möglicherweise gänzlich unberührt. Aber weil es zwischen denen, die befehlen, und denen, die die Befehle ausführen, elementare Interessenunterschiede gibt, ist die Wahrscheinlichkeit groß, daß die Weisungen in wichtigen Fragen nicht unverändert nach unten übermittelt werden.

Es trifft gewiß zu, daß man Menschen nicht zwingen kann, etwas zu tun, das ihnen mehr Freiheit geben würde. Es trifft auch zu, daß die Interpretation komplexer Phänomene zeitaufwendig und ineffizient ist, daß sie Unzufriedenheit und Spannungen hervorruft. Diese Einwände hat man schon immer gegen den demokratischen Prozeß erhoben. Man muß sich nur eines klarmachen: Wenn man von den demokratischen Idealen wirklich überzeugt ist und gleichzeitig die Notwendigkeit von Befehlsketten akzeptiert, sind Konfrontationen unvermeidlich. Sie sind keine Ausflucht, wie es die Strategien der Mitbestimmung so häufig sind. Wenn ich es für vernünftig halte, mich auf diese Konfrontationen einzulassen, dann beruht meine Zuversicht darauf, daß die Menschen zumindest in ihrem privaten Leben fähig sind, Autorität im Verlauf von Krisen zu rekonstituieren. Hierzu kommt es nicht in jedem Fall, denn immer besteht die Gefahr, daß man sich mit kurzschlüssigen Antworten begnügt oder einer lähmenden Ernüchterung anheimfällt. Aber es gibt Möglichkeiten, eine Konfrontation so zu inszenieren, daß in ihr die Angst vor der

Stärke erlischt und vor allem das Element der Allmacht auf die Probe gestellt wird.

Hier möchte ich fünf Methoden darstellen, wie die Befehlskette *en abyme* gesetzt werden kann. Die Liste ist nicht vollständig, sie läßt jedoch erkennen, welche Vielfalt von Strategien man entwickeln kann.

Die erste grundlegende Strategie besteht in der Forderung, daß innerhalb der Befehlskette die Form des Aktivs verwendet wird. Oft kleidet sich die Sprache der bürokratischen Macht in die Form des Passivs und verschleiert auf diese Weise die Verantwortlichkeiten. Hier ein Beispiel:

> »Es wurde beschlossen, daß die Angehörigen des Betriebes ihren Urlaub über die gesamte Sommerperiode verteilen sollen, um Unregelmäßigkeiten im Produktionsablauf zu vermeiden. Deshalb ist es nötig, daß jeder Betriebsangehörige seinem Vorgesetzten schriftlich mitteilt, wann er seinen Urlaub anzutreten beabsichtigt, und dabei drei mögliche Termine nennt und angibt, welchen Termin er bevorzugt. Diese Angaben werden dann von der Betriebsleitung koordiniert, und jedem Betriebsangehörigen wird ein Ferienplan ausgehändigt.«

Die Verwendung des Passivs macht es hier möglich, daß sich die Befehlskette von Glied zu Glied immer weiter ausdehnt. »Es wurde beschlossen« – diesen Beschluß kann man keiner bestimmten Person zuordnen, ja, nicht einmal einer bestimmten Ebene innerhalb der Organisation. Es wird ein Prinzip aufgestellt, das für das Ganze gilt; es kann in jeder Abteilung angewendet werden. Gebraucht man das Aktiv, so könnte man denselben Beschluß folgendermaßen formulieren:

> »Mrs. Jones, Mr. Smith, Mr. Anderston und Miss Baker haben beschlossen, den Betriebsangehörigen vorzuschreiben, wann sie in diesem Sommer ihren Urlaub nehmen können. Der Grund hierfür ist, daß die Produktivität der Organisation beeinträchtigt wird, wenn alle im August fahren. Jones, Smith und Baker stimmten für den Beschluß,

Anderston stimmte dagegen und erklärte, die Zeit, die erforderlich sei, um die Ferien von tausend Beschäftigten zu koordinieren, werde das Unternehmen genausoviel Geld kosten, wie wenn man jede Abteilung selbst entscheiden lasse, wann wer Urlaub nimmt.«

Das Aktiv täuscht den Befehl nicht als abstraktes, universelles, für die gesamte Organisation gültiges Prinzip vor. Die Mitteilung macht deutlich, wer für und wer gegen den Beschluß war; ein Arbeiter in einer bestimmten Abteilung, der mit der Regelung nicht einverstanden ist, kann sich auf die Meinung des Vorgesetzten berufen, der gegen die Entscheidung stimmte. Sein unmittelbarer Vorgesetzter kann sich seinerseits darauf berufen, daß eine Mehrheit für den Plan votierte und was sie dazu veranlaßte. An diesem Punkt kann es also geschehen, daß der Arbeiter und der Vorgesetzte in dieser bestimmten Abteilung eine auf höherer Ebene getroffene Entscheidung noch einmal zur Verhandlung stellen, daß sie die Diskussion wiederholen, ohne jedoch ihr Ergebnis mechanisch zu reproduzieren. Damit ist die Befehlskette *en abyme* gesetzt.

In der direkten, scheinbar so unkomplizierten Form des Aktivs zu formulieren ist oft außerordentlich schwierig. Der Romanschriftsteller braucht ein gewaltiges Vertrauen in sein Werk, um niederzuschreiben »das ist«, »sie glaubte«, »das geschah«. Und im politischen Diskurs ist es noch schwieriger, in der Aktivform zu sprechen. So vieles kann sich der Herr ersparen, wenn er so tut, als gebe es ihn nicht. In gewisser Hinsicht tut er seinen Untergebenen sogar einen Gefallen, wenn er in der Form des Passivs spricht, denn sie brauchen sich dann seine Macht und deren Auswirkungen auf ihr Dasein nicht vor Augen zu führen. Aus der einfachen Regel, daß bei einer Entscheidung stets ausdrücklich festgehalten werden soll, wer sie getroffen hat, warum, wann und zu welchem Zweck; daraus, daß jeder Beschäftigte auf jeder Stufe der Befehlshierarchie das Recht hat, die Verlautbarungen darüber, wer warum wann und zu welchem Zweck eine Entscheidung gefällt hat, zu diskutieren, entsteht für alle, die der Befehlskette angehören, für die Vorgesetzten wie für die Untergebenen, eine erhebliche Belastung. Aus der Form des Aktivs ergeben sich außerdem zusätzliche Anforderungen an die Inhaber der Macht, weil sie bei vielen bürokratischen Entscheidungen gar nicht wissen, was sie tun. Sie denken nicht darüber nach; das wäre zu verwirrend; sie befolgen ihr Schema und entscheiden. Der Gebrauch des Aktivs nötigt sie zumindest zu der Einsicht, daß sie eine Entscheidung formuliert haben, die erklärt werden muß.

Die Kontrolle durch den Gebrauch der Aktivform umfaßt drei Phasen: die ausdrückliche Erklärung, wer eine Entscheidung getroffen hat, warum, wann und zu welchem Zweck; die Diskussion der Entscheidungen auf den verschiedenen Stufen der Befehlshierarchie; die Möglichkeit, Entscheidungen zu revidieren. Auf diese Weise wird Autorität sichtbar gemacht. Für den Vorgesetzten, der seine Macht in der Form des Aktivs diskutiert, bedeutet dies, daß er eine wirkliche Stärke geltend macht; aber auch der Untergebene, der sich in die Diskussion einschaltet und dem Vorgesetzten Widerpart bietet, legt Stärke an den Tag. Die Veränderung der Herrschaftsbeziehung, die sich aus dieser Konfrontation ergibt, ist eine »demokratische Deformation«, die wir auch unter dem Namen Freiheit kennen.

Aus diesem Grundprinzip resultieren mehrere andere Strategien. Eine rigide Befehlskette beruht auf der Annahme, daß sich die Untergebenen, an die die Kontrolle und die Befehle gerichtet sind, in klar umrissene Kategorien einteilen lassen. Die Stimme der Macht kann sich nun durch einen vorgetäuschten Appell an die Gebote der Fairneß legitimieren: Warum machen Sie Einwände? Die Vorschriften gelten gleichermaßen für jeden in Ihrer Position. Weshalb sind Sie etwas Besonderes? Die Abhängigen können sich dann nur Geltung verschaffen, indem sie behaupten, sie seien Ausnahmen. Kriegsdienstverweigerer stehen ständig unter diesem Druck; um freigestellt zu werden, müssen sie immerfort besondere religiöse oder persönliche Motive vorweisen und behaupten, sie seien Sonderfälle; der wirkliche Grund für ihre Verweigerung, nämlich daß Krieg verabscheuenswert ist, trifft auf taube Ohren. Die Kategorisierung lenkt den Diskurs von dem, was die Mächtigen tun, auf die Frage, ob ein Untergebener, der Einspruch erhebt, so ist wie alle anderen oder nicht.

Eine zweite Form der Auseinandersetzung mit der Befehlskette ist daher ein Diskurs über die Kategorien. Läßt sich eine Vorschrift tatsächlich auf verschiedene Kategorien anwenden? Welche Einwände gegen den Inhalt einer Vorschrift ergeben sich daraus, daß sie nicht gleichmäßig auf alle Kategorien angewendet werden kann? Ein praktisches Beispiel hierfür wäre ein Diskurs über die Praxis, Arbeitnehmer entsprechend ihrem Dienstalter zu befördern und zu entlohnen. An dieses Verfahren wären eine ganze Reihe von Fragen zu richten: Ist es fair, Belohnung mit fortschreitendem Alter zu koppeln? Wenn sie die Gelegenheit dazu bekämen, könnten die Beschäftigten argumentieren, daß die Entlohnung den familiären Verpflichtungen entsprechen sollte; demnach würden Beschäftigte, die älter als fünfzig sind, weniger verdienen als die Dreißig- oder Vierzigjährigen. Man könnte auch die Frage stellen, warum nur Leute mit besonderen Fähigkeiten von dem Prinzip der Beförderung nach dem Dienstalter ausgenommen werden. Dieses Verfahren führt bekanntlich dazu, die Arbeiter untereinander zu spalten; jeder ist bestrebt, sich gegenüber dem Management als Sonderfall darzustellen, dem mehr zusteht als den »normalen« Arbeitern.

Wenn man einen offenen Diskurs über die Kategorien führt, wird es auch möglich, die Beschäftigten von Fall zu Fall verschiedenen Kategorien zuzuordnen, so wie sich auch der Inhalt der Vorschriften von Problem zu Problem verändern kann. Im Hinblick auf eine angemessene Rente wäre es wohl angebracht, daß ältere Beschäftigte höhere Arbeitgeber-Beiträge zur Rente erhalten als die jüngeren; dagegen könnte das Alter im Hinblick auf die Chance, innerhalb einer bürokratischen Organisation die Position zu wechseln, irrelevant werden und statt dessen eine andere Kategorie verwendet werden. Diese Verflüssigung der Klassifikationen, aus der mehrere unterschiedlich geartete Ketten hervorgehen, ist demokratisch, wenn die Betroffenen am Definitionsprozeß teilnehmen. Im

Rahmen der Mitbestimmungs-Strategie sind sie durch Repräsentanten beteiligt, die mit dem Management umfassende Pläne vereinbaren. Eine demokratischere Strategie bestünde darin, die Verhandlungen direkt zu führen, so daß es auf jeder Befehlsstufe die Freiheit gibt, die Kategorien entsprechend den sich ergebenden Problemen neu zu definieren. Auf den ersten Blick wirkt das wie ein sicheres Mittel zu größerer Ineffizienz, aber dieser erste Blick ist getrübt.

Viele amerikanische Großunternehmen werden heute nach dem Prinzip der zielgesteuerten Unternehmensführung geleitet. Von der Unternehmensspitze wird ein bestimmtes Gewinn- oder Produktionsziel festgesetzt; es bleibt dann den oberen Rängen des Managements überlassen, wie sie sich organisieren, um dieses Ziel zu erreichen. So können drei oder vier Abteilungen, die in der Organisationshierarchie auf der gleichen Stufe stehen und im wesentlichen die gleiche Arbeit leisten, infolge getrennter interner Diskussionen intern ganz unterschiedlich organisiert sein, und jede Abteilung kann sich jederzeit neu organisieren, um die ihr gesetzten Ziele zu erreichen. In einigen Zweigen der Autoindustrie hat sich dieses Verfahren als äußerst wirksam erwiesen; in der Textilindustrie führten Experimente dieser Art zu unterschiedlichen Ergebnissen. Insgesamt nimmt man an, daß das Verfahren nur in den oberen Unternehmensetagen praktikabel ist, weil, wie man glaubt, nur Manager über genügend Selbständigkeit und Kompetenz verfügen, um in einer flexiblen Umgebung zu arbeiten. Eine seltsame Annahme: Nur die Elite sei imstande, demokratische Beziehungen zu unterhalten.

Der Diskurs über die Kategorien führt folgerichtig zu einem Diskurs über den Gehorsam. In einer rigiden Befehlskette erstreckt sich der »Wille« des Vorgesetzten nicht nur auf das, was getan werden soll, sondern auch darauf, wie es getan werden soll. Schon Clausewitz hat darauf hingewiesen, daß die absolute, tyrannische Aufsicht über alle Einzelheiten ein Mittel ist, mit dem der Führer seinen eigenen Sturz herbeiführen kann. Arbeiter, die ein bestimmtes Verfahren in Frage stellen und sich für ein anderes aussprechen, erscheinen ihren Vorgesetzten oft als illoyal: »Sie haben nicht getan, was ich gesagt habe.« Robert Schrank hat festgestellt, daß Arbeitnehmer, um nicht als illoyal gebrandmarkt zu werden und ihre Sache dennoch gut zu machen, häufig heimlich anders vorgehen, als der Chef es wollte. Daß sie gezwungen sind, etwas, das letztlich den Wünschen des Chefs entspricht, heimlich zu tun, ist ein Hauptgrund für die Verachtung, die Arbeitnehmer gegenüber ihren Vorgesetzten entwickeln können.

Deutlich zu machen, daß man die Weisungen eines Arbeitgebers auf unterschiedliche Weise befolgen kann, ist vielleicht die bekannteste Strategie zur Auflockerung einer rigiden Befehlskette. Die Manager in öffentlichen und privaten Bürokratien wissen, daß man den Beschäftigten in der Art, wie sie den Anweisungen ihrer Vorgesetzten nachkommen, einen gewissen Spielraum für ihre Phantasie lassen muß, wenn ihr Handeln effektiv sein soll. Die Frage ist, wie groß dieser Spielraum sein soll.

Eine sehr viel radikalere Erschütterung der Befehlskette ist der Rollentausch. Der Herr und der Knecht vertauschen dabei ihre Plätze, wenn es zu einem Konflikt zwischen ihnen kommt, wenn ihre Wünsche unvereinbar scheinen und ein Kompromiß beiden Seiten als eine nur von Willensschwäche zeugende Vertuschung der bestehenden Differenzen erscheint, während sie doch nicht voneinander loskommen. Dieser zeitweilige Positionswechsel gibt dem Herrn und dem Knecht Gelegenheit, die Dinge aus einer veränderten Perspektive zu betrachten, ein ähnlicher Vorgang wie die im vorigen Kapitel beschriebene Rollenverdoppelung. Theoretisch gesehen ist der Rollentausch wohl die interessanteste Strategie, eine Befehlskette *en abyme* zu setzen; es ist, als würde man sich in einem anderen Körper im Spiegel wahrnehmen.

Die Idee des Rollentauschs ist zu einem wichtigen Bestandteil moderner Theorien von der »permanenten Revolution« geworden. Männer wie Fanon und die führenden chinesischen Politiker während der Kulturrevolution erblickten in ihm ein Mittel im Kampf gegen das Auswuchern einer etablierten Bürokratie. In China nahm dieser Rollentausch brutale Formen an: Wissenschaftler wurden von ihren Büchern weggeholt, um manuelle Arbeit zu verrichten; Bauern wurden in die Groß-stadt gerufen, um Computer zu bedienen und dergleichen mehr. Während der Kulturrevolution brachten sich die Chine-sen in eine paradoxe revolutionäre Lage. Um die Menschen aus den Fallstricken der Bürokratie zu befreien, ignorierte die Kulturrevolution grob die unterschiedlichen Fähigkeiten und Interessen der Menschen. Frei sein hieß: keine Unterschiede machen.

Mit sehr viel mehr Sensibilität hat man den Rollentausch in Kuba und Jugoslawien betrieben. In diesen Ländern dient er vor allem Ausbildungszwecken. Der Chirurg erkennt, worin die Probleme der Krankenschwester bestehen, und die Kran-kenschwester erhält eine chirurgische Ausbildung – zunächst unter der Aufsicht des Arztes, doch später kann sie, wenn sich eine Gelegenheit bietet, auch den Platz des Arztes einnehmen. Ein zeitweiliger Rollentausch hält aber auch unbequeme Leh-ren bereit. Der Chef kann dabei die Erfahrung machen, daß es unmöglich ist oder unvernünftig wäre, die Vorschriften zu befolgen, die er seinen Untergebenen gemacht hat; und die Untergebenen können erfahren, warum der Chef nicht alles zu tun vermag, was sie von ihm verlangen. Alle diese Erfahrun-gen lehren, daß es in einer Befehlskette unauflösbare Interes-senkonflikte gibt.

Es hat mich immer überrascht, daß die Anhänger von Marx seinen Traum vom ständigen Rollentausch in einer kommuni-stischen Gesellschaftsordnung – bald Dichter, bald Ackerbauer, bald Industriearbeiter – für eine angenehme Utopie halten. Sobald sich irgendeine Form von Macht als Befehlskette kon-stituiert hat, hält ein solcher Rollentausch für den, der ihn vollzieht, eine ganze Reihe enttäuschender Lehren bereit. Des-illusionierung ist ein wesentlicher Bestandteil der Empathie: »Ich glaubte, er könnte, er würde, er sollte . . .« – all das erweist sich als unmöglich, wenn man die Dinge nur einmal mit seinen Augen sieht. Im gesellschaftlichen Leben und vor allem in hochentwickelten Gesellschaften mit komplexen Befehlsketten lehrt der Rollentausch den Einzelnen etwas über seine Grenzen.

Wie die empathische Verdoppelung in Kafkas Brief erzeugt der Rollentausch vielleicht gegenseitigen Respekt, Vergnügen bereitet er kaum.

Schließlich läßt sich die Befehlskette auch durch einen Diskurs über die Obhut erschüttern. Zumindest eine moderne, nicht-militärische Befehlskette läßt sich auf diese Weise aufbrechen, denn zu den Themen, denen man in der modernen Gesellschaft am ehesten aus dem Weg geht, gehört das Verhältnis zwischen dem Beherrscht- und dem Behütetwerden.

Der Paternalismus verfuhr so, daß er sich weigerte, die Obhut zu einem Verhandlungsgegenstand zu machen. Pullman sagte seinen Arbeitern, was das Beste für sie sei; wenn sie wollten, daß er sich um sie kümmerte, dann mußten sie gehorchen und ihm alles weitere überlassen. Obhut war sein Geschenk. Anders als ein wirklicher Vater, betrachtete er es als sein Recht, sie nach Gutdünken zu gewähren oder zu verweigern. Die Autonomie zielt darauf, das Thema der Obhut auszuklammern. Als es zwischen Dodds und Blackman zu einem Konflikt kommt, setzt der Vorgesetzte seinen Untergebenen unter moralischen Druck, indem er sich gegenüber dessen Bitten um Rat und Sympathie taub stellt.

In die hierarchische Struktur moderner Bürokratien ist die Obhut auf eine denkbar unpersönliche Art und Weise eingebaut. Gehaltszulagen, firmeneigene Kindertagesstätten, medizinische Versorgung – das alles wird nach Kategorien geplant: Position innerhalb der Organisation, Alter, Größe der Familie usw. Die Obhut des *padrone*, zu dem die Abhängigen kommen, um Rat oder Hilfe zu erlangen, gilt als ineffizient und unwürdig. Persönliche Obhut beschränkt sich in großen Bürokratien weitgehend auf die Förderung von Günstlingen und darauf, anderen einen »Gefallen« zu tun – beides paternalistische Praktiken von Unterstützung. Die Vorstellung, daß Menschen ein Recht auf Obhut haben, ein Recht darauf, mit den Mächtigen direkt über diese Obhut zu verhandeln und weder als Bittsteller auftreten zu müssen noch als anonyme Nummer in einer Gruppierung zu verschwinden, erscheint uns unrealistisch – obgleich das Recht auf Obhut in den meisten nicht-westlichen

Gesellschaften als etwas Selbstverständliches gilt und im direkten Kontakt zwischen den Beteiligten ausgeübt wird.

Auf den verschiedenen Stufen der Befehlshierarchie über die
Obhut zu verhandeln, würde die Betroffenen in manche Verle-
genheit bringen. Sie müßten sagen: »Das steht mir zu, nicht
dessentwegen, was ich für Sie getan habe, sondern weil ich es
brauche.« Jeder hat eine Vorstellung von seinen berechtigten
Bedürfnissen, aber man behält diese Bedürfnisse für sich, weil
sie sonst leicht mit der Frage unterdrückt werden könnten:
»Aber haben Sie denn das, was sie brauchen, auch verdient?«
Wir haben es gelernt, unsere Bedürfnisse indirekt zu rechtfertigen und auf Umwegen um Unterstützung, ob psychologische
oder materielle, zu bitten. Die modernen westlichen Bürokratien haben das Bedürfnis nach Obhut nicht zum Verschwinden
gebracht, sie haben es nur verschüttet, so daß es bequemer ist,
über die Obhut nicht direkt zu verhandeln, mit Erklärungen
wie »Sie müssen mir helfen«, sondern indirekt, unter Zuhilfe-
nahme von allerlei verdeckten Taktiken, mit denen die Untergebenen den Vorgesetzten Hilfe abzuluchsen hoffen.

Unsere ganze Ambivalenz gegenüber der Autorität ist in diesen
unpersönlichen, indirekten Listen enthalten, mittels deren wir
nach Obhut streben. Offen zu sagen, daß wir einen anderen
brauchen, daß wir ein Anrecht auf die Stärke des anderen
haben, würde uns, wie es scheint, verwundbar machen und
dem anderen eine absolute Macht über uns geben. Tatsächlich
führt die unpersönliche Zuweisung von Unterstützungslei-
stungen innerhalb einer Bürokratie dazu, die Obhut zu univer-
salisieren, sie der direkten Erfahrung und der Vielfalt persönlicher Verhältnisse zu entrücken. So verwandelt sich menschliche Realität in trockene Statistik. Die Folge davon ist, daß der
demokratische Prozeß jenen vorenthalten bleibt, denen die
Obhut zuteil wird.

Deshalb sehe ich in offenen, direkten Verhandlungen über die
Obhut auf jeder Stufe der Hierarchie die nachhaltigste Störung,
zu der es in einer modernen Befehlskette kommen kann. Es ist
sehr wohl möglich, daß diese Verhandlungen zu weiteren Ent-
täuschungen führen – die unmittelbaren Vorgesetzten können

nichts tun, was den Bedürfnissen, wie der Untergebene sie bei sich wahrnimmt, entgegenkommt. Damit diese Diskussion wirklich Sinn macht, muß der Arbeitnehmer über ein Recht verfügen, das die Gesetze eines demokratischen Staates ihm durchaus zusichern könnten, das Recht, an eine höhere Instanz zu appellieren. Selbstverständlich würden die Mächtigen gern helfen, aber Umstände, die nicht in ihrer Macht liegen, hindern sie daran ... Die rechtlichen Mittel, die es gibt, um diesen Ausflüchten zu begegnen, sind bekannt – Ombudsmänner und ähnliches. Es geht aber darum, daß die Menschen ihre Scham abstreifen und diese Instrumente selbst zu gebrauchen lernen. Eine direkte Begegnung, bei der die Obhut zum Thema gemacht wird, an den Anfang zu stellen, scheint geeignet, diese Scham abzustreifen; das Problem muß offen erörtert werden.

Dies also sind fünf Methoden, um die Befehlskette zu unterbrechen; sie alle beruhen auf dem Recht und der Macht, Entscheidungen von oben durch Diskussion zu revidieren: die Verwendung des Aktivs; die Diskussion über die Kategorisierung; die Eröffnung der Möglichkeit, eine Anweisung auf unterschiedliche Art zu befolgen; Rollentausch; direktes Verhandeln über die Obhut. Diese Störungen bieten Gelegenheit, abstrakte ökonomische und bürokratische Mächte in Formen von menschlicher Stärke zu übersetzen, einer Stärke, die sichtbar und lesbar ist. Gerade durch solche Störungen wird Autorität geschaffen. Und durch solche Störungen wird auch die Furcht vor der allmächtigen Autorität realistisch vermindert.

Abschließend soll hier noch etwas über das Verhältnis von Autorität und Anarchismus gesagt werden.

Der Anarchismus des 19. Jahrhunderts von Godwin bis hin zu Kropotkin und Bakunin erkannte den positiven Wert der Autorität genauso an, wie es der weiter oben zitierte moderne Anarchist Baldelli tut. »Aber«, so schrieb Bakunin,

»eine *unfehlbare* Autorität erkenne ich nicht an, auch nicht in speziellen Fragen; so sehr ich also die Redlichkeit und Aufrichtigkeit des Einzelnen achte, schenke ich doch niemandem absoluten Glauben. Ein solcher Glaube wäre für meinen

Verstand, meine Freiheit und selbst für den Erfolg meiner Unternehmungen tödlich; er würde mich sogleich in einen stumpfsinnigen Sklaven, in ein Werkzeug des Willens und der Interessen anderer Menschen verwandeln«.

Die Anarchisten des 19. Jahrhunderts suchten nach Machtverhältnissen, unter denen es möglich sein würde, die Fehlbarkeit einer Autoritätsgestalt zu erkennen. Dabei stellten sie zwei Probleme in den Mittelpunkt: die Frage nach der Größe des Machtgebildes und die Abschaffung der Herrschaft, in der sie eine Krankheit sahen, von der der Staatskörper geheilt werden müsse.

Die Anarchisten des 19. Jahrhunderts glaubten, je kleiner eine Gemeinschaft sei, desto eher sei in ihr offenes, demokratisches Leben möglich. Zehn Menschen, so argumentierten sie, können in sinnvoller Weise miteinander reden, aber tausend Stimmen, die sich gleichzeitig zu Wort melden, erzeugen bloß einen ohrenbetäubenden Lärm. Diese einleuchtenden Beobachtungen gehen auf eine alte Tradition der politischen Philosophie zurück, eine Tradition, die die für einen freien Meinungsaustausch notwendigen gesellschaftlichen Strukturen zu quantifizieren versuchte und die sich bis zu den Schriften des Aristoteles zurückverfolgen läßt. Aristoteles vertrat die Ansicht, eine Gemeinde solle so groß sein, daß in ihr der Ruf eines Menschen für alle hörbar sei, und nicht größer. Die Frage nach den Dimensionen des politischen Diskurses stellte sich ebenfalls Rousseau im *Contrat social*, und auch die Städteplaner des 19. Jahrhunderts beschäftigten sich immer wieder mit ihr. So versuchten der englische Stadtplaner Ebenezer Howard und der Österreicher Camillo Sitte in ihren Projekten, demokratische städtische Institutionen und kleine Gewerbebetriebe in die Anlage von Wohnbezirken einzubeziehen. Untersuchungen zur Geschichte des Anarchismus stellen die Ideen Godwins und Kropotkins zuweilen als merkwürdige Spekulationen dar, die mit der Wirklichkeit kaum etwas zu tun haben, während sie faktisch einen festen Platz im geistigen und kulturellen Leben ihrer Zeit besitzen und zudem eine lange Vorgeschichte haben.

Wenn dieses ausgeprägte Interesse an den Dimensionen von Macht heute nicht mehr überzeugt, dann vor allem deshalb, weil alle Kräfte der modernen Industriegesellschaft nachdrücklich zum Zusammenschluß, zur Vergrößerung, zur Entwicklung und Verfeinerung immer neuer Herrschaftsinstrumente tendieren. Die konservativeren unter den Anarchisten des 19. Jahrhunderts waren davon überzeugt, daß die Kräfte des Marktes auf ihrer Seite stünden, daß der Markt den Dimensionen des Lebens Grenzen ziehen werde. Im 20. Jahrhundert kontrolliert der Markt nicht etwa die Macht, sondern er wird seinerseits von großen Machtgebilden manipuliert. Die Anarchisten des 19. Jahrhunderts meinten auch, die Größenverhältnisse selber könnten die *Qualität* von Macht verändern. Aber so wie ein Vater sein Kind tyrannisieren kann, so können auch der Bürgermeister und die Bürger einer kleinen Stadt eine Gemeinde tyrannisieren, in der jeder jeden kennt; sie können dies sogar viel wirkungsvoller als jene, die eine Großstadt regieren, denn in der Kleinstadt kann man sich nirgendwo verstecken.

Der letzte Einwand betrifft auch den anderen Interessenschwerpunkt der Anarchisten des letzten Jahrhunderts. Bakunin war nicht »gegen« die Macht; anders als die spanischen Anarchisten glaubte er nicht an eine Gesellschaft, in der jeder spontan, gemäß den Geboten des eigenen Willens, handeln kann. Doch er machte einen Unterschied zwischen Macht und Herrschaft. Herrschaft war unkontrollierte Ausübung von Macht, Macht als Selbstzweck. Daher sein berühmter Angriff gegen Marx:

> »Die Einrichtung einer universellen Diktatur [...], einer Diktatur, die in gewisser Weise das Werk eines Chefingenieurs der Weltrevolution wäre, der die Aufstandsbewegungen der Massen aller Länder wie eine Maschine regelt und dirigiert [...], die Einrichtung einer solchen Diktatur würde genug sein, die Revolution zu töten, alle Volksbewegungen [...] zu lähmen und zu verfälschen.«

Diese Verfallsform von Herrschaft wollte Bakunin mit der richtigen Art von Macht heilen: ihrem Umfang nach klein, in ihren Mitteln auf Gegenseitigkeit gestützt, in ihren Zielen altruistisch. Man mag dem Anarchismus, den Bakunin so beredt verfochten hat, in diesem Punkt allerdings entgegenhalten, keine Gesellschaft könne neu geboren werden und aus dieser Wiedergeburt geläutert hervorgehen.

Herrschaft ist jedoch eine Krankheit, an der der gesellschaftliche Körper notwendigerweise leidet. Sie ist fester Bestandteil der Befehlskette. Die Befehlskette ist ein Machtgebilde, das aus sich die Bedürfnisse und Wünsche der einen gemäß dem Willen anderer beschneidet. Diese Krankheit läßt sich nicht heilen; wir können nur gegen sie kämpfen. Dabei kann es zu wichtigen Teilerfolgen kommen. Es ist möglich, die Befehlskette so zu strukturieren, daß die Kontrolle nicht allmächtig und universell ist. Es ist möglich, zu verhindern, daß sich absolute Macht in Bilder von Stärke verwandelt, die klar, simpel und unerschütterlich sind. Es ist möglich, daß sich die Untergebenen nicht bloß als hoffnungslose Opfer wahrnehmen. Autorität kann zu einem Prozeß werden, in dessen Verlauf Bedeutungen immer wieder geschaffen, aufgebrochen und erneuert werden. Sie kann sichtbar und lesbar sein. Im modernen Anarchismus sollte man eine Strategie sehen, die im Haus der Macht eine gezielte Unordnung anrichtet. Eben dies ist die schwere, unbequeme, oft bittere Arbeit der Demokratie.

6. Autorität und Illusion

Angst, von der Autorität getäuscht zu werden – vielleicht lassen sich die hier dargestellten Negationshaltungen auf diesen Nenner bringen. In den totalitären Regimen treten die Täuschungen am deutlichsten zutage. Es sind Täuschungen im Hinblick auf die Zeitlosigkeit der Autorität – die Nazis rechtfertigten ihre absolute Macht mit dem Bild des tausendjährigen Reiches. Es sind Täuschungen, in denen die Obhut zur Legitimation von ungezügelter Macht dient – Stalin machte sich das Bild seiner grenzenlosen Stärke und Liebe zum Volk zunutze, um dessen absolute Unterwerfung zu erzwingen. Außerdem weigern sich totalitäre Regime, Kontingenzen oder Zufälligkeiten als wirklich anzuerkennen; alles, was der Staat tut, hat einen Grund.

Die Angst, von der Autorität getäuscht zu werden, ist in freien Gesellschaften gleichermaßen realistisch; aber die Realität der Täuschung ist eine andere. Pullman täuschte seine Arbeiter, indem er erklärte, er werde für sie sorgen und ihre Bedürfnisse befriedigen; als ihre Bedürfnisse dann mit seinen Interessen in Konflikt gerieten, zog er, anders als Stalin, sein Angebot einfach zurück, statt es durchzusetzen. Die Verbindung von Macht und Obhut, die uns aus den Reden unserer Politiker entgegentönt, ist falsch. Keine Religion macht sie den Cäsaren zu einer Pflicht vor Gott. Sie ist wie ein Zuckerguß, der eine herbe Realität versüßt. Wir kritisieren die Unwirklichkeit dessen, was die eigentliche moralische Grundlage von Macht sein sollte, indem wir diese Verbindung als »bloße Rhetorik« bezeichnen. Die autonome Gestalt dagegen scheint ganz in sich gekehrt: Wo nichts angeboten wird, gibt es keine Täuschung. Aber auch das trifft nicht zu. Innerhalb der Bürokratie kann ihr Einfluß die Form psychologischer Manipulation annehmen. Als Rollenmodell suggeriert die autonome Gestalt eine illusionäre Vorstellung von Freiheit. Sie ist nicht frei von anderen; sie hat sich nur von einem gleichberechtigten Umgang mit anderen befreit, indem sie ihnen Gefühle der Scham und der Unzulänglichkeit einflößte. Scheinbar desinteressiert, kontrolliert sie andere – vielleicht die äußerste Täuschung.

Das Wort »Täuschung« ist belastet. Wenn wir mit ihm die Vorstellung verbinden, auf seiten der Mächtigen gebe es eine Täuschungsabsicht, dann müssen sie uns als geschickte Machiavellisten erscheinen. Doch diese paranoide Auffassung, die Autoritäten wüßten genau, was sie tun, setzt bei den Herren sehr viel mehr Genie voraus, als man ihnen zugestehen darf. Nur deshalb, weil die Starken an sich selber und das, was sie tun, glauben, gewinnen sie auch in den Augen anderer Glaubhaftigkeit. Eine Täuschung, die ohne bewußte Täuschungsabsicht zustande kommt, bezeichnet man als Illusion. Solche Illusionen werden in Verhaltens- und Glaubensnormen systematisch entfaltet; die Herren können ihnen ebenso erliegen wie die Knechte.

Die Illusionen und die Stärke der Autorität bloßzustellen, war das Ziel des »negativen Geistes«, der aus der Französischen Revolution hervorging; dahinter stand die Entschlossenheit, den »Herrn in sich«, wie ihn Hegel nennt, zu vertreiben. Dieser Vorsatz, sich von den Erscheinungsbildern der Autorität nicht hinters Licht führen zu lassen, kann indes, paradoxerweise, die Bindung zwischen dem Herrn und dem Knecht noch verstärken. So war es im Fall der Angestellten der Buchhaltungsabteilung, die es darauf abgesehen hatten, offenkundig zu machen, daß ihre Chefin nicht die Führungsqualitäten besaß, die sie in ihrer Position hätte haben müssen; sie benötigten ihr Negativ, um das positive Bild einer Autorität, die sie sich wünschten, erkennen zu können. So war es im Fall von Blackman und Dodds. Dodds stellt Blackmans Gefühllosigkeit in Frage und bindet sich doch immer stärker an seinen Vorgesetzten, wenn er versucht, ihm Zeichen der Anerkennung und der Billigung zu entlocken. Der Versuch, die Illusionen des »inneren Herren« zu vertreiben, kann auch zur Abstumpfung führen: Nachdem man die Ansprüche der Autoritäten bloßgestellt hat, folgt eine deprimierte Untätigkeit. So war es im Fall der rebellischen

Pullman-Arbeiter. Und schließlich kann die Zurückweisung der moralischen Gebote eines anderen eine Barriere der Regelüberschreitung aufrichten, die es erlaubt, sich ohne Gefahr von diesem anderen abhängig zu machen, wie im Fall von Miss Bowen. Autorität beansprucht für sich stets eine auf Stärke beruhende persönliche Überlegenheit. Man kann diesen Überlegenheitsanspruch als Illusion denunzieren, aber wenn das so geschieht wie in diesen Fällen, bleibt die Stärke dennoch wirksam.

Häufig stößt man in der modernen Literatur über Autorität, in Orwells *1984* ebenso wie in Huxleys *Schöne neue Welt*, auf die Ansicht, frei sein bedeute, dem Bann der Autorität entkommen zu sein. Es fällt uns schwer, in der Autorität ein Gefühl von Stärke und Schwäche zu erkennen, das wir selbst geschaffen haben. Die Kultur der Negation hat bewirkt, daß wir gar nicht auf den Gedanken kommen, aus dem Wechselspiel zwischen Aufbauen und Aufbrechen von Autorität im Privatleben Rückschlüsse auf das öffentliche Leben zu ziehen. In der öffentlichen Sphäre erscheint Autorität als etwas Äußerliches, als eine Kraft, der man sich entgegenstellen muß. Indem wir die Illusionen der Autorität aufgedeckt haben, sind wir nicht dahin gelangt, neue Formen von gesellschaftlicher Autorität zu ersinnen, etwas zu schaffen, nachdem wir negiert haben.

Die vielleicht radikalste Analyse der Beziehung zwischen Autorität und Illusion in der modernen Literatur ist Dostojewskis Parabel vom Großinquisitor in seinem Roman *Die Brüder Karamasow*. Im 16. Jahrhundert, so erzählt die Parabel, kehrt Christus noch einmal auf die Erde, nach Sevilla, zurück; der Großinquisitor begegnet Christus auf der Straße, umringt von einer Menschenmenge, nachdem er einige Wunder vollbracht hat. Die irdische Autorität des Großinquisitors ist so groß, daß sich die Menge vor ihm verneigt und zuläßt, daß er ihren Gott verhaftet. Um Mitternacht erscheint der Großinquisitor in der Gefängniszelle des Heilands, um zu erklären, warum er den Gott, dem auch er dient, ins Gefängnis gesteckt hat und warum er Christus am nächsten Morgen verbrennen wird.

Voller Zorn wirft der Großinquisitor Christus vor, er habe den

Menschen die Vision einer Verbindung von Autorität und Freiheit vermittelt. Doch die Menschen seien nicht imstande, die Bürde dieser Verbindung auf sich zu nehmen. »Ich habe Dir gesagt, der Mensch kenne keine quälendere Sorge, als den ausfindig zu machen, dem er so schnell wie möglich jenes kostbare Geschenk der Freiheit zurückgeben könnte, mit dem dieses unselige Geschöpf in die Welt gesetzt worden ist.«

Der Großinquisitor argumentiert subtiler als La Boétie mit seiner These, die freiwillige Knechtschaft der Menschen rühre daher, daß sie faul und von dem Streben nach unbeschwerten, kleinen Vergnügungen erfüllt sind. »Der Mensch ist zum Empörer geschaffen«, sagt der Großinquisitor. Zügellos, gierig, nur auf sich selbst bedacht – ein Tier, wie es auch Hobbes geschildert hat. Aber dieser Empörergeist ist selbstzerstörerisch. In dem vielleicht bekanntesten Abschnitt der Parabel erklärt der Großinquisitor:

> »Der Mensch sehnt sich danach, ihn drängt es, das anzubeten, das unbedingt und zweifellos ist, damit auf diese Weise alle Menschen ohne Unterschied in diese Andacht einwilligten. Denn die Sorge dieser erbarmungswürdigen Geschöpfe liegt nicht darin, den Gegenstand zu suchen, vor dem ich oder ein anderer uns verneigten, sondern eben jenen, an den alle glaubten, und vor dem sie dann in die Knie sänken, alle, *alle zusammen*.«

Etwas Unbedingtes und Gewisses, etwas, das die Menschen zusammenbringt – das sind die Bande der Autorität. Je mehr Menschen nach menschlichen Beziehungen streben, die so fest sind wie die Steine einer Kirche, desto mehr werden ihre Freiheit fahrenlassen – und so, erklärt der Großinquisitor, soll es auch sein.

Christi Sünde bestand also darin, daß er den Menschen ermutigte, in sich eine bessere Stärke als jene zügellose Stärke zu entwickeln, mit der er auf die Welt gekommen ist; es war Sünde, den Menschen erziehen, ihm ein Beispiel geben zu wollen. Das Tier, das auch Hobbes im Sinne hatte, kann nicht lernen. Irdische Autoritäten müssen an seiner Stelle tun, was es für sich selbst nicht zu tun vermag. »Es gibt drei Gewalten, drei, nicht mehr, auf Erden, die mächtig sind, für ewig das Gewissen dieser erbärmlichen Empörer zu unterjochen und zu knechten, zu ihrem Glück. Und diese drei Gewalten sind: das Wunder, das Geheimnis und die Autorität.« Diese höhere, repressive Autorität beruht auf den Illusionen von Wunder und Geheimnis, und diese sind notwendige Illusionen.

Die Argumentation des Großinquisitors ist ein direkter Angriff auf das Bestreben, das Geheimnis und die Illusionen der höheren Autorität bloßzustellen. In der Negation versucht der Mensch nach Dostojewskis Ansicht, seine urwüchsige Natur als freies, von Gier erfülltes Tier zurückzugewinnen. *Jede* Illusion, die diese Natur unterdrückt, ist legitim. Für sich genommen zeigt sich in der Argumentation des Großinquisitors das, was David Magarshack als den Atavismus Dostojewskis bezeichnet hat: sein Grauen vor dem Geist des Unglaubens in der modernen Welt, sein Glaube an den Glauben um seiner selbst willen. Der Zweifel an der Autorität wird diese Freiheit nie zurückbringen, weil der Mensch letztlich nicht frei sein will. Der Mensch will sich nur vorstellen, daß er frei sei.

Aber wie so oft bei Dostojewski erschöpft sich die Bedeutung der Legende vom Großinquisitor nicht in dem politischen Programm, das der Autor diesem in den Mund legt. Die zweite Dimension der Legende wird sichtbar, wenn der Großinquisitor am Ende seiner Rede erklärt, daß er sich zusammen mit anderen, die eine ähnliche Position wie er selbst innehaben, in den Dienst des Teufels begeben habe, um die Menschheit daran zu hindern, sich selbst zu vernichten. Während der ganzen Rede des Großinquisitors hat Christus kein einziges Wort gesagt. Jetzt, an ihrem Ende, besteht seine einzige Reaktion darin, daß er sich vorbeugt und dem Großinquisitor einen Kuß gibt. Der Großinquisitor erbebt. All seinen Argumenten zum Trotz öffnet er die Tür des Gefängnisses und läßt Christus frei. Und Christus wehrt nicht ab; er bleibt nicht, um sich ein zweites Mal opfern zu lassen, sondern geht hinaus und verschwindet von der Erde. Wer hat hier wen überzeugt? Hat die Liebe Gottes den Sieg über die Logik der Unterdrückung

davongetragen, oder hat das Sprachrohr des Teufels Gott
schließlich dazu gebracht, den Tatsachen ins Auge zu blicken?
Die einzige Antwort auf ein Geheimnis ist ein anderes Geheimnis, schreibt Dostojewski anderswo, und diese Bemerkung, in
einer konkreteren Form, erläutert auch die zweite Dimension
der Parabel vom Großinquisitor. Die einzige Antwort auf den
Großinquisitor besteht darin, eine Reaktion zu ersinnen, die
außerhalb des von ihm gesetzten Rahmens steht. Das ist Christi
Reaktion in Dostojewskis Parabel. Ob die Logik der Unterdrückung letztlich zurückgewiesen wird oder nicht, hängt
davon ab, wie dissonant und wie triftig die Reaktion auf sie
ausfällt.

Bei der Beschäftigung mit der Mehrdeutigkeit dieser Parabel
kam mir die Frage in den Sinn, ob sich aus den Rhythmen der
Autorität im Privatleben eine Antwort auf die illusionären
Formen von Autorität und ihrer Negation im öffentlichen
Leben ableiten läßt. Sich die Autorität als einen Prozeß ständiger Interpretation und Neuinterpretation vorzustellen, ist in
privaten Verhältnissen sinnvoll, nicht jedoch in der Öffentlichkeit. Dafür gibt es strukturelle Gründe; der Rhythmus von
Entwicklung und Verfall eines Menschenlebens ist nicht der
Rhythmus, in dem sich Entwicklung und Verfall einer Gesellschaft vollziehen. Es tut sich hier eine unüberbrückbare Kluft
auf – oder, positiv ausgedrückt, wir alle können in der Privatsphäre mit den Mitteln der Phantasie eine neue Vorstellung
von Autorität entwickeln, während uns dies für die öffentliche
Sphäre nicht gelingt. Wir verfügen über ein Prinzip, um die
Gesellschaft zu kritisieren, das nicht auf abstrakten Deduktio-
nen aus Gerechtigkeit und Recht beruht, sondern auf unserem
intimen Zeitverständnis.

Die Kultur der Negation hat diese Kritik blockiert, indem sie
uns gegenüber dem Wirken der Phantasie in der öffentlichen
Sphäre mißtrauisch gemacht hat. Es besteht, um ein Beispiel zu
nennen, ein Zusammenhang zwischen Kafkas Brief an den
Vater und den Problemen der gegenseitigen Anerkennung in
der Fabrik; der Zusammenhang kann nur mit Hilfe einer
Metapher hergestellt werden. Diese Metapher unterscheidet

sich ihrem Wesen nach von einer Herrschaftsmetapher wie
dem Paternalismus. Kafkas Vorstellung von den Beziehungen
zwischen Vater und Kind geht davon aus, daß es in diesem
Verhältnis immer wieder zu Veränderungen kommt. Der Paternalismus dagegen stellt diesen Zusammenhang als feste,
statische Beziehung dar. Wenn wir fragen, was Kafkas Brief an
den Vater für das Arbeitsleben in der Fabrik bedeutet, dann
vergleichen wir zwei unterschiedlich dimensionierte Erfah-
rungsbereiche und verleihen durch den Vergleich sowohl dem
intimen als auch dem unpersönlichen Leben eine größere Komplexität.

Die Angst vor der Phantasie in der Politik rührt aus der Angst
vor der Illusion. Es ist, als würde man sich weigern, ein
Werkzeug zu gebrauchen, weil man es auch mißbrauchen
kann. Die dominierenden Metaphern des Paternalismus weck-
ten bei den Pullman-Arbeitern ein ebenso heftiges Mißtrauen
gegen die entgegengesetzten Metaphern, die Debs und seine
Sozialisten ins Spiel brachten. Vor dreißig Jahren war es Mode,
den Nazismus als »Mythomanie« zu erklären. Der Historiker
Gaetano Salvemini bezeichnete den Nazismus als »häßliche
Poesie« und warf die Frage auf, ob die Massen je stark genug
sein würden, um die Macht als das zu begreifen, was sie ist –
ohne die Hilfe irgendwelcher Poesie. In Wirklichkeit können
wir natürlich gar nicht aufhören, Metaphern, Allegorien oder
Gleichnisse zu verwenden; täten wir es, so würden wir unsere
Fähigkeit zur Symbolbildung aufgeben. Aber wir können dieser Fähigkeit gegenüber eine solche Befangenheit und ein
solches Mißtrauen entwickeln, daß wir sie überall, wo wir sie
am Werke sehen, zu zügeln versuchen.

Der Glaube an eine sichtbare, lesbare Autorität spiegelt nicht
das, was in der öffentlichen Welt wirklich vorhanden ist; er ist
vielmehr eine Forderung der Phantasie an diese Welt. Er ist
auch eine idealistische Forderung. Denn das Verlangen nach
einer Obhut gewährenden und zugleich begrenzten Macht ist
unrealistisch – zumindest, wenn man es an den Realitätskrite-
rien mißt, die uns unsere Herren eingeprägt haben. Autorität
ist jedoch in sich ein Akt der Phantasie. Sie ist kein Ding; sie ist

die Suche nach Festigkeit und Sicherheit in der Stärke anderer, die uns schließlich wie ein Ding erscheint. Anzunehmen, diese Suche könne einmal vollendet werden, ist ganz gewiß eine Illusion, und eine gefährliche obendrein. Den Tyrannen käme sie gerade recht. Aber zu meinen, es sei sinnlos, sich überhaupt auf die Suche zu machen, ist gleichfalls gefährlich. Denn nichts von dem, was ist, ist unantastbar und absolut.